뉴스를 보는 눈

뉴스를 보는 눈

구본권 지음

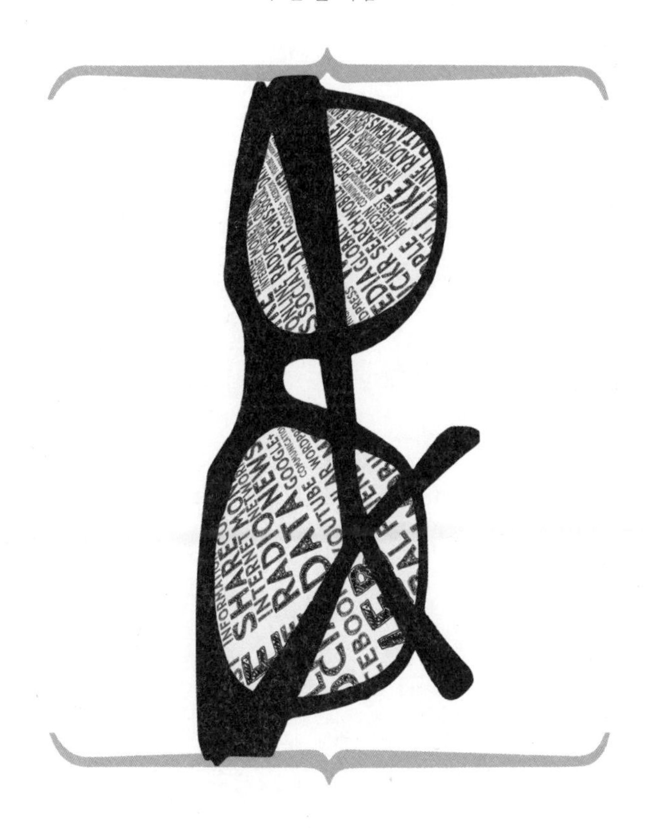

가짜 뉴스를 선별하는 미디어 리터러시

풀빛

책을 펴내며

"교육에 대해 온갖 말을 하면서도 현대 사회는 구성원들을 가르치고 있는 가장 영향력 있는 수단을 검토하는 데 참으로 무심하다. 우리는 태어나서 고작 18년 남짓 교실에 갇혀 보호받을 뿐, 나머지 인생은 사실상 어떤 제도권 교육기관보다도 더 커다란 영향력을 행사하는 뉴스라는 기관의 감독 아래서 보낸다."

알랭 드 보통, 《뉴스의 시대》(최민우 옮김, 문학동네, 2014, 13쪽)

인생은 선택의 연속입니다. 어제 그제와 다를 것 없어 보이는 평범한 오늘의 일상도 사실은 내가 어떤 정보를 받아들일지, 그 정보를 바탕으로 어떻게 인식하고 무슨 결정을 내릴지에 따라 새로이 구성됩니다. 우리가 일상에서 선택하는 크고 작은 결정의 대부분은 태어나면서부터 갖고 있던 생각에 의해서 이뤄지는 게 아닙니다. 미디어를 통해서 알게 된 정보나 그에 기반한 인식을 통해 형성된 것이지요.

성인이 되어 살아간다는 것은 독립적 존재가 되어 스스로 선택과 결정을 하고 그에 책임을 진다는 것을 의미합니다. 어떻게 하면 좀 더 나은 선택을 통해 현명하고 만족스러운 결과를 가져올 수 있을까요? 그러자면 강요와 압박이 없는 자유로운 상태가 필수적입니다. 자유로운 선택을 위해서 가장 먼저 할 일은 내가 영향을 받는 커다란 힘의 실체가 무엇인지 깨닫는 것입니다. 자신이 무엇에 영향받고 의존하는지를 알지 못한다면 결코 자유를 누릴 수 없습니다. 막강한 권력과 많은 돈을 지니고 있어도 소용없지요.

우리 자신을 포함한 지구상 모든 물체는 중력의 지배를 받습니다. 중력을 외면하거나 무시한다고 해서 중력을 벗어날 수 없습니다. 중력을 다스리는 길은 중력을 피할 수 없다는 것을 인정하고, 그 원리와 구조를 이해할 때 비로소 열립니다. 아이작 뉴턴이 중력을 발견한 이후 중력의 구조를 이해할 수 있게 되었고, 인류는 하늘을 날고 우주선을 쏘아 올리는 수준까지 도달하게 되었지요. 보이저호는 목성·토성의 중력을 이용해 엄청난 속도로 태양계를 벗어나 우주여행을 하고 있습니다. 이렇듯 인류는 중력처럼 커다란 힘의 존재를 알게 될 때 비로소 그 힘의 영향으로부터 자유로울 수 있고, 그 힘을 이용해 더 나은 것을 도모할 수 있습니다.

사회적 존재인 인간에게 미디어는 중력과 같은 힘입니다. 물리적 존재로서 우리가 중력을 벗어날 수 없는 것처럼 사회적 존재로서 우리는 미디어의 영향력을 피할 수 없습니다. 미디어를 알고 그 힘을 인정할 때, 비로소 지혜롭게 활용하는 길도 열립니다.

미디어 중에서도 뉴스가 개인과 사회에 끼치는 영향은 막대합니다. 일찍이 오늘날처럼 많은 뉴스를 이용한 적은 없었습니다. 스마트폰과 소셜미디어 환경은 우리를 쉴 틈 없이 쏟아지는 뉴스의 홍수 속에 살게 만들었습니다. 전화벨이 울리고 알림이 뜨면 본능적으로 눈길이 가는 것처럼, 사람은 본능적으로 새로운 정보에 끌립니다. 정보가 부족하던 시대엔 남들보다 먼저 정보를 얻는 것이 생존에 직결됐지요. 지금도 마찬가지입니다. 전공을 결정하거나 직장을 선택할 때 자신의 선호와 적성 못지않게 중요한 것은 세상이 어떻게 움직이는지, 미래는 어떤 방향으로 변화할지, 그리고 다른 사람들은 어떻게 생각하고 있는지를 파악하는 겁니다. 주택 장만이나 주식투자와 같은 경제적 결정을 할 때에도 나만의 느낌보다는 다른 사람들, 즉 시장은 어떻게 가치를 매기는지를 고려하는 게 필수지요. 다른 사람들의 생각과 새로운 정보를 알려줘 생존을 돕는 게 바로 뉴스입니다. 그래서 새로운 정보인 뉴스에 끊임없이 눈길이 가는 것은 인간 본능인 거죠.

과거처럼 아침 신문과 저녁 방송 뉴스를 기다리는 게 아니라, 공짜로 아무 때나 스마트폰으로 뉴스를 이용할 수 있게 되었지요. 궁금한 정보와 뉴스는 어디에서나 즉시 확인할 수 있습니다. 애써 기다리고 찾아가지 않아도 손안으로 쉴 새 없이 뉴스가 배달되는 세상입니다. 뉴스는 더 풍성해졌고 뉴스가 우리에게 끼치는 영향은 더욱 커졌습니다.

그런데 이런 편리한 뉴스 이용 환경은 역설적 상황을 불러왔습니다. '가짜 뉴스'의 영향력과 폐해가 커진 겁니다. 미국, 영국 등 외국만이 아니라 국내에서도 가짜 뉴스의 문제는 심각합니다. 사람들의 평균 학력은 더 높아졌고 정보 접근이 편리해져 뉴스의 진위를 확인하기 더 쉬워졌는데, 가짜 뉴스의 폐해가 커지는 아이러니는 왜 생기는 걸까요? 뉴스와 언론에 대해서 제대로 이해하지 못한 채, 깊이 의존하기만 하는 데서 비롯하는 현상입니다.

미래학자 앨빈 토플러가 말한 대로, 정보사회는 지식이 가장 강력한 권력 수단이 되는 사회입니다. 지식과 정보를 잘 다룰 줄 아는 사람의 힘은 더욱 세졌고, 그렇지 못한 사람은 정보를 많이 이용하고 그것에 의존하더라도 현명한 활용과는 거리가 멀어지게 됩니다. 그 풍경의 하나가 가짜 뉴스 현상입니다.

가짜 뉴스와 왜곡 보도를 구별하는 능력은 뉴스를 많이 접하고 나이가 든다고 해서 저절로 길러지지 않습니다. 교묘한 의도의 글쓰기와 편집을 통해 만들어지는 왜곡된 보도를 식별하자면, 언론이 어떤 식으로 움직이는지를 들여다봐야 합니다. 모든 언론이 겉으로는 불편부당不偏不黨, 객관보도를 지향하지만, 사실 어느 언론의 보도이건 특정한 관점을 대변할 수밖에 없습니다. 진보는 진보대로, 보수는 보수대로 자신들의 관점으로 사안을 바라볼 따름입니다. 그 관점의 특징과 한계를 읽어내는 게 현명한 뉴스 읽기죠.

저는 1990년부터 신문기자로 30여 년 가까이 취재와 편집 업무에 종사해 왔습니다. 언론학 학위를 따고 여러 해 대학 강의를 했으며, 저널리즘에 관한 연구논문과 책을 쓰면서 언론을 오랫동안 깊이 있게 들여다보았습니다. 날마다 뉴스를 이용하는 것은 현대인의 자연스러운 일상이 되었지만 뉴스가 만들어지고 영향력을 행사하는 구조는 간단하게 드러나지 않습니다.

언론계에서 오랜 기간 일하면서 알게 된 것은 사회에서 언론의 역할이 무엇보다 중요하다는 사실이었습니다. 종사자로서 자신의 영역을 과대평가해서가 아닙니다. 알랭 드 보통의 말처럼 언론은 사회와 개인의 생각을 형성하는 엄청난 영향력을 행사하기 때문이지요. 하지만 학교와 사회에서는 언론을 읽어내는 방법을 거의 가르치지 않습니다.

저는 2018년 청소년들을 대상으로 한 《뉴스, 믿어도 될까?》라는 책을 펴냈습니다. 청소년들에게 언론과 뉴스 보는 법을 안내하는 책을 쓰면서 보람을 느꼈지만 아쉬움도 컸습니다. 청소년용 도서에서 언론의 이면에 관한 깊이 있는 이야기를 펼치기 어려운 점도 있었지만, 세상 경험이 짧은 10대 독자를 상대로 언론의 특정

기사들을 비교하면서 구체적으로 잘잘못을 따지는 게 적절하지 않다는 점 때문이었습니다.

사회라는 전쟁터로 나갈 준비를 하는 청소년에게 필수적인 도구인 언론과 뉴스를 제대로 읽어내는 능력을 준비시키기 위한 작업이라고 생각하며 집필했습니다. 그런데 이런 능력은 이미 날마다 전쟁터 속을 살아가고 있는 성인에게 어쩌면 더욱 절실한 능력이었습니다. 제각기 진실이자 객관적·논리적이라고 주장하는 엇갈리는 언론 보도들과 방대한 정보 더미를 스스로 헤쳐가며 필요한 정보를 얻어 선택하고 판단해야 하는 게 성인들의 일이니까요.

스마트폰으로 미디어 이용이 늘어나고 눈 밝은 이들이 들추어내는 언론의 왜곡 보도 사례가 알려지면서 뉴스와 미디어에 대한 관심도 높아졌습니다. 언론이 보도한 것을 습관적으로 믿어왔는데, 세상의 민낯은 언론이 알려준 것과 사뭇 다르다는 것을 깨닫게 된 이들도 많습니다. 언론이 어떻게 세상의 모습을 만들어내고 권력을 움직이는지에 대한 관심이 커지면서 체계적으로 언론의 논리와 작동방법을 알고 싶어 하는 사람이 늘었습니다. 불행히도 지금 성인들은 학교에서 시험과 졸업을 위한 공부는 했지만, 미디어가 어떻게 우리의 생각을 움직이고 사회의 통념을 만들어내는지는 체계적으로 배우지 못했습니다. 이것이 성인이 현명하게 뉴스를 읽어낼 수 있는 데 도움이 되는 책을 집필하게 된 배경입니다.

이 책의 내용은 청소년을 위해 쓴《뉴스, 믿어도 될까?》와 일부

겹치지만, 성인의 눈높이와 관심에 맞춰서 전면적으로 새로 썼습니다. 가짜 뉴스와 왜곡 정보를 식별할 수 있는 구체적인 노하우를 자세히 설명했습니다. 특히 거대언론들이 의도적으로 자행하는 왜곡 보도의 폐해에 대해서 경각심을 기를 수 있도록 다양한 사례를 보탰습니다. 큰 영향력을 가진 언론이 특권화하면서 빚어지는 문제도 드러내, 권력을 감시하는 언론 또한 사회적 감시의 대상이라는 것을 언론 종사자로서 말하고 싶었습니다.

저는 〈한겨레〉 신문 기자로 줄곧 일해왔기 때문에 저 또한 일정한 관점과 한계를 지니고 있습니다. 〈한겨레〉 신문은 특정한 자본가나 재벌, 종교적 배경이 없는 국민주 신문입니다. 1987년 민주화운동 이후 자유로운 언론을 바라는 7만여 국민 주주들의 모금으로 1988년 설립되었죠. 재벌과 사주, 종교적 배경이 없고 자유롭고 공정한 보도를 염원하는 국민 주주의 기대를 고려해야 하는 언론사입니다. 언론은 절대적 진리에 대한 신앙의 영역이 아닙니다. 근거에 기반한 상호 토론과 사회적 감시를 통해서 더 나은 진실성을 향해 나아갈 때 건강한 언론이 될 수 있습니다.

가톨릭계를 넘어 널리 존경받아 온 교황 요한 바오로 2세는 미디어의 역할을 강조했습니다. 바오로 2세는 "언론은 여론에 막대하고 직접적인 영향을 끼치기 때문에 경제적으로 영향력을 지닌 집단, 이득, 특정 이익단체에 지배되어서는 안 된다"라면서, 강력한 힘을 지닌 언론은 모든 사람을 위해 업무를 수행해야 한다고 말했습니다. 거대한 힘을 지닌 언론이 올바른 역할을 하도록 사회적 감시가 필요함을 이야기한 거지요. 언론이 건강할 때 사회의 어두운 구석에 빛이 드리워져 사회가 건강해질 수 있기 때문입니다.

캐나다 미디어학자 마셜 매클루언은 미디어를 "인간의 확장"이라고 말합니다. 옷이 피부의 연장인 것처럼 우리는 언론 덕분에 천리안을 지닌 듯 멀리서 일어난 일도 생생하게 알 수 있게 되었습니다. 이렇게 강력하고 편리한 도구를 더 지혜롭게 활용하는 법은 무엇보다 뉴스를 보는 눈을 기르는 것입니다.

2019년 10월

구본권

차례

5장 언론 보도의 객관성 지키기

6장 뉴스의 기준과 공공성

7장 가짜 뉴스가 판친다

8장 가짜 뉴스를 판독하는 눈

1장

무엇이 언론인가

1. 현실에서 벌어지는 펜과 칼의 대결

"펜은 칼보다 강하다."

"권력은 총구에서 나온다."

서로 모순되는 둘 중에서 어느 쪽이 진실일까요? 앞 문장은 영어 속담이고 뒤 문장은 중국 공산혁명을 성공으로 이끈 마오쩌둥 중국 공산당 주석의 말입니다.

만약 펜과 총칼이 서로 싸우는 일이 실제로 벌어진다면 어떻게 될까요? 정말로 칼의 날카로움이 펜의 힘을 이기지 못할까요?

현실에서 펜과 칼의 물리적 대결은 쉽게 일어나지 않습니다. 하지만 다른 의미에서 '펜(언론)'과 '칼(권력)'의 싸움은 수시로 일어납니다. 그렇다면 그 대결은 어떻게 진행될까요. 쿠데타가 그 현장입니다. 총칼로 펜을 꺾는 일인데, 성공하기도 하고 때론 실패하기도 합니다.

쿠데타 군은 왜 언론을 장악하려고 할까

민주주의가 자리 잡지 못한 정치 후진국에서는 군인들이 반란을 일으켜 대통령과 국회 등 합법적으로 선출된 정치권력을 무력화하고 스스로 권력을 장악하는 일이 종종 일어납니다. 군부가 무력으로 정치권력을 빼앗는 이러한 일을 프랑스어로 '쿠데타(coup d'État, 군사정변)'라고 하지요. 군부가 쿠데타를 일으켜 권력을 장악하는 과정은 어느 나라에서나 비슷합니다. 쿠데타 세력이 총칼을 앞세워 군대 내 통신과 지휘 체계를 장악한 뒤 곧바로 대통령과 국회, 법원 등의 국가 주요 기관과 요인들을 체포하거나 폐쇄합니다.

쿠데타 세력은 군의 지휘 체계를 장악하는 시점과 동시에 방송사와 신문사로 쳐들어가 언론사를 손에 넣습니다. 국회와 법원, 대통령은 각각 입법부, 사법부, 행정부를 대표하는 민주주의 국가의 공식 권력입니다. 때문에 쿠데타 세력이 국가의 입법, 사법, 행정 권력을 장악하려는 건 당연한 것으로 이해됩니다. 그런데 신문사와 방송사는 어떤가요? 언론사는 국가의 권력기관도 아닌 데다가 대체로 사기업의 형태를 띠고 있습니다. 언론사에는 쿠데타 세력에 저항할 군인도, 무기도 없지요. 그렇다면 쿠데타 세력은 왜 그렇게 서둘러 방송사와 신문사에 군대를 투입해서 장악하려는 걸까요?

쿠데타를 일으킨 군인들이 아무리 군대와 경찰 등 물리적 권력을 손에 넣어도 언론을 장악하지 못하면 쿠데타는 실패합니다. 쿠데타 세력이 대통령을 체포하고 군 지휘권을 장악하더라도, 텔레비전과 라디오에서 "지금 일부 군인들이 불법적으로 쿠데타를 일으켜, 대통령을 체포하고 국회를 강제 해산했습니다. 민주주의를 지키기 위해서 시민들이 적극적으로 나서야 할 때입니다"라고 방송한다면 어떨까요? 시민들이 언론을 통해 쿠데타가 발생했다는 것을 알게 되면 반대 여론이 만들어질 테고, 총칼의 위협 속에서도 많은 사람이 이에 반대하려고 모일 것입니다. 군중의 거센 저항 앞에서 총칼은 멈칫거릴 수밖에 없겠지요. 터키나 아프리카의 여러 나라에서 쿠데타가 일어날 때마다 언론사가 제일 먼저 표적이 된 배경에는 이런 이유가 있습니다.

한국 현대사에서도 정치군인들이 정권을 무력으로 빼앗은 군사 쿠데타가 1961년 5월 16일과 1979년 12월 12일에 일어났습니다. 두 번 모두 쿠데타 세력은 군 총사령관과 대통령을 체포하는 동시에 방송사와 신문사를 장악했지요. 그리고 "오늘 새벽 모든 국가권력을 우리가 장악했다. 지금부터 비상계엄령을 선포한다.

허가받지 않은 모든 집회와 언론·출판 행위를 금지한다"라고 방송했습니다. 쿠데타 세력이 방송사와 신문사를 제일 먼저 장악한다는 사실은 민주주의 사회에서 언론의 역할이 얼마나 중요한가를 알려줍니다. 군대와 정부 조직은 최고 수뇌부와 지휘·통신 체계만 장악하면 쉽게 통제할 수 있습니다. 쿠데타 세력이 총칼로 위협하면 가능한 일이지요. 하지만 민간인은 다릅니다. 모든 국민을 한 사람 한 사람 총칼로 위협할 만큼 군인이 많지도 않고, 사회 곳곳에 있는 수많은 시민을 찾아가 만날 도리도 없지요.

쿠데타 세력이 방송과 신문을 장악하는 것은 자유롭게 말하는 사람들의 입을 틀어막고, 언론으로 하여금 자신들이 전달하고 싶은 내용만 일방적으로 선파하도록 만들기 위해서입니다. 쿠데타가 성공한 뒤에는 기사를 검열하고 언론사 등록을 제한하는 등 언론 통제를 서두릅니다. 자신들이 원하지 않는 내용이 국민에게 전달되지 않도록 언론사의 모든 보도 내용을 검열합니다. 검열이라는 방법이 통하지 않을 것 같은 언론사들은 아예 없애버리기도 하지요.

5.16 군사 쿠데타와 12.12 군사 쿠데타 세력 역시 쿠데타가 성공한 뒤에 곧바로 '비상계엄'을 선포하고 모든 신문과 방송의 보도 내용을 검열했습니다. 1961년 박정희 군사 쿠데타 세력은 권력을 장악한 뒤 한 달 만에 1170종의 신문과 잡지를 폐간시켰습니다. 당시 비판적 논조를 이끈 신생 신문 〈민족일보〉를 강제로 폐

간시켰을 뿐 아니라 신문사 사장을 사형시키는 일까지 저질렀지요. 이때의 일은 2006년 '진실·화해를위한과거사정리위원회'를 통해 비로소 진상이 밝혀지고 희생자들의 명예가 회복됐습니다. 12.12 군사 쿠데타로 집권한 전두환 정권도 1980년 〈언론기본법〉을 만들어 신문·방송·통신사들을 통폐합하고, 정권에 비판적인 언론인들을 1500여 명이나 직장에서 내쫓았습니다. 일부 비판적 언론은 아예 없애버리기도 했고요. 남아 있는 신문과 방송사는 '채찍과 당근'으로 길들였습니다. 국군기무사가 2017년 헌법재판소의 박근혜 대통령 탄핵 심판 기각 상황에 대비해 작성한 비상계엄 선포 계획에도 계엄군이 국회와 언론사를 장악하려는 내용이 포함돼 있습니다.

총칼을 앞세운 쿠데타 세력이 맨 먼저 장악하려는 대상이 방송사와 신문사라는 사실은 '펜'과 '칼'의 미묘한 관계를 말해줍니다. 쿠데타 세력이 총칼로 '펜'을 억누르고 나면, '펜'을 통해 자신들의 불법과 무력을 정당화하는 단계로 나아갑니다. 이는 '펜이 칼보다 강하다'라는 격언으로는 잘 설명되지 않습니다. '펜이 칼에 굴복하고 칼이 시키는 대로 보도했으니, 결국 펜보다 칼이 강한 것 아닌가' 하는 의문이 생기기 때문이지요.

하지만 총칼로 권력을 잡아도 계속 총칼로 통치할 수는 없습니다. 내전, 쿠데타, 독립전쟁 등 물리적 충돌이 일어나는 상황에서 펜은 총칼의 상대가 되지 못합니다. 하지만 전쟁과 무력충돌도 계속될 수는 없습니다. 전쟁의 최종 목표는 평화니까요. 민주주의가 자리 잡은 나라에서는 쿠데타 따위는 일어날 수 없습니다. 우리나라도 국군통수권자는 총사령관이 아니라, 국민이 선택한 대통령입니다. 미국은 군에 대한 문민통제가 법제화되어 있어, 군인은 아예 국방부 장관 등이 되어 군을 지휘하는 게 불가능합니다. 국방부 장관은 군복을 벗은 지 여러 해가 지난 민간인만 맡을 수 있습니다. 펜이 총칼을 지휘하도록 한 겁니다. 사회는 말과 글로 이루어진 법률과 질서를 필요로 하고, 사람들에게 전달할 내용도 말과 글을 통해야만 가능하기 때문이지요. 총칼은 권력을 쟁취하는 직접적인 수단이지만, 권력을 장악한 뒤에는 말과 글에 의존하게 됩니다. 즉, 권력을 유지하기 위해서는 언론을 통제하고 활용해야만 합니다.

언론 통제가 총칼로 위협하는 쿠데타나 공산주의 정부의 전유물은 아닙니다. 민주적 절차로 선출된 정부와 권력도 언론을 통제하고 싶어 하기는 마찬가지입니다. KBS나 MBC 같은 공영방송의 경우, 정부가 방송사 사장을 선출하는 절차 등에 영향력을 행사하기도 합니다. 권력을 획득한 정권이 자신들에게 우호적인 언론인을 사장 자리에 앉히려는 것이지요. 때로는 정권이 공영방송사의 사장을 자기편 사람으로 앉히고 그것으로도 모자라 정부와 여당에 대한 비판적 보도를 금지하고, 이에 따르지 않는 언론인을 해고하려는 일도 벌어집니다. 이명박, 박근혜 전 대통령은 MBC

에 친親정부 성향의 사장을 앉히는 수준을 넘어 MBC 사장으로 하여금 4대강 사업 등 정부 정책을 비판하는 기자, 아나운서, 피디들을 해고하게 하여 방송을 하지 못하도록 했습니다. 결국 비판적 보도를 이유로 기자들을 해고한 것은 잘못이라는 법원 판결이 내려졌고, 2017년 말 해고 언론인들이 복직하게 되었지요. 방송을 장악해서 자신들에게 우호적인 언론 보도만을 내보내려 했던 정치권력의 욕심 때문에 공영방송 MBC는 기자와 피디, 아나운서가 부당하게 해고되고, 시청률이 크게 떨어지는 수난을 겪었습니다.

정권이 방송사가 비판적 보도를 못하게 압력을 행사한 일은 해당 정권에도 결코 좋은 결과로 이어지지 않았습니다. 2016년 국정농단 사태로 인한 박근혜 대통령 탄핵과 구속 과정에서 이를 확인할 수 있지요. 만약 당시 박근혜 청와대가 언론의 비판 보도를 수용했다면 탄핵과 같은 파국까지 이르지는 않았을 겁니다. 이런 사례는 언론을 통제하고 길들이려는 시도가 과거 독재정권만이 아니라 민주적으로 선출된 정권에서도 벌어진다는 것을 알려줍니다. 이는 정치권력이 언론을 통제하면 모든 국민의 생각과 결정을 통제할 수 있을 것이라고 잘못 판단하기 때문입니다.

나폴레옹이 살인마에서 황제 폐하가 되기까지

펜과 칼, 즉 언론과 권력의 구도를 제대로 파악하려면 어느 쪽 힘이 더 강한가를 따지기보다 서로 어떤 관계에 있는가를 살펴보아야 합니다. 쿠데타처럼 총칼을 앞세워 권력을 획득하더라도 언론을 장악하지 않고서는 권력을 유지할 수 없는 것이 현실입니다. 언론과 권력은 서로 의존하며 영향을 주고받는 관계니까요.

언론과 권력의 관계를 알려주는 역사적으로 유명한 사례가 있습니다. 18세기 프랑스의 나폴레옹 시절에 일어난 일입니다. 이웃나라와의 연이은 전쟁에서 승리하여 국민영웅이자 국가의 최고지도자가 된 나폴레옹은 프랑스대혁명(1789년) 이후 공화정을 뒤엎고 1804년에 스스로 황제가 되었습니다. 하지만 나폴레옹은 영국 등과의 전쟁에서 잇따라 패하며 황제 자리에서 쫓겨나 지중해에 있는 엘바섬으로 귀양을 가게 됩니다. 그러나 나폴레옹은 귀양 간 이듬해인 1815년 2월 26일 엘바섬을 탈출해 파리로 입성한 뒤 다시 황제의 자리에 오릅니다. 이때 나폴레옹이 엘바섬을 탈출해 파리에 도착하는 약 2주간을 보도한 신문기사에서 나폴레옹에 대한 호칭과 묘사는 날마다 달라졌습니다. 프랑스대혁명 과정에서 시민혁명을 지지한, 당시 프랑스 최대의 일간신문인 〈모니퇴르〉(Moniteur, '감시자'라는 뜻의 프랑스어)의 보도였지요. 이 신문은 엘바섬을 탈출한 나폴레옹에 대한 최초 보도에서 그를 "유배지를 탈출한 살인마"로 부르다가 나폴레옹이 파리에 점점 가까이 접근해 옴에 따라 호칭을 바꿔 나갑니다. "괴물", "폭군"에서 "보나파르트", "나폴레옹"으로 변경해 보도했습니다.• 나폴레옹이 프랑스 남쪽으로부터 진격해 오다가 파리 왕궁에 입성하자 〈모니퇴르〉는 마침내 "황제 폐하 만세!"라고 외칩니다.

프랑스 최대 신문이 2주라는 짧은 기간에 동일한 사람에 대한 호칭을 "살인마", "괴물"에서 "황제 폐하"로 바꿔가며 보도한 겁니다. 이는 언론이 자기 이익에 따라 같은 사안에 대해서도 입장을 바꿀 수 있음을 보여주는 동시에, 언론과 권력의 관계를 짐작하게 하는 중요한 사례입니다. 〈모니퇴르〉의 시시각각 달라진 보도가 200여 년 전 프랑스에서 일어난 해프닝으로 여겨지지 않고 두고두고 이야기되는 까닭이지요. 쿠데타 세력이 언론사를 제일 먼저 장악하려는 이유도, 〈모니퇴르〉 신문이 나폴레옹을 "살인마"라고 보도했다가 보름도 채 안 돼 "황제 폐하 만세"라고 외친 이유도 서로 통합니다. 언론과 권력은 밀접하고 미묘한 관계 속에서 서로 깊이 의존하고 있습니다. 펜이 칼보다 강하다거나, 또는 칼의 위협 앞에서도 펜은 굴복하지 않는다고 단순히 말할 수 없는 이유입니다.

흔히 언론을 '세상을 비추는 거울'이라고 말합니다. 사람들은

• Roger Kimball, "French lessons", 《The New Criterion》 2005.2.9.

실제로 벌어진 일을 있는 그대로 뉴스로 보도한다고 생각하지요. 하지만 뉴스가 세상에서 일어난 일을 그대로 비추는 것은 아닙니다. 언론이 세상을 비추는 거울이기는 해도, 세상을 '그대로' 비추는 거울은 아니라는 말입니다. 언론이라는 거울은 뉴스를 만들어내고 전달하는 사람에 따라 같은 모습을 다르게 보이게도 합니다. 거울을 보면서 자기 모습을 관찰할 수 있는 동물은 사람이 유일하지만, 사람도 거울 보는 법을 익혀야 거울에 비친 상을 제대로 이해할 수 있습니다. 언론이라는 거울이 사실을 사실대로 전하지 못하고, 어떻게 일그러뜨리는지 좀 더 알아보지요.

2. 언론의 탄생과 발달 과정

한국언론진흥재단의 미디어 이용 실태 조사를 보면 10대와 성인들은 뉴스 이용 시간에서 차이가 큽니다. 초등학생 때 뉴스 이용 시간은 미미하지만 중고생이 되면 학습 부담이 커지는데도 뉴스 이용 시간이 갑절로 늘어납니다. 20대, 30대가 되면 뉴스 시청 시간은 더 늘어납니다.

왜 성인이 되면 날마다 비슷비슷한 소식을 되풀이하는 듯한 뉴스를 더 오래 시청하게 될까요? 나이가 들면 재미없던 뉴스도 갑자기 재미있어지는 걸까요?

성인이 된다는 것은 청소년기와 달리 스스로 결정하고 책임져야 할 일이 늘어나는 걸 뜻합니다. 나는 사람들이 무엇에 관심을 두고 어떤 생각을 하는지 알아야 제대로 판단할 수 있습니다. 성인이 되었다고 갑자기 뉴스가 흥미로워지는 게 아니라 세상과 다른 사람들에 대해 알아야 생존과 성공 가능성이 높아지기 때문에 뉴스를 궁금해하는 겁니다.

뉴스에 끌리는 것은 인간의 생존 본능

뉴스(News)는 '새 소식'이라는 뜻이지만, 더 넓게는 정보를 말합니다. 정보 중에서도 가장 새로운 정보를 뉴스라고 부릅니다. 사실 사람은 본능적으로 뉴스를 좋아하게 만들어졌습니다. 인류 역사에서 정보는 생명과 부를 가져다주는 권력이었습니다. 신문이나 뉴스가 등장하기 전에도 누가 권력을 잡을 실력자인지 남보다 먼저 알고 있으면 권력에 가까운 자리를 얻을 수 있었고요. 적군보다 먼저 입수한 정보는 전투의 승패를 판가름했고, 전쟁 결과를 먼저 입수한 사람은 막대한 재물을 얻을 기회를 누렸습니다.

진화생물학과 뇌과학에서는 인간 두뇌가 새로운 정보를 더 많이 요구하는 쪽으로 진화했다고 설명합니다. 정보가 생존에 도움을 주는 결과로 이어졌기 때문인데요. 10만 년 전까지 아프리카 사바나 지역에 살던 초기 인류 가운데 생존력이 높은 이들은 맹수가 접근하고 있다는 것을 빨리 눈치채거나, 사냥감이 있는 곳을 남보다 먼저 알아내는 사람이었습니다. 진화 과정에서 더 많은 정보를 추구한 이들이 더 오래 살아남았고, 그래서 유전자를 후손에게 전달할 기회도 더 많이 갖도록 프로그래밍되었습니다. 동물 대상 실험에서는 새로운 정보와 자극을 받을 때 뇌에서 도파민이 분비되는 것을 확인하였습니다. 사람도 마찬가지입니다. 도파민은 뇌의 쾌락중추를 자극하는 신경 전달 물질로, 흔히 연애를 할 때 많이 분비된다고 하지요. 이는 도파민이 쾌락이나 행복감에 관련된 감정을 느끼도록 자극하기 때문입니다.

사람은 이처럼 본능적으로 더 많은 정보를 추구합니다. 몽골인들은 서로 만나면 "새로운 일 없습니까?"라고 묻습니다. 신문이나 방송을 모르고 사는 아프리카 부족들도 사람을 만나면 자신이 보고 들은 이야기를 나누면서 많은 시간을 보낸다고 합니다. 모든 사회는 새로운 소식, 즉 뉴스를 더 많이 주고받으며 발전해 왔습니다. 신문이나 방송이 없던 시절에만 뉴스가 중요했던 것이 아닙니다. 오늘날처럼 정보가 넘쳐나는 사회일수록 신선하고 가치 있는 정보는 더욱 중요한데, 그게 바로 뉴스입니다.

모든 생명체는 환경에 적응하며 살아갑니다. 사람도 마찬가지입니다. 다만 사람은 다른 동물들처럼 털가죽이나 날개, 날카로운 이빨을 발달시키는 방법으로 환경에 적응하지는 않지요. 사람은 사물을 분별하여 판단하는 인지능력을 통해 세상을 파악하고, 이를 발달시키면서 자신이 처한 환경을 이해하고 그에 맞는 대처 방법을 찾습니다. 사람의 인지능력은 어떻게 만들어질까요? 인지능력은 정보와 사고를 통해 학습하는 힘입니다. 다른 동물들도 감각기관을 통해 외부 세계의 정보를 받아들입니다. 하지만 사람은 단순히 외부 정보를 받아들이는 데 그치지 않습니다. 사람의 인지능력은 생각을 이리저리 굴려보는 사고력과 더해져, 받아들인 정보를 이미 가지고 있는 지식과 결합하여 새로운 정보를 만들어 유통시키지요. 이는 고도로 추상화된 의사소통 도구인 언어가 있기에 가능합니다. 언어는 인간으로 하여금 세상을 인식하고 생각할 수 있도록 합니다. 이 때문에 날카로운 발톱과 튼튼한 팔다리 없이도 생태계를 지배하는 능력을 갖게 되었지요.

인간은 언어를 통해 직접 보고, 듣고, 경험하지 않은 일도 알고 생각할 수 있습니다. 언어 중에서도 글은 말에 비해 오래 보존할 수 있고, 옮기는 사람에 따라 내용이 달라질 가능성도 낮으며, 훨씬 멀리까지 전달할 수 있습니다. 인간의 사고력과 문명은 글을 통해, 더 정확하게는 문자의 발명과 인쇄술 덕분에 획기적으로 발달하게 되었습니다. 언론이 탄생하고 발달하게 된 배경이기도 합니다.

인쇄술의 발명과 신문의 탄생

언론은 언제 생겨났을까요? 새로운 소식을 사회에 널리 알리는 뉴스의 기능은 아주 오래전부터 있었습니다. 기원전 490년 그리스 마라톤 평야에서 아테네 군이 침략자 페르시아의 대규모 군대에 맞서 승리를 거뒀다는 소식을 조국에 알리기 위해 42킬로미터를 달려 승전보를 전하고 숨진 페이디피데스를 최초의 언론인으로 봅니다. 중세시대에는 이곳저곳을 여행하며 사람들에게 노래와 이야기를 들려주던 떠돌이 시인이 오늘날 기자와 같은 역할을 하기도 했습니다. 노래와 시로 다른 지역에서 일어난 일들을 사람들에게 널리 전하였으니, 오늘날의 신문과 방송이 하는 역할을 했다고 볼 수 있지요.

하지만 오늘날과 같은 언론이 본격적으로 생겨나기 시작한 것은 인쇄술이 발명되고 나서입니다. 인류는 종이가 있기 전까지는 돌판이나 나무판, 양피지나 파피루스에 글자를 적어왔습니다. 그러다가 105년 중국에서 채륜蔡倫이 종이 만드는 법을 발견했습니다. 중국의 제지술은 실크로드를 따라 서쪽으로 건너간 뒤 아랍을 거쳐 유럽에까지 전파되었고, 13~14세기 이후에는 프랑스, 이탈리아, 독일, 영국 등에서 제지 공장이 만들어졌습니다. 그리고 1455년 독일의 구텐베르크가 금속활자를 이용해 《구텐베르크 성서》를 인쇄하면서 짧은 기간에 유럽 전역으로 인쇄 기술이 퍼져 나갑니다. 1450년부터 1500년까지 50년 동안 유럽에서만 2000만 권에 달하는 책이 인쇄됐을 정도입니다. 이전까지는 수도사나 전문 필경사가 일일이 베껴 쓰는 방식으로 책을 만들었기에 몇 년을 작업해야 성서 한 권을 만들어낼 수 있었습니다.

그동안 인류가 경험한 적 없는, 이른바 '정보의 대폭발'이 일어난 겁니다. 책이 흔해지고 값도 싸졌습니다. 뿐만 아니라 중세사회의 지식층이나 성직자의 전유물이던 라틴어로 쓰인 책들이 독일어, 프랑스어, 영어 등 각 나라의 민중 언어로 옮겨지면서 평민도 읽을 수 있는 책이 등장하게 되었습니다. 그동안 소수 지식인이 독점해 온 지식 세계에 일반인도 접근할 길이 열린 겁니다. '지식의 대중화'가 일어나게 되었고, 이후 세상은 물리적 힘이 아닌 지식과 정보가 지배하게 됩니다. 그래서 구텐베르크의 인쇄술은 근대 지식과 과학 발달을 가져온 '정보 혁명'으로 불립니다. '새로운 천 년'을 앞두고 있던 1999년 〈타임〉 지나 〈월스트리트 저널〉 같은 세계적 언론들은 지난 천 년 역사에서 가장 위대한 발명으로 하나같이 구텐베르크의 활판 인쇄술을 꼽았습니다.

금속활자 기술은 우리나라에서 세계 최초로 개발됐습니다. 고려 시대인 1377년에 인쇄한 《직지심체요절》이 세계에서 가장 오래된 금속활자 인쇄물로 공인되어 보존되고 있습니다. 하지만 아쉽게도 세계 최초인 고려 시대의 금속활자 기술은 절에서 불경을 인쇄하는 용도처럼 제한적으로만 쓰였습니다. 그러다 보니 금속활자 기술이 계속 발달하지 못했고, 인쇄 문화 발전으로까지는 이어지지 못했습니다. 사실 금속활자는 고려 시대에 발명되었다는 것만 알려져 있지 발명가가 누구였는지조차 알 수 없습니다. 조선 시대인 1446년 세종대왕이 쉬운 문자를 만들어 백성에게 널리 알리기 위해 반포한 《훈민정음》도 금속활자가 아니라 목판으로 인쇄되었다는 게 단적인 사례입니다.

우리나라와 달리 유럽에서는 인쇄술이 널리 보급되고 책이 대중화되면서 신문이 등장합니다. 처음부터 오늘날과 같은 형태의 신문은 아니었습니다. 새로운 소식을 담아 전하는 '뉴스레터'라는 소식지였는데, 당시 상업의 발달과 관련이 있습니다. 이탈리아 베네치아처럼 상업이 발달한 항구 도시에서는 무역선이 항구에 들어오면 배가 싣고 온 물품이 무엇인지 파악해 이를 사들이려는 상인들의 수요가 높았는데요. 이러한 상인들을 위해 소식지 형태로 무역선의 화물 목록을 제공하기 시작한 것이 점점 발달하여 오늘날 신문의 형태가 된 것이지요. 처음에는 필요할 때마다 발행되던 것이 정기적으로 발행되고, 다루는 영역도 화물 목록에서 정치와 사회 등 다양한 주제로 확대되었습니다. 16세기에 베네치아에서 〈가제타〉라는 신문이 일주일에 한 번씩 발행된 것을 신문의 시작으로 봅니다. 처음 등장한 신문은 주간지였지만 점차 날마다 발행되는 일간지도 등장하였습니다. 그리고 이렇게 시작된 신문은 유럽 전역과 미국으로 급속히 확산되어 갔습니다.

신문의 대중화를 이끈 페니 신문

신문의 발달은 민주주의와 관련이 깊습니다. 민주주의 체제에서 시민은 선거에 참여하여 자신들을 대표할 지도자를 뽑아 나라를 통치하도록 맡깁니다. 이를 위해 시민은 공동체에서 벌어지는 중요한 일들에 대해 알고 있어야 하는데, 이때 신문이 정보의 창구가 됩니다. 신문에는 살아가는 데 필요한 정보와 함께 다양한 의견이 실리는데, 이는 사회 구성원 다수의 의견인 여론을 만들어내는 중요한 창구가 됩니다. 선거를 통해 다수의 선택이 합법적인 권력이 되는 민주주의 사회에서는 여론이 권력을 만들어내는 힘이 되는 것이지요. 따라서 민주주의 사회에서 여론은 매우 중요합니다. 마찬가지로 여론을 담아내는 신문의 역할도 매우 중요하지요.

실제로 18세기 이후 유럽과 미국의 시민사회가 발달하는 데에는 신문의 영향이 매우 컸습니다. 여기서 말하는 시민사회란 봉건사회의 신분제 질서에서 벗어나 자유롭고 평등한 개인으로 구성된 근대 이후의 사회를 말합니다. 격변하는 사회에서 필요한 정보와 중요한 소식을 얻기 위해 신문을 읽는 것은 시민으로서 필수적인 일이었지요. 그리하여 정당과 같은 정치 조직은 자신들이 표방하는 가치를 전파하여 지지자들을 모아 정치권력을 획득하려는 목표로 신문을 발간했습니다. 유럽과 미국에서 시민사회가 형성된 초기에는 각 정당이 주도하는 신문들이 많이 발행되었습니다.

이들 신문은 정당의 정치적 입장과 가치를 대변하였고, 정당은 신문 발행을 지원했습니다. 신문에 따라서 정치색이 분명하다 보니 정치적 견해가 비슷한 사람들이 해당 신문의 주요 독자였습니다.

한편 당시 유럽의 대도시 파리, 런던, 빈, 베네치아 등지에는 커피하우스가 많이 생겨났는데, 이곳은 지식인과 시민이 모여들어 정보를 교환하고 토론을 벌이는 공간이었습니다. 특히 커피하우스에는 다양한 신문이 비치되어 있어 많은 지식인이 날마다 커피하우스를 찾아 그날 신문을 읽고 차와 커피를 마시며 대화와 토론을 벌이기도 했습니다. 이런 문화는 시민사회와 민주주의, 문화예술이 뿌리내리고 꽃피는 중요한 토양이었습니다. 지금도 오스트리아 빈에 있는 첸트랄Central이나 무제움Museum 같은 유서 깊은 카페를 방문하면 19세기처럼 여러 언어로 발간된 수십 개의 종이 신문이 철해져 손님을 맞고 있는 풍경을 만날 수 있습니다. 오랜 세월 동안 예술과 사상의 못자리가 된 빈의 커피하우스 문화는 2011년 유네스코 세계 무형문화유산으로 지정되기도 했습니다. 커피하우스에 커피만이 아니라 신문이 있었던 덕분에 시민들이 모이는 문화예술과 토론의 공간이 될 수 있었던 거지요.

18세기 중엽 산업혁명 이후에는 다양한 논조의 신문들이 늘어나면서 경쟁이 치열해지고 신문 산업 자체가 커졌습니다. 취재와 보도 기술도 발달했지요. 당시 신문들 간의 경쟁이 가장 뜨겁게 펼쳐진 곳은 미국의 최대 도시 뉴욕이었습니다. 한 신문사는 신문값을 크게 낮추어 많이 판매하는 '박리다매' 전략을 씁니다. 당시 6페니이던 신문값을 1페니로 낮춰 팔기 시작했습니다. 결국 다른 신문사들도 가격 경쟁에서 뒤질 수 없어 비슷한 방법을 선택하게 됩니다. 사실 이전까지의 신문은 경제적으로 여유가 있는 사람들이나 읽을 수 있었습니다. 그런데 값싼 신문이 등장하자 더 많은 사람이 신문 독자가 되었고, 신문의 영향력도 커지게 되었지요. 실제로 1833년 뉴욕에서는 인쇄업을 하던 벤저민 데이가 〈선The Sun〉이라는 신문을 1페니라는 싼값에 판매하기 시작합니다. '페니 신문' 혹은 '1페니 신문'이 탄생하게 된 겁니다. 〈선〉은 높은 인기 속에 2년 만에 1만 5000부를 발행하며 미국 최대의 신문이 됩니다. 그리고 그 뒤로 〈뉴욕 헤럴드〉, 〈뉴욕 트리뷴〉 등 비슷한 페니 신문들이 생겨나면서 누구나 신문을 읽을 수 있는 '신문의 시대'가 열립니다.

신문 구독자가 크게 늘면서 신문의 영향력이 커지고, 신문에 실리는 광고 효과도 증대되었습니다. 신문값을 크게 내렸지만 발행 부수와 수익이 늘어나면서 신문은 더 이상 정당 조직의 후원을 받지 않아도 되었습니다. 이때부터 신문 광고가 신문의 주된 수입원이 됩니다. 신문이 큰돈을 벌 수 있는 사업 수단이 되자, 상업적인 신문사가 여럿 등장하게 되는데요. 페니 신문은 더 많은 사람에게 신문을 팔기 위해 특정한 정치 성향을 지닌 이들을 겨냥하기보다 모든 시민을 고객으로 만들기 위해 객관성과 중립성

THE SUN.

NEW-YORK, WEDNESDAY, NOVEMBER

[PRICE ONE CENT.

PUBLISHED DAILY

LES RABASTIQUES.

1833년 미국 뉴욕에서 창간된 최초의 페니 신문 〈선〉. 서민들도 읽을 수 있도록 재판, 범죄 기사, 길거리의 가십거리를 다루었고, 신문이 대중화되는 데 크게 기여하였다.

을 내세웁니다. 어떤 정당을 지지하느냐에 상관없이 누구나 읽을 수 있는 신문이라는 점을 강조하게 되지요. '선(Sun)'이라는 신문 제호(명칭)도 태양처럼 '모든 사람에게 동등하게 비추는 빛'이라고 설명합니다. 그 이전까지 신문의 제호는 대부분 '비판자(critic, 크리틱)', '전령(herald, 헤럴드)', '호민관(guardian, 가디언; tribune, 트리뷴)' 등의 낱말을 포함하고 있었는데, 이런 이름은 신문이 갖는 감시자 또는 비판가의 역할을 강조한 것입니다. 모두를 위한 신문을 내세운 페니 신문은 언론에 객관주의 보도와 범죄 보도, 선정 보도라는 새로운 흐름을 가져왔고, 이는 오늘날까지 이어지는 언론의 중요한 특성이 되었습니다.

신문사 간의 경쟁에서 비롯된 옐로 저널리즘

'객관주의 보도'는 어느 관점에서 바라보느냐에 따라 달라지는 '의견'이 아니라 누가 보더라도 똑같은 '사실'을 전달하려는 보도를 뜻합니다. 예를 들어, 은행 금리가 오르면 은행에 예금을 한 사람은 이자가 올라가서 좋겠지만, 대출을 받은 사람은 이자 부담이 늘어나 기분이 좋지 않겠지요. 이 경우 객관주의 보도는 어느 한쪽 편의 입장에서 보도하는 것을 피합니다. 은행 금리가 오른다는 사실을 보도하면서 예금자와 대출자에게 끼치는 각각의 영향을 같은 비중으로 다루려고 합니다. 방송 뉴스를 전달하는 아나운서는 아무리 기쁘거나 슬픈 뉴스라고 하더라도 가능한 한 감정을 표정이나 목소리에 싣지 않고 담담하게 전달해야 합니다. 가끔 앵커가 우리나라 선수의 올림픽 메달 획득이나 한일전에서 국가대표팀의 승리를 기쁜 표정과 목소리로 전달하기도 하지만, 이는 아주 예외적인 사례입니다. 객관적으로 사실만 담담하게 전달해야 시청자가 뉴스에 대한 신뢰성을 갖게 된다는 판단에서입니다. 객관주의 보도는 오늘날 대부분의 언론이 지향하는 당연한 가치입니다.

객관주의 보도를 지향하는 신문을 '대중신문'이라고 부릅니다. 사실 객관주의 보도는 신문을 더 많이 팔기 위한 허울에 불과했습니다. 대중신문이 자리 잡기 시작한 19세기 뉴욕에서 유행한 선정적인 범죄 보도는 마치 소설가가 작품 속에서 상황을 묘사하듯 현장에 있지도 않은 기자가 범죄 현장을 다 지켜본 것처럼 생생하게 표현하는 기사를 쓰기도 했지요. 그럴수록 신문은 더 많이 팔려 나갔고, 신문사들 간의 선정주의 경쟁은 심해졌습니다. 사람들의 관심을 끌기 위해 엽기적인 사건 같은 범죄 기사를 크게 보도하거나 매우 선정적이거나 흥미 위주의 기사를 많이 다룬 이 당시 뉴욕의 대중신문들을 일컬어 '옐로 페이퍼'라고 부릅니다. 더불어 선정적이고 질 낮은 보도를 '옐로 저널리즘(황색 언론)'이라고 합니다. 노란 종이나 노란 잉크로 인쇄해서 그런 이름이 붙은 게 아닙니다.

왜 선정주의 언론을 옐로 저널리즘이라고 부르게 되었을까요? 여기에는 유래가 있습니다. '신문 왕'으로 유명한 조지프 퓰리처 Joseph Pulitzer는 1890년대 뉴욕에서 〈뉴욕 월드〉라는 신문을 발행했습니다. 〈뉴욕 월드〉에는 '옐로 키드'라는 당대 최고 인기 만화가 연재되고 있었지요. 그런데 1895년에 또 다른 경쟁 신문사의 발행인인 윌리엄 허스트William Hearst가 '옐로 키드'를 그리던 만화

THE SEASON OPENS WITH THE HORSE SHOW IN McFADDEN'S ROW OF FLATS.

1896년 11월 8일자 〈뉴욕 저널〉의 '옐로 키드' 만화 지면과 1890년대 〈뉴욕 월드〉에 연재된 인기 만화의 주인공 옐로 키드. 당시 이 만화를 놓고 벌인 신문사 간의 치열한 경쟁은 오로지 독자의 시선을 끌기 위해 선정주의에 호소하는, 이른바 옐로 저널리즘을 탄생시켰다.

가 아웃콜트Outcault를 스카우트해서 자신의 〈뉴욕 저널〉에 만화를 그리게 한 것입니다. 그러자 퓰리처는 다른 만화가를 고용해서 '옐로 키드'라는 만평 코너를 이어갑니다. 뉴욕에서 치열하게 경쟁하던 대중신문 두 곳에서 '옐로 키드'라는 같은 제목의 만화가 동시에 실리는 사태가 벌어진 것입니다. 옐로 저널리즘이라는 말의 기원은 바로 '옐로 키드'입니다. 이 일을 계기로 선정적인 신문을 옐로 저널리즘이라고 부르는 관행이 생겨났습니다. 또한 선정보도를 일삼던 신문들은 대부분 보통 신문보다 약간 크기가 작은 타블로이드 판형으로 인쇄되었습니다. 그래서 '타블로이드 저널리즘'이라는 말도 옐로 저널리즘과 마찬가지로 선정적인 언론을 가리키는 말이 되었습니다. 옐로 저널리즘 시대에 도입된 풍성한 화보, 컬러 만화 등은 이후 다른 신문들로 광범하게 파급되기도 했습니다.

이러한 선정주의적 언론과 대비되는 게 '권위지(quality paper, 퀄

리티 페이퍼)'입니다. 프랑스에서 가장 권위 있는 신문은 〈르 몽드 Le Monde〉인데, 이 신문은 1940년대 창간 이후 1면에는 사진이나 색상을 전혀 쓰지 않고 제목과 기사 본문 모두 오로지 흑백으로만 인쇄해 온 것으로도 유명합니다. 사진이나 색상은 독자의 이성적 판단을 가로막는 불필요한 장식 요소라고 판단했기 때문입니다. 사진을 보지 않고 글자만 읽는 게 냉철한 판단에 도움이 된다는 생각은 황당한 주장 같지만, 〈르 몽드〉의 1면은 창간 이후 40년이 넘게 온통 흑백 글자뿐이었습니다. 하지만 〈르 몽드〉도 1980년대 중반부터는 1면에 컬러 사진을 쓰기로 결정합니다. 시각 문화에 익숙한 세대가 신문을 외면하자 결국 독자를 잡기 위해 화려한

Le Monde

La France et l'U.R.S.S. ont conclu un traité d'alliance et d'assistance mutuelle

prévu pour une durée de vingt ans

A NOS LECTEURS

L'ALLIANCE franco-soviétique

AU CONSEIL DES MINISTRES

TEXTE DU PACTE

LA CRISE GRECQUE

LA WEHRMACHT CONTRE-ATTAQUE aux confins belgo-luxembourgeois

Dans la plaine d'Alsace l'ennemi s'efforce d'élargir ses positions

La vie littéraire

LE GENERAL DE GAULLE ET SES TEMOINS

par Emile Henriot

La Guerre en Extrême-Orient

1944년 12월 18일 〈르 몽드〉 창간지 1면. 〈르 몽드〉는 창간 이후 40여 년 동안 1면은 흑백으로만 인쇄했다.

편집의 물결에 동승한 것입니다.

오늘날 한국 사회에서도 옐로 저널리즘을 흔하게 만날 수 있습니다. 공동체 전체에 관련된 일도 아니고, 사회적으로 그다지 중요하지 않은 개인적인 사건들을 지나치게 상세하고 노골적으로 보도하는 기사들입니다. 사람들의 관심을 자극하는 엽기적인 범죄나 유명인의 스캔들과 같은 사적이고 은밀한 사건 등을 자세하게 보도하는 행위가 대표적인 옐로 저널리즘이지요. 공동체에 중요한 사안을 보도하는 대신 말초적인 관심사를 집중적으로 보도하는 옐로 저널리즘은 많은 비판을 받으면서도 줄어들기는커녕 인터넷 환경에서 더욱 늘고 있습니다.

인터넷상에서 뉴스를 볼 때는 신문이나 방송에서 중요하게 다루려는 편집 방향 대신, 자신이 관심을 갖는 뉴스를 직접 찾아보는 경우가 많은데요. 보통은 재미있고 선정적인 제목을 단 뉴스에 먼저 눈길이 가기 마련이지요. 그러니 언론사 입장에서도 숨겨진 권력형 비리를 드러내는 탐사 보도 위주의 기사보다는 선정 보도가 상업적으로 성공하기 쉽다고 생각할 테고요. 이렇게 옐로 저널리즘이 작동하는 배경에는 신문과 방송 등의 수익 구조와 함께 언론을 소비하는 이용자들의 책임도 적지 않습니다. 우리가 미디어를 현명하게 이용하는 방법(미디어 리터러시)을 익혀야 하는 까닭이기도 합니다.

3. 미디어는 '세상을 보는 창'

뉴스를 전하는 매체는 종이에 인쇄된 신문과 주간지의 모습으로 출발했습니다. 기술이 발달하고 생활양식이 바뀌면서 다양한 미디어가 등장하게 되지요. 20세기 들어서면서 라디오가 발명되었고, 이어 텔레비전이 보급되면서 본격적으로 매스미디어(대중매체) 시대가 열리게 됩니다. 1920년대에는 라디오가 등장해 새로운 뉴스의 도구로 널리 보급됐습니다. 세계 최초로 상업적인 라디오 방송이 시작된 것은 1920년 미국이었습니다. 이때부터 라디오 수신기가 판매되기 시작했는데, 5년 만에 미국에서만 55만 대가 보급되었을 정도로 인기가 대단했답니다. 뉴스의 전달 방식도 진화합니다. 라디오가 처음에 뉴스를 전달할 때는 아나운서가 신문기사를 그대로 읽어주는 방식이었지만 시간이 지나면서 오늘날처럼 라디오만의 구어체 뉴스가 자리 잡게 되었습니다. 신문과 달리 간결하면서도 명확한 단어를 사용하여 생생하게 현장을 묘사하는 방식이지요.

미디어는 한 가지가 아니다

빠르게 발달하는 과학기술은 라디오에 이어 텔레비전 시대를 열었습니다. 1936년 독일 베를린올림픽에서 최초로 텔레비전 중계방송이 이뤄지고, 1940년대에는 미국과 유럽에서 텔레비전 상업방송이 시작됩니다. 이전까지 영상은 영화관에서나 볼 수 있었지만, 텔레비전 뉴스가 시작되면서 시청자가 안방에서 멀리 다른 지역의 일도 현장에 있는 것처럼 생생하게 지켜볼 수 있게 되었지요. 텔레비전과 더불어 영상의 시대가 열린 겁니다. 신문, 라디오, 텔레비전은 현대인이 느끼고 생각하는 방식, 일하고 소비하는 생활양식까지 바꾸는 엄청난 변화를 가져왔습니다. 그래서 20세기를 '매스미디어의 시대'라고 말하지요. 전 세계 사람들이 같은 내용의 뉴스나 드라마, 영화, 스포츠 등을 공유하면서 서로 동일한 주제에 대해 생각하고 이야기할 수 있게 되었는데요. 매스미디어가 등장하기 전까지 사람들은 각자가 태어나 살고 있는 환경과 문화의 영향을 받으며 전통적인 방식으로 살아왔습니다. 하지만 매스미디어가 출현한 이후로 사람들의 생각과 행동은 많이 달라졌습니다. TV 뉴스 덕분에 시청자들은 다른 나라에서 일어난 일들도 현장에 있는 것처럼 생생하게 지켜볼 수 있게 된 겁니다. 20세기 캐나다 미디어학자 마셜 매클루언Marshall Mcluhan이 말한 대로 '지구촌global village' 시대를 살게 되었지요. 지구촌 시대 이후에도 미디어는 계속해서 발달하며 변화했고, 우리의 삶은 그것에 영향을 받으며 달라지고 있습니다. 21세기는 매스미디어의 시기를 넘어 개인 중심의 인터넷과 소셜미디어의 시대로 다시 한 번 탈바꿈합니다.

여기서 잠깐, 앞으로 자주 등장할 언론과 미디어에 관련된 용어들의 정확한 의미를 살펴보도록 하지요. 미디어와 매스미디어는 어떻게 다른 개념인지, 최근 등장한 소셜미디어는 어떤 미디어인지, 언론은 어떤 특성을 지닌 미디어인지 말입니다.

먼저 미디어(Media)에 대해 알아볼까요? 미디어란 한쪽을 다른 한쪽과 연결해 주는 중개자 역할을 하는 도구를 말합니다. 우리가 정보를 얻기 위해서, 또 누군가와 소통하기 위해서 활용하는 모든 도구를 일컫습니다. 편지, 전화, 책, 라디오, 음악, 영화는 물론 신문과 방송, 인터넷, 이메일, SNS 등 우리가 정보를 교류하고 소통하는 수단으로 활용하는 모든 것을 가리킵니다. 언어도, 문자도 미디어입니다. 우리말로는 '매체'라고 하지요. 미디어는 기술이 발달하면서 점점 더 새로운 형태로 분화하고 있습니다. 사람들이 미디어를 이용하는 시간도 함께 늘어나고 있고요. 뿐만 아니라 미디어를 사용하는 목적도 점차 다양해지고, 미디어가 개인과 사회 전체에 끼치는 영향도 커지고 있습니다.

그렇다면 매스미디어(Mass Media)는 미디어와 어떻게 다를까요? 매스미디어란 신문과 방송, 영화 등 많은 사람에게 공개적으로 동시에 전달되어 영향력이 매우 큰 미디어를 가리킵니다. '대중매체'라고도 합니다. 매스미디어는 누구나 소유하거나 활용할 수 있는 미디어는 아닙니다. 신문이나 방송처럼 윤전기나 전파 송출 시스템과 같은 거대한 기계 설비와 장비, 전문 인력과 조직을 갖춰야 합니다. 이를 위해서는 많은 자본이 필요하고요. 원래 방송을 뜻하는 '브로드캐스팅(Broadcasting)'이라는 단어는 '한꺼번에 많은 사람에게 전파를 보낸다'는 의미를 갖고 있습니다. 브로드캐스트(broadcast)는 '널리(broad)'와 '던지다(cast)'로 만들어진 단어입니다. 씨를 뿌리는 것처럼 널리 전파를 확산시키는 행위가 방송인 것이지요. 이렇듯 매스미디어는 전문가 집단에 의해 의도적으로 만들어진 내용이 기계 장치를 통해서 한 번에 수많은 사람에게 동시에 전달된다는 특징이 있습니다. 자연히 이용자를 알 수 없다는 점에서 익명성을 갖고요. 거대한 규모의 매스미디어 기업이 내용을 전달하고 이용자는 주로 받아들이는 일방향 방식을 취하고 있습니다. 따라서 이용자가 전달받은 내용에 반응할 수 있는 방법이 매우 제한적이라는 점이 특징입니다.

소셜미디어(Social Media) 하면 무엇이 떠오르나요? 아마도 가장 먼저 떠오르는 것이 인터넷과 스마트폰이 아닐까 싶습니다. 소셜미디어는 인터넷과 스마트폰이 대중화되면서 새롭게 생겨난 개인 간의 연결망을 기반으로 한 미디어를 말합니다. '소셜 네트워크 서비스(Social Network Service)'라고도 하는데, 흔히 SNS라고 줄여 말하지요. 대표적인 소셜 네트워크 서비스로는 카카오톡, 라인, 밴드, 페이스북, 트위터, 인스타그램 등을 들 수 있습니다. 서로 '친구 맺기'나 '팔로follow'를 한 사이에서만 유통되고 소통할 수 있다는 점에서 콘텐츠가 익명의 다수에게 무차별적으로 전달되는 매스미디어와 구별됩니다.

비용 없이 수많은 사람에게 메시지를 바로 전송할 수 있는 트위터와 같은 소셜미디어는 매스미디어의 개념과 혼동되기도 합니다. 인터넷상에서 정보를 널리 전달하기 위한 목적을 띠고 있어서 매스미디어의 하나인 뉴스 미디어와 비슷한 역할을 한다고도 볼 수 있기 때문입니다. 실제로 도널드 트럼프 미국 대통령은 자신의 트위터를 공식 브리핑 창구로 활용하고 있으며, 많은 유명인이 트위터를 뉴스 미디어처럼 이용하고 있습니다. 페이스북이나 카카오톡과 같은 소셜미디어 역시 뉴스를 더 많이 취급하고 유통하면서 언론의 역할을 하기도 합니다. 소셜미디어를 이용하는 사람이 많아지다 보니 신문이나 방송 같은 전통적인 뉴스 미디어의 개념도 변화하고 있습니다.

매스미디어의 일방향성과 대조적으로, 인터넷과 소셜미디어는 쌍방향성과 개인화, 맞춤형이 특징입니다. 동영상과 소셜미디어가 결합한 유튜브와 페이스북의 영향력은 점점 커져가고 있습니다. 세계 최대의 소셜미디어 페이스북과 세계 최대의 동영상 사이트 유튜브는 각각 이용자가 10억 명을 넘어서는 엄청난 규모의 플랫폼입니다. 모바일과 스마트폰 세대가 늘어나면서 이런 미디어 이용 성향은 더 강화될 전망입니다.

미디어는 기술 발달과 사회 변화에 따라 계속 달라지고, 세대별로 선호하는 미디어에도 차이가 있습니다. 종이신문은 50대 이상 세대가 주로 보고, 10대들은 인터넷과 소셜미디어에 크게 의존합니다. 영상 세대인 초등학생들은 유튜브 시청을 많이 할 뿐 아니라 검색과 채팅도 유튜브를 활용합니다. "미디어는 곧 메시지다"라는 매클루언의 말처럼, 이용하는 미디어에 따라 접하는 메시지의 종류와 내용도 달라집니다.

언론(Press)은 신문과 방송처럼 영향력이 큰 매스미디어를 말합니다. 최근에는 미디어 종류가 많아지면서 주로 보도 기능을 지닌 뉴스 매체를 가리키지요. 영어로는 '프레스(Press)' 또는 '뉴스 미디어(News Media)'라고 표현합니다. 신문과 방송만이 아니라, 인터넷으로 보도와 논평을 전하는 뉴스 매체도 언론이고, 신문이나 방송의 기사와 콘텐츠를 편집해 유통하는 미디어도 언론으로 봅니다. 인터넷 언론, 인터넷 방송은 물론 포털 사이트도 새로운 형태의 언론이라고 할 수 있지요. 언론은 사회 전체를 대상으로 주로 공적인 관심사를 공개적으로 널리 다룬다는 점에서 개인들이 사용하는 소셜 네트워크 서비스와는 분명 다릅니다. 이 책에서는 다양한 미디어 중에서도 사회적 영향력이 크고 중요한 '언론'을 집중적으로 다룰 것입니다.

미디어로 보는 세상은 모두 '진짜'일까

미디어는 세상의 모습을 알려주어 인식을 형성하게 하고 사회 전체의 공통된 문화와 여론을 만드는 중요한 역할을 합니다. 우리는 하루도 쉬지 않고 미디어를 통해서 다양한 정보를 받아들이며 살아갑니다. 미디어 없이는 개인적 삶이나 사회생활, 인간관계를 유지하기 어려울 정도로 깊이 의존하며 살고 있지요.

우리가 세상의 모든 정보를 받아들이고 이해하는 데는 한계가 있습니다. 지금 내 눈에 보이는 것만 받아들일 수 있고, 이해할 수 있는 수준의 정보만 받아들일 수 있습니다. 미디어가 '세상을 보는 창'이라는 말은, 곰곰이 생각하면 미디어라는 창에 보이는 정보만 우리에게 전달된다는 뜻으로 해석할 수 있습니다. 세상의 많은 정보와 다양한 모습 가운데서 우리가 만나는 장면은 미디어가 우리에게 보여주기로 마음먹은 것들뿐입니다. 미디어 덕분에 가보지 못한 다른 지역이나 지구 반대편의 뉴스도 생생하게 만날 수 있지만, 이러한 편리함은 동시에 세상을 만나는 정보가 미디어에 국한된다는 의미이기도 합니다.

살아가는 데 물질적 형태의 집만 필요한 것은 아닙니다. 세상을 인식하고 바라보는 '생각의 집'도 필요하지요. 생각의 집을 짓는 데는 돈이 아닌 정신적 자원과 능력이 요구됩니다. 살아간다는 것은 스스로의 눈으로 세상을 바라보고 생각하는 방식을 만들어간다는 의미입니다. 각자가 생각의 집을 지어 사는 것이지요. 중요한 가치들로 기둥을 세우고, 지식과 정보를 받아들일 창을 만들어야 합니다. 미디어를 제대로 안다는 것은 '세상을 보는 창'을 어느 방향으로, 어떤 모양으로 낼 것인지 결정하는 것과 비슷합니다. 사람마다 생각의 집에 어떤 창문을 갖고 있느냐에 따라서 세상의 모습을 얼마나 제대로 알 수 있는지 결정되기 때문입니다. 미디어를 통해 전달된 지식과 정보는 우리의 생각과 판단을 좌우하는 밑바탕이 됩니다. 그래서 미디어를 제대로 읽어내는 노하우는 글자를 읽는 능력만큼이나 지혜로운 삶을 살아가는 데 중요한 힘이 됩니다.

미국의 언론학자 해럴드 라스웰Harold Lasswell은 미디어가 네 가지 기능을 갖는다고 말합니다. 첫째는 사실을 전달해 세상의 모습을 알려주는 기능입니다. 매일 밤 〈9시 뉴스〉에서 '내일의 날씨'를 한 번도 빼놓지 않고 알려주는 것이 그 예입니다. 태풍이나 지진으로 국가 비상사태가 발생하면 방송사는 정규 방송을 중단하고 재난 특별 방송을 편성해 시시각각 달라지는 상황을 온 국민에게 알려 재난에 대비하도록 합니다. 미디어의 두 번째 기능은 사실에 대한 평가와 해석을 통해 여론을 만드는 것입니다. 신문이나 방송에서는 단순히 사건이나 정보를 전달하는 데 그치지 않고 무엇이 잘못되었다고 지적하고 비판하는 뉴스가 많습니다. 신문에는 독자들의 주목도가 높은 뒷부분에 오피니언(여론) 코너가 있습니다. 이곳에 실리는 칼럼, 사설 등은 주로 중요한 사안에 대해서 사실을 보도하는 게 아니라 해당 언론사의 관점과 주장을 전달합니다. 칭찬하기보다 사안을 비판적으로 바라보는 논리적 글이 대부분입니다. 셋째는 공동체의 문화를 다음 세대에 전수하고 교육하는 기능입니다. 한국인이 같은 문화와 정서를 공유하고 있는 것은 우리 모두가 신문이나 방송 같은 미디어를 통해서 같은 내용을 보고 듣기 때문이지요. 미디어는 한 세대에서 다음 세대로 한 사회의 규범과 문화를 전달하는 역할도 합니다. 넷째는 미디어의 오락 기능입니다. 사실 방송은 뉴스보다 각종 오락물을 더 많이 편성하고 있습니다. 미디어가 정보를 제공하고 여론을 만드는 기능도 하지만, 동시에 사람들이 영화, 드라마, 코미디, 토크쇼 등 다양한 형태로 오락과 휴식을 취할 수 있도록 한다는 것이지요.

정보 전달, 평가와 해석, 문화와 가치의 전승, 오락과 휴식, 이런 미디어의 기능은 결국 우리 삶 전체가 미디어와 공존한다는 것을 의미합니다. 미디어를 만날 수 없는 지역은 세상에서 점점 사라지고 있습니다. 다른 사람의 생각을 읽고 세상을 보는 통로가 미디어이고 그 영향력이 점점 더 커지고 있는 만큼 어느 때보다 미디어를 제대로 선택하고 이용하는 노하우를 학습해야 합니다.

2장

언론의 힘, 어디까지인가

1. 매스미디어의 영향력

지금 우주선을 타고 온 화성인들이 괴상한 무기를 이용해 미군을 격퇴하며 지구를 침공하고 있습니다. 현재 미국 동부 뉴저지주의 크로버시는 화성인들의 공격을 받아 완전히 점령당했습니다. 화성인들은 계속 진격해 뉴욕으로 접근해 오고 있습니다. 미국 정부는 비상 국무회의를 소집하고 전 군대에 동원령을 내렸습니다.

미국의 상업 방송사인 CBS에서 1938년 10월 30일 저녁에 방송한 라디오 드라마의 한 대목입니다. 이 내용이 방송되자 진짜 화성인이 침략했다고 착각한 수많은 라디오 청취자들이 공포에 질려 피난을 떠나는 일이 벌어졌지요. 방송사에서는 몇 차례에 걸쳐 실제 상황이 아닌 '공상과학 드라마'라는 사실을 알렸다고 합니다. 하지만 이미 실제 상황이라 믿었던 청취자들의 귀에 안내 방송은 들리지 않았겠지요. 그날 밤 화성인의 공격을 피해 떠나는 자동차 피난 행렬이 끝없이 이어졌다고 하네요.

당시 미국의 CBS 방송사에서는 〈우주 전쟁〉이라는 라디오 드라마가 한창 인기였습니다. 영국의 소설가인 허버트 조지 웰스의 공상과학 소설을 각색한 것인데요. 45분짜리 이 라디오 드라마는 재미와 현실감을 살리기 위해 화성인 침공을 표현하는 다양한 음향 효과와 함께 드라마 중간에 뉴스 보도와 국무부 장관의 대국민 호소를 넣었습니다. 그런데 이 라디오 드라마를 들은 600만 명의 청취자 가운데 100만여 명이 드라마 내용을 사실로 착각하고 공황 상태에 빠진 것이지요. 드라마를 실제로 착각하고 급히 피난길에 오르려다가 다친 사람도 한둘이 아니었습니다.

사람들은 CBS 방송사에 피해 보상을 요구했습니다. CBS 방송사는 결국 다시는 시청자들을 놀라게 하는 이런 일은 없을 거라며 공개적으로 사과했습니다. 미국 정부에서도 규제를 신설해 방송 드라마에서 청취자들이 착각할 수 있는 '긴급 뉴스'와 같은 보도 형식을 사용해서는 안 된다고 하였지요. 미국에서 이런 소동을 겪은 지 불과 몇 년 뒤에 남미의 칠레에서도 비슷한 일이 벌어졌습니다. 〈우주 전쟁〉을 칠레 사정에 맞게 각색하여 방송한다는 것이 미국에서와 같은 상황으로 치닫게 만들었지요. 한 놀란 청

Fall Business Wanted?
Advertise in Tomorrow's, Wednesday's, Thursday's and Friday's Globe. Read the advts in the Globe every day.

The Boston Daily Globe

Want Advertisements
To Buy, Sell, Hire or Rent anything, advertise in the Globe's Want Columns. Use the Daily Globe—Use the Sunday Globe.

BOSTON, MONDAY MORNING, OCTOBER 31, 1938—EIGHTEEN PAGES (2) TWO CENTS

RADIO PLAY TERRIFIES NATION

The Capital Parade

Lehman Expects Poletti Victory

By JOSEPH ALSOP and ROBERT KINTNER

POLETTI

READY FOR HALLOWEEN

BILLY DINGWELL AND LEE GRIFFIN
Winchester pair proud of their "punkin" lantern.

Police, Youth Groups Plan Safer and Saner Halloween

3 FIRES SET IN SO. END HOTEL

52 Guests, Employees Held in Darkness as Police Hunt Incendiary

Fifty-two guests and all employees were held virtual prisoners behind the locked doors of Hotel LaSalle, South End, for four hours last night while police hunted through the rooms and halls of the darkened building for a firebug.

Three fires were set on different floors of the hotel and the main electric light line into the building was put out of commission between 7:30 and 8:15. At 11 o'clock the hotel was still in darkness, with guests and hotel employees huddled in groups in the lobby and first-floor reception rooms.

Electric light service was restored before midnight.

Firebug Hunt

Continued on Page 13

FAIL TO CLAIM BLUENOSE CUP

PATROL WAGON, AUTO CRASH

TEN PERSONS WERE INJURED ON MURDOCK ST., BRIGHTON.

POLICE, BRIDAL AUTOS IN CRASH

Mystery Veils Fatal Injuries To Wife of Research Worker

Mars Invasion Thought Real

Hysteria Grips Folk Listening In Late

Many Fear World Coming to End

NEW YORK, Oct. 30 (A. P.)—Hysteria among radio listeners throughout the nation and actual panicky evacuations from sections of the Metropolitan area resulted from a too-realistic radio broadcast tonight describing a fictitious and devastating visitation of strange men from Mars.

Excited and weeping persons all over the country swamped newspaper and police switchboards with the question:

"Is it true?"

It was purely a figment of H. G. Wells' imagination with some ex-

1938년 미국 CBS 라디오에서 방송된 라디오 드라마는 실제와 같은 연출로 사회적 혼란을 야기하였다. 당시 상황은 신문기사로도 보도되었다. "Radio Play Terrifies Nation(라디오 드라마가 온 나라를 공포에 떨게 만들다)"이라는 기사 제목이 눈에 띈다.

취자가 심장마비로 사망하는 일도 벌어졌습니다.

텔레비전이 없던 시기에 라디오는 오늘날 텔레비전이나 인터넷을 대신하는 중요한 미디어였습니다. 사람들은 날마다 라디오로 뉴스를 듣고, 노래를 듣고, 연속극을 들었습니다. 왜 사람들은 라디오 드라마를 듣고 코미디 같은 착각에 빠진 것일까요?

미디어, 사람들의 마음을 움직이다

제2차 세계대전을 일으킨 나치 독일의 수괴 아돌프 히틀러는 미디어의 힘과 효과를 누구보다 잘 알고 활용한 사람입니다. 히틀러는 미디어를 이용해 국민들의 마음을 움직이는 데 뛰어난 능력을 보였습니다. 그는 제1차 세계대전에서 독일이 패망한 원인을 영국과 미국 등 연합군과의 선전 대결에서 독일이 실패했기 때문이라고 봤습니다. 그래서 집권하자마자 '국민 계몽 선전부'라는 조직을 만들지요. 히틀러는 여론 조작의 전문가인 요제프 괴벨스를 장관으로 임명해 국민을 대상으로 나치즘 선전 활동을 강화했습니나. 괴벨스는 "거짓말도 100번 하면 진실이 된다"라며 미디어를 선전에 적극 활용했습니다. 뛰어난 웅변가이기도 한 히틀러의 모든 연설은 라디오로 독일 전역에 중계됐습니다. 인류 역사에서 동시에 수천만 명에게 메시지를 전달할 수 있게 된 것은 이때가 처음입니다. 나치 독일은 신문과 라디오만이 아니라, 텔레비전과 영화를 선전 활동에 동원하며 영상 기술을 발달시킵니다. 영화감독 레니 리펜슈탈Leni Riefenstahl은 히틀러를 독일의 탁월한 영웅으로 그린 영화를 만들었습니다. 사실 히틀러는 오스트리아 출신이었지만, 선전선동에 마취된 독일 국민들은 히틀러를 독일의 지도자로 떠받드는 데 거침이 없었습니다. 20세기 초반 러시아에서도 볼셰비키 세력은 선전 활동이 대중에게 끼치는 영향력을 잘 알고 적극 활용해 공산혁명을 성공시켰습니다. 볼셰비키의 지도자 블라디미르 레닌은 대부분이 글을 읽지 못하는 문맹자였던 러시아 농민들에게 혁명의 이념과 필요성을 알리기 위해, 당시로서는 첨단 미디어인 영화를 활용해 설득 작업에 나섰지요.

이렇듯 미디어가 많은 사람의 선택과 판단을 조종하는 현상은 사람들의 교육 수준이 낮고 지금처럼 다양한 미디어가 없던 100여 년 전에만 해당하는 것일까요? 평균 학력이 높아지고 인터넷과 소셜미디어 등 미디어가 훨씬 다양해진 지금은 그렇지 않다고 말할 수 없습니다. 한 사회는 구성원이 서로 공유하는 생각과 가치 체계 덕분에 유지됩니다. 이를 '상상의 공동체'라고 하지요. 상상의 공동체를 만들고 유지하는 데는 매스미디어가 중요한 역할을 합니다. 라스웰이 언급한 미디어의 네 가지 기능 중 하나지요. 생각은 각자가 직접 경험하여 갖게 된 것도 있지만, 텔레비전이나 신문, 인터넷 등의 미디어를 통해 간접적으로 형성된 것이 훨씬 더 많습니다. 텔레비전, 라디오, 신문 등 매스미디어는 전문가들이 만든 내용을 많은 사람에게 동시에 전달합니다. 날마다 세수하고 양치질하는 것처럼 매스미디어 시청은 현대인의 필수적인 습관이 되었습니다.

방송에서 앵커는 텔레비전이 놓여 있는 우리 집 거실에 마주 앉아 있는 것처럼 뉴스를 보도합니다. 뉴스를 시작할 때 "안녕하십니까?"라며 직접 만난 것처럼 대화체로 말을 건네고, 뉴스가 끝날 때에는 고개를 숙여 공손히 인사합니다. 방송국 스튜디오에서 뉴스를 진행하는 앵커 눈에는 뭐가 보일까요? 카메라와 모니터만 보입니다. 앵커와 아나운서는 단정한 옷차림에 차분한 눈빛과 정확한 발음으로 뉴스를 전달합니다. 시청자가 신뢰를 갖고 뉴스를 받아들이도록 만드는 것이지요. 이렇게 일상 속에 의례화한 전달 방법을 통해 매스미디어는 개인과 사회가 집단적 인식을 형성하도록 하는 데 무엇보다 큰 영향을 끼치게 됩니다. 앞에서 살펴본 것처럼 쿠데타 세력이나 독재정권이 매스미디어를 장악하고 통제하려는 이유 역시 매스미디어가 세상에 대한 사람들의 생각을 좌우하기 때문입니다.

영국 소설가 조시 오웰의 《1984》에는 독재정권이 시민들의 생각을 빈틈없이 통제해, 모든 사람이 거대한 감옥 같은 사회에 사는 모습이 그려집니다. 《1984》에서 독재정권은 미디어를 이용해 권력을 유지하고 사람들을 통제합니다. 《1984》의 배경인 독재국가 오세아니아의 모든 가정에는 정부가 운영하는 쌍방향 미디어 기기인 '텔레스크린'이 설치되어 있습니다. 국가는 텔레스크린을 통해 국민들에게 정보와 오락을 제공하고, 동시에 오늘날 폐쇄회로 TV(CCTV)처럼 시민들의 일상을 감시하는 도구로 활용합니다. 소설 속 독재 정부에는 '진리부'라는 부처가 있는데, 이곳은 신문과 방송을 비롯해 모든 정보를 통제하고 검열합니다. "과거를 지배하는 자가 미래를 지배하고, 현재를 지배하는 자가 과거를 지배한다"라는 진리부의 표어는 의미심장합니다.

생각하고 판단하는 것은 개인의 역량에 달려 있습니다. 그러나 자기 생각이나 감정이라고 여긴 것들이, 알고 보면 사회와 문화를 통해 학습하고 익숙해진 결과일 때가 많지요. 현대 사회에서 미디어는 다른 무엇보다 사람들의 생각과 정서에 커다란 영향을 끼칩니다. 그렇다고 여론이나 선거처럼 정치적인 문제에만 영향을 끼치는 것도 아닙니다. 정치나 사회 문제에 관심 없는 사람들의 생각에도 미디어가 많은 영향을 끼칩니다.

미디어의 또 다른 힘, 광고

매스미디어를 누구보다 잘 활용하는 곳은 기업입니다. 아무리 품질이 좋은 상품이라도 광고를 하지 않으면 효과적으로 팔기 어렵습니다. 텔레비전이나 신문, 영화, 인터넷 등 우리가 만나는 매스미디어는 광고로 가득합니다. 인기 드라마나 월드컵 축구처럼 시청률이 높은 방송 프로그램에는 광고비가 엄청나게 비쌉니다. 그런데도 기업들이 거액을 들여 광고를 하지요. 이는 광고의 효과를 잘 알기 때문입니다.

광고를 '자본주의의 꽃'이라고 말합니다. 소비자와 생산자를 연결해 자본주의 시스템이 원활하게 돌아가도록 돕는 역할을 하기 때문이지요. 광고 덕분에 소비자가 제품을 알게 되고, 사고 싶은 욕망을 갖게 됩니다. 광고는 우리를 욕망하게 만듭니다. 텔레비전에서 아이스크림 광고를 하면 갑자기 아이스크림이, 치킨 광고를 하면 치킨이 먹고 싶어집니다. 제품 이름이나 특징을 한 번도 소개하지 않는 광고들도 있습니다. 영화배우가 나와서는 멋지게 사는 모습을 보여주면서 그가 입고 있는 옷이나 자동차를 슬쩍 비출 뿐입니다. 제품을 직접 선전하지는 않지만 보는 사람들에게 부러움과 동경을 일으키는 방법인데요. '나도 저 제품을 사면 저렇게 멋져질 것 같아' 하는 마음이 들게 만듭니다. 당장 제품 구매로 이어지지 않더라도 기업이나 제품에 대한 소비자의 생각을 좋게 만드는 이런 '이미지 광고'도 효과가 입증되어 갈수록 늘고 있습니다.

권위 있는 전문가나 인기 연예인이 광고에 등장해 제품이 좋다고 말하면 광고 효과는 더욱 커집니다. 여러 해 전 한 배우는 건설회사 광고모델로 등장해, 멋지게 꾸민 집에서 "저는 ○○아파트에 살아요"라고 자부심 가득한 표정으로 말했지요. 그런데 광고 내용과 달리 실제로는 그 배우가 자신이 광고한 아파트에 거주하지 않는다는 게 알려졌습니다. 시청자들의 항의와 비난이 쏟아졌지요. ○○아파트에 살지도 않으면서 왜 사는 것처럼 거짓 광고를 했느냐고요. 결국 광고는 중단됐습니다. 많은 사람이 광고를 광고로 받아들이지 않고 진짜 사실로 받아들인다는 것을 보여주는 사례입니다. 이것이 바로 광고의 힘이자 미디어의 힘입니다.

요즘은 시청자들에게 끼치는 영향을 고려해 금지되었지만, 예전에는 텔레비전에서 술이나 담배 제품을 홍보하는 광고를 했습니다. 지금은 광고뿐 아니라 드라마에서도 술을 마시거나 담배 피우는 모습을 방송하지 못하도록 바뀌었지요. 영화관에서 개봉한 영화를 텔레비전으로 다시 방영할 때, 지상파 채널에서는 폭력적인 장면이나 음주, 흡연 장면 등을 제거하고 방송합니다. 영화와 달리 텔레비전은 모든 연령대가 볼 수 있기 때문이지요. 미디어를 통해서 만나는 정보는 그것이 뉴스이건 광고이건 사람들에게 상당한 영향을 끼칩니다. 같은 내용이라도 신문과 방송을 통해서 전달되면 그 내용에 권위와 신뢰가 실립니다.

미디어는 정보와 오락을 제공하는 편리하고 고마운 도구이지만 그 영향력이 너무 크기 때문에 현명하게 이용해야 합니다. 앞서 이야기한 1938년의 미국 상황을 떠올려보지요. 당시 〈우주 전쟁〉의 모든 청취자가 화성인의 지구 침공을 실제 상황이라 믿은 것은 아니었습니다. 여섯 명 중 한 명 정도만이 라디오 드라마를 사실로 착각했지요. 왜 누구는 실감 나는 드라마로 즐기고, 누구는 실제 상황으로 착각했을까요? 바로 미디어를 비판적으로 볼 수 있느냐 없느냐의 차이입니다. 미디어의 영향력이 큰 만큼 그것을 이용하는 사용자의 비판적 이해 능력이 중요합니다.

2. 언론 보도로 바뀐 풍경들

한 장의 사진이 역사를 바꾸다

1972년 미국의 리처드 닉슨 대통령은 당시 공화당 소속으로 재선을 위한 선거운동을 펼치고 있었습니다. 그런데 공화당의 경쟁 상대인 민주당의 선거운동 사무실이 있는 워터게이트Watergate 빌딩에 다섯 명의 절도범이 무단 침입했다가 경찰에 체포되는 사건이 벌어졌습니다. 절도범들은 단순한 도둑이 아니라 도청기를 설치하려는 공화당의 비밀 공작원이라는 사실이 〈워싱턴 포스트〉 신문의 보도로 알려집니다. 당시 민주당 후보보다 지지율이 20퍼센트 포인트가량 앞서 있던 닉슨 대통령은 도청 사건에도 불구하고 어렵지 않게 재선에 성공했습니다. 하지만 〈워싱턴 포스트〉는 워터게이트 사건을 줄기차게 보도했고, 그 과정에서 닉슨 대통령이 적극적으로 조작에 가담했다는 사실을 밝혀냅니다. 닉슨은 결국 1974년 의회의 탄핵 결정을 앞두고 스스로 대통령 자리에서 물러납니다. 미국 역사상 처음으로 대통령이 임기 도중에 사임하는 일이 일어난 것이지요. 워터게이트 사건은 미국 정치를 바꾼 중대한 기점으로 기록되었습니다. 이후 권력형 부정부패를 가리켜 '○○게이트'라고 부르게 되었지요. 이를 가능하게 한 것은 경찰에 잡혀 온 절도범들이 공화당의 비밀 공작원이라는 걸 알아내고 끈질기게 추적해 사건의 전모를 밝힌 〈워싱턴 포스트〉의 보도였습니다. 진실을 보도한 신문기사가 세계 최고의 권력자를 물러나게 만든 힘이었지요.

한 장의 보도 사진이 전쟁의 방향을 판가름하기도 합니다. 1972년 6월 베트남전쟁에서 민가에 투하된 네이팜탄 공격으로 9살 베트남 소녀가 벌거벗은 채 울부짖으며 달려가는 사진입니다. 무고한 소녀가 온몸에 심한 화상을 입고 공포 속에 울부짖는 모습을 담은 이 보도 사진은 퓰리처상을 받으며, 미국에서 베트남전 반대 여론을 격화시키는 결정적 역할을 했습니다.

우리나라에서도 언론은 정치를 바꾸는 데 중요한 역할을 했습니다. 1960년 4.19 혁명은 이승만 대통령의 4선 연임을 가능하게 한 그해 3월 15일 부정 선거에 항의하는 전국적 시위에서 비롯했

1972년 베트남전쟁에서 민가에 투하된 네이팜탄 공격으로 9살 베트남 소녀가 온몸에 화상을 입고 벌거벗은 채 달려가는 사진. 전쟁의 참상을 웅변하는 한 장의 보도 사진으로 미국에서는 베트남전을 반대하는 여론이 들끓게 되었다.(AP/연합뉴스)

습니다. 당시 마산에서 3.15 부정선거에 항의하던 고등학생 김주열 군이 시위에 참가한 뒤 행방불명되었다가 실종 27일 만인 4월 11일 마산 앞바다에서 변사체로 발견된 것을 계기로 시위가 전국적으로 확산되었습니다. 4월 11일 〈부산일보〉에는 오른쪽 눈에 알루미늄 최루탄이 박힌 채 마산 중앙부두에 떠오른 김주열 군의 처참한 시신이 생생한 사진으로 보도되었습니다. 이 사건이 전국에 보도되자 온 국민의 분노가 치솟았고, 이는 4.19 혁명의 도화선이 되었습니다. 경찰은 성난 시위 군중을 향해 총을 쏘았고, 그 결과 무고한 시민 수백 명이 사망하는 일이 벌어졌습니다. 4.19 혁명으로 결국 이승만 정권은 무너졌습니다. 김주열 군의 처참한 모습이 신문에 보도되지 않은 채 감춰졌다면 4.19 혁명의 모습은 달라졌을 수도 있습니다.

김주열 군의 사망 보도가 촉발한 시위로 이승만 정권이 무너진 것처럼, 전두환 정권도 대학생 박종철 씨와 이한열 씨의 사망 보도로 분노한 시위대에 의해 무너졌습니다. 쿠데타로 집권한 전두환이 통치하던 1987년, 서울대 언어학과 3학년이었던 박종철 씨가 경찰에 연행되어 남영동 대공분실에서 물고문을 받다가 숨진 사건이 일어났습니다. 경찰이 잠적한 선배의 연락처를 대라며 박종철 씨에게 물고문을 하다 죽인 것입니다. 경찰은 박 씨가 숨진 뒤 사건을 은폐하려고 "책상을 '탁' 치니, '억' 하고 죽었다"라는 터무니없는 발표를 했는데, 언론은 양심 있는 부검 의사의 증언을 통해 "물고문에 의한 사망"임을 밝혀내는 보도를 했습니다. 죄 없는 대학생을 물고문으로 숨지게 한 만행이 〈중앙일보〉, 〈동아일보〉, 〈경향신문〉 등의 보도로 알려진 뒤 민주화 시위는 걷잡을 수 없이 확대되었습니다. 시위가 격화되던 그해 6월 9일 연세대 재학생 이한열 씨가 머리에 최루탄을 맞고 숨지는 일까지 벌어졌습니다. 최루탄을 머리에 맞고 피를 흘리며 쓰러지는 이 씨를 동료 학

제12852호 (제3종우편물(가)급인가) 경향신문 首都

學生2百여명 영안실주변 철저히 통제

李군 소생 못시켜 죄송할뿐…

주치의 세브란스병원 [illegible]박사

"23년 醫師 생활동안 가장 힘들었던 患者"

李韓烈군 빈소 주변스케치

死因 최루탄 확실한듯

뇌속이물질 「SY44탄」과 시약반응 동일

"부검않겠다" 家族들 한때 반발도

검찰출입 차단시켜

30여개조화 빈소지켜

국립묘지도 거론돼

못다 핀 전문經營人 꿈안고…

"그대가는가" 詩남기고 간 李韓烈군의 21년

"매주 집에 안부電話" 한 착한아들

「行動하는 양심」되려고 항상고민

◇李韓烈군 병상일지

▲6월9일─경찰 최루탄에 뒷머리 맞아 실신. 세브란스병원 입원

▲6월11일─호흡기능마비상태로 인공호흡기사용

▲6월12일─두부 전산화 X레이 단층촬영실시

▲6월13일─[illegible]주치의 X레이촬영결과발표. 병원측 「수술은 不가능하다」고 최종결론

▲6월14일─약간의 장운동보여 최초로 우유4백cc주입

▲6월15일─혈압상승제 사용중단

▲6월29일─[illegible]

전경이 쏜 최루탄에 맞아 쓰러진 이한열 씨와 그를 부축하는 동료의 사진이 당시 신문에 기사화되었다.(〈경향신문〉 1987년 7월 6일자 10면)

생이 부축하고 있는 한 장의 사진이 외신 기자에 의해 보도되었지요. 사진을 본 시민들은 눈물을 흘리며 분노했습니다. 그리고 이튿날인 6월 10일 전국에서 100만 명이 넘는 시민들이 모여 대규모 시위를 벌이게 됩니다. 결국 1987년 민주화 운동으로 대통령 직선제를 도입한 새로운 헌법이 만들어져서 제6공화국이 출범하게 되었습니다.

박정희—전두환 군사독재정권 시절 반체제운동을 하다가 고문을 받고 의문의 죽음을 당한 경우가 많았습니다. 언론에 보도되지 않은 의문의 죽음과 언론에 생생하게 보도된 고문치사는 사회에 끼친 영향에서 엄청나게 다릅니다. 만약 박종철 씨나 이한열 씨의 죽음이 신문에 보도되지 않았더라면 한국의 민주주의 역사는 다르게 진행되었을 수도 있지 않을까요? 언론의 역할은 그만큼 중요합니다.

2017년 3월 헌법재판소에서 박근혜 대통령의 탄핵이 결정되기까지의 과정에도 언론의 역할이 매우 컸습니다. 헌법을 무시한 채 비선 실세인 최순실에 의존하며 자신을 반대하는 사람들의 블랙리스트를 만들어 국정을 농단한 대통령의 범죄 행위가 언론 보도로 비로소 알려졌습니다. 〈한겨레〉, JTBC 등의 보도로 박근혜, 최순실, 김기춘 등의 국정 농단 행위가 상세히 알려졌고, 이는 수백만 명이 민주주의 회복을 요구하는 촛불집회로 이어졌습니다. 언론의 '최순실 국정 농단' 보도가 있기 전까지는 국정을 서로 감시하고 견제하도록 만든 민주주의 국가의 3권 분립 시스템은 전혀 작동하지 않았습니다. 현직 대통령의 노골적인 헌법 위반과 국정 농단을 민주주의의 3대 권력인 입법부, 행정부, 사법부 어디에서도 파악하거나 견제하지 못했습니다. 언론이 박근혜 청와대의 충격적인 국정 농단 사실을 연이어 보도하자 시민들은 들끓는 분노를 대규모 촛불집회를 통해 지속적으로 표출하였고, 이것은 국회와 검찰, 사법부에서도 대통령의 불법 행위를 처벌해야 한다는 목소리를 촉발하는 당김쇠가 되었습니다. 박근혜—최순실 국정 농단의 실태가 공개된 2016년 말 촛불집회 시기만 해도, 야당 국회의원 상당수는 현직 대통령 탄핵이 가능하리라고 생각지도 않았습니다. 언론의 지속된 보도로 실상이 드러나면서 분노한 국민들의 여론이 격화되었고, 결국 박근혜 대통령을 배출한 새누리당마저 대통령 탄핵에 찬성표를 던지게 된 것이지요. 그런데 탄핵에 적극 참여했던 새누리당 출신 국회의원 상당수가 2~3년이 지난 뒤에는 박근혜 무죄론과 석방을 주장하고 나섭니다. 애초 이들 국회의원들이 박근혜 청와대의 국정 농단을 비판해서 탄핵에 찬성한 게 아니라는 게 드러나는 대목입니다. 촛불집회에서 확인된 시민의 분노와 여론의 비판이 두려운 국회의원들이 제 살길을 찾는 차원에서 탄핵에 찬성했다가 여론이 잠잠해지자 다시 본색을 드러낸 것이라고 봐야 합니다.

이처럼 겉으로 드러나지 않은 구조적 비리나 사건을 언론이 오랜 기간 취재를 통해 세상에 드러내는 것을 '탐사 보도'라고 합니다. 화재나 스포츠 경기 소식처럼 일어난 사건이나 결과를 단순히 알리는 것이 아니라, 언론이 주도적으로 추적하고 탐사하여 감춰진 사건을 세상에 드러내는 보도입니다. 언론이 근거를 갖고 그 사실을 보도하게 되면, 더 이상 '없는 일'로 감추거나 거짓으로 덮는 것이 불가능해집니다. 언론에 보도되어야 많은 사람이 알게 되고, 비로소 사실이 확인되는 것이지요. 그 과정에서 무엇이 문제이며, 어떤 사람들이 잘못했고, 누가 이익을 보는지도 밝혀집니다. 사실이 드러나도 거리낄 것이 없다면 괜찮겠지만, 불법이나 비리 사실이 그대로 드러나면 여론의 비판과 법적 처벌을 피할 수 없습니다.

언론은 사회의 어두운 그늘에 빛을 비추어 드러내는 역할을 합니다. 언론이 제 역할을 할수록 사회는 불법과 더러운 구석이 줄어들고 좀 더 투명하고 깨끗한 모습을 갖게 됩니다. 건강한 사회에 언론의 역할은 결정적입니다.

언론에 보도되면 왜 바뀌는 것일까

언론의 감시와 비판 대상이 거대한 권력만은 아닙니다. 지금은 당연하게 받아들이고 있는 일상의 평범한 모습도 언론 보도로 바뀐

게 많습니다.

요즘 담뱃갑 포장에는 흡연으로 인한 질병과 장애를 알리는 끔찍한 사진이 실려 있습니다. 2016년 12월까지만 해도 국내 담뱃갑 겉면에는 "지나친 흡연은 건강에 해롭습니다" 정도의 안내문만 인쇄돼 있었습니다. 정부는 흡연의 유해성과 피해를 알면서도 세금 수입과 업계 반발을 이유로 외국처럼 혐오스러운 흡연 질병 사진을 싣는 데 부정적이었습니다. 그런데 왜 달라졌을까요? 담뱃갑 포장에 흡연 유해성 경고 사진이 실리게 된 것은 관련 법규가 만들어졌기 때문이지만, 그러한 법률이 몇몇 국회의원과 공무원의 결정만으로 손쉽게 만들어진 것은 아닙니다. 법률 제정 움직임은 대부분 언론 보도를 통해서 국민적 여론이 형성된 뒤에야 일어납니다. 언론이 외국처럼 담뱃갑에 흡연 환자들의 참혹한 사진을 실어야 한다는 잇단 보도를 한 뒤에 여론이 형성되고 법률도 만들어진 것이죠.

초등학교 앞에서 어린이 교통사고가 빈번하다는 뉴스가 보도되자 선진국에서는 어린이 보호를 위해 초등학교 주변의 차량 속도를 특별히 낮추도록 제한한다는 사례가 보도된 적이 있습니다. 이런 보도가 잇따르자 우리나라도 초등학교와 유치원 주변의 반경 300미터를 '어린이 보호구역School Zone'으로 지정해, 차량 속도를 시속 30킬로미터로 제한하였지요.

국민의 권리 찾기에도 언론은 중요한 역할을 합니다. 카페나 편의점 등에서 아르바이트를 하는 경우 일주일 동안 정해진 주당 노동시간을 모두 일하면 하루치 휴일 수당을 주도록 법이 규정하고 있습니다. 흔히 '주휴수당'이라고 합니다. 근로기준법에는 노동자가 일주일 동안 정한 근무 일수를 개근하여 근로하면 하루치 휴일을 주게 되어 있습니다. 아르바이트 같은 시간제 노동은 계약에 따라 하루 6시간씩 주 6일을 모두 근무하면 노동자는 하루를 쉬면서 하루치 급여(6시간×시급)를 지급받는 거지요. 하지만 카페나 편의점 사장들이 아르바이트를 하는 사람에게 주휴수당을 지급하지 않고 실제 노동시간에 해당하는 시급만을 지급하고 있었습니다. 노동법규나 자신의 권리를 찾는 데 지식이 부족한 많은 사람들은 주휴수당이라는 개념도 알지 못했습니다. 특히 청소년들은 대부분 자기가 일한 시간에 대한 급여만 받으면 되는 걸로 알고 있었습니다. 주휴수당을 지급받지 않는 게 사업자의 임금 체불이라는 것을 자각하지 못했습니다. 그런데 언론에서 주휴수당을 받지 못한 채 일하는 아르바이트생들의 문제를 제기하면서 사회적 이슈가 되었지요. 대부분의 커피 체인점들이 주휴수당을 지급하지 않고 있는 실태도 밝혀졌습니다. 언론 보도가 잇따르자 비판 여론이 일었지요. 그러자 주휴수당 미지급 사태를 방치하거나 신경 쓰지 않던 정부 부처와 수사 당국도 개선에 나서습니다. 그 결과 주휴수당을 지급하지 않던 카페나 판매점들이 달라졌습니다.

최근 몇 년 동안 한국 사회는 '갑질', '미투(Me Too) 운동'으로 뜨거웠습니다. 2014년 대한항공 조현아 부사장이 기내 땅콩 서비스를 트집 잡아 박창진 사무장을 폭행하고 항공기를 회항시켜 박 사무장을 내쫓은 사건을 비롯해, 이명희, 조현민 등 경영진 가족이 직원에게 폭언·폭행을 일삼아 온 일이 사회적 분노를 일으켰습니다. 이후 재벌이나 권력층의 수많은 갑질 사례가 끊이지 않고 터져 나왔습니다. 2018년에는 사회 곳곳에서 권력자가 하급자 여성을 상대로 성폭력을 저질러온 범죄 행위가 피해자들의 미투 고발로 이어졌습니다. 2018년 초 최영미 시인과 서지현 검사의 폭로를 계기로 본격화한 미투 운동은 검사, 국회의원, 시인, 연극인, 배우, 정치인, 영화감독, 목사, 교사 등등 사회 각계각층에서 권력을 이용한 성폭력을 저질러온 현실을 드러냈습니다. 평창동계올림픽을 눈앞에 둔 2018년 1월에는 여자쇼트트랙 국가대표인 심석희 선수가 태릉선수촌을 이탈하면서 선수촌 내 갈등과 강압적 훈련 방식의 실상이 알려지기 시작합니다. 이후 심 선수가 코치의 상습적이고 지속적인 폭행과 성폭력을 고발하면서 엘리트 선수 육성의 그늘 아래서 저질러져 온 범죄가 세상에 드러나게 됩니다. 희생을 무릅쓰고 용기 있게 떨치고 나선 이들의 목소리와 고발 덕분에 비판 여론이 만들어지고, 개선도 시작됩니다.

그런데 권력형 갑질과 성폭력이 늘고, 멀쩡하던 체육계에 폭행과 성범죄가 확산된 것이 어느 순간부터 갑자기 일어난 일일까요? 조현아 갑질과 서지현, 심석희의 고발 이전에도 우리 사회에는 권력자들이 약자와 여성을 상대로 갑질과 성폭력을 일삼는 일이 만연했습니다. 참다못해 당사자가 고발을 하고 소송을 한 경우도 있지만, 당사자만 피해를 보고 조직에서 배제되는 결과로 끝나는 경우가 많다 보니 대부분 드러나지 않았을 뿐입니다. 그런데 '땅콩 회항', 서지현 검사의 폭로처럼 사건이 언론에 보도되어 여론이 만들어지면서 그동안 자신의 피해 사실을 드러내지 않았던 피해자들이 용기를 얻어 고발에 동참하게 된 겁니다. 과거에 한두 사람이 상사의 성폭력이나 재벌의 갑질을 고발했을 때는 언론에 보도되지 않았고 피해자가 거대한 권력과의 싸움에서 지치고 패배하는 경우가 대부분이었다는 게 차이입니다. 언론에 보도된다는 것은 이렇게 문제를 드러내어 관행을 바로잡고 세상을 바꾸는 중요한 출발점이 됩니다.

신문사나 방송사에는 부당한 일을 겪고 있다는 다양한 제보가 들어옵니다. 언론에 보도되어 문제점이 개선되어야 한다는 것이 제보자들의 생각입니다. 왜 언론에 보도되면 문제점이 개선되고 약자의 권리를 되찾을 수 있다고 여길까요?

제보자를 비롯한 관련된 사람들이 1인 시위나 양심고백의 형태로 문제를 제기하더라도, 그것만으로는 문제점을 개선하기 어렵습니다. 언론에 보도되어 많은 사람이 알게 될 때 여론이 모아져 문제를 해결할 힘이 생기지요. 언론은 제보 내용을 그대로 전달하지 않습니다. 기자들이 별도로 취재하여 제보 내용을 검증하고 왜 그런 일이 생겼는지, 그래서 문제의 원인이 무엇인지 파악해서 많은 사람이 이해하기 쉽게 전달합니다. 언론은 그렇게 취재한 정보를 뉴스를 통해 수많은 사람에게 빠르고 생생하게 전달합니다. 언론에 보도되었다는 것은 취재를 통해 사실 여부가 확인되었다는 의미입니다. 그래서 언론 보도는 제보와 달리 신뢰성과 영향력을 갖고, 여론을 형성하는 역할을 합니다. "많은 사람의 말은 쇠도 녹인다(중구삭금)"라는 중국 초나라 시대의 말이 있습니다. 여론의 힘이 그만큼 대단하다는 의미입니다. 이렇듯 언론에 보도되어 여론이 형성되면 쇠도 녹일 만큼 가공할 힘을 갖게 되는 것이지요.

3. 언론의 다양한 효과

현대의 민주주의는 대중의 정치적 영향력이 큰 '대중 민주주의'라고도 불립니다. 이는 대중에게 대단한 영향을 끼치는 매스미디어의 발달과 뗄 수 없는 관계에 있습니다. 사람들은 매스미디어의 영향력이 크다는 것을 알게 되면서 미디어가 어떤 방식으로 영향을 끼치는지, 또 그 힘이 어느 정도인지 연구하기 시작했습니다. 매스미디어가 사람들에게 즉각적이고 강력한 효과를 미치는 것을 두고, 언론 효과를 총알이나 피하주사에 비교하는 '탄환이론', '피하주사이론'도 등장했지요. 노벨 생리의학상을 받은 러시아의 생리학자 이반 파블로프 박사가 개를 상대로 실험한 조건반사 개념이 사람에게도 적용될 수 있으리라는 생각을 품게 만드는 이론인데요. 파블로프 박사는 개에게 밥을 주면서 일정한 시간에 종을 치는 행위를 반복하면, 나중에 개가 종소리만 들어도 식사 시간인 줄 알고 침을 흘리는 현상을 밝혀냈습니다. 특정한 조건에서 지속적으로 같은 자극을 주면 예상한 반응을 얻을 수 있다는 겁니다.

주입식 교육이나 반복적인 광고도 마찬가지입니다. 어떤 두통약이나 감기약 광고는 제품 효과를 논리적으로 설명하지 않고 제품 이름만 반복적으로 외칩니다. 이를 '세뇌형 광고'라고도 합니다. 오랫동안 이런 반복적인 광고에 노출되다 보면 어느새 약을 사러 가서는 자신도 모르게 특정 약품을 달라고 말하게 됩니다. 제약회사들이 헛돈을 쓰려고 유치한 광고를 만드는 것이 아닙니다. 이런 광고의 효과가 높다는 것을 매출로 확인하기 때문입니다.

미디어의 영향력에 대한 다른 분석도 있습니다. 미디어로부터 직접적인 영향을 받기보다는 자신이 알고 있거나 신뢰하는 사람에게서 영향을 받는다는 것인데요. 같은 이야기라도 내가 좋아하는 사람이나 평소에 존경하던 사람이 말하면 더욱 신뢰하게 된다는 것이지요. 광고는 사람들의 이러한 심리를 이용하여 인기 많은 연예인이나 신뢰감 높은 유명인을 등장시켜 상품을 홍보합니다.

왜 사람들은 언론 보도에 영향을 받을까

민주주의 사회에서는 선거나 중요한 문제를 결정하기에 앞서 사람들이 어떻게 생각하는지 알기 위해 여론조사를 실시합니다. 이때 독특한 현상이 발견되는데요. 사람들이 자신의 생각을 먼저 드러내기보다 다른 사람들이 어떻게 생각하는지, 즉 여론을 살핀 뒤에 다수의견에 동의하거나 자신의 의견을 감추는 것입니다. 이를 '침묵의 소용돌이 현상'이라고 말합니다. 사람들은 사회로부터 고립될지 모른다는 두려움 때문에 자신의 생각이 다수와 다를 경우에 침묵하는 경향을 띤다는 의미입니다.

1970년대 독일에서 사형 제도에 대한 여론조사가 있었습니다. 그런데 대다수가 사형 제도에 비판적인 입장을 가진 것으로 조사됐습니다. 이유를 살펴보니, 독일 언론 대부분이 사형 제도를 폐지해야 한다고 주장했기 때문이었습니다. 그 때문에 사형 제도에 찬성하는 사람들조차 자신의 의견을 감췄던 것이지요. 여론이라는 장場에서는 소수의견이 점점 축소되고 다수의견이 확대되는 현상이 나타납니다. 실제로 우리나라에서도 선거 때 여론조사 내용과 실제 결과가 다르게 나타나는 경우가 많습니다. 침묵의 소용돌이 이론은 이를 잘 설명합니다. 매스미디어가 전달하고 만들어내는 여론의 영향력이 여론과 다른 생각을 가진 사람들을 압도한다는 의미이기도 합니다. 자신의 생각이 다수와 다른 경우에, 웬

만한 용기가 없다면 "내 생각은 달라"라고 주장하기 힘든 게 사실입니다.

언론의 주요한 역할은 사실 자체를 보도하는 것만이 아니라 특정한 사안을 두드러지게 만드는 일입니다. 세상에는 날마다 이런 저런 일들이 일어나지만, 신문과 방송에 뉴스로 보도되는 일은 많지 않습니다. 신문에는 가장 중요한 뉴스가 1면에 등장하는데, 보통 서너 개의 기사가 실립니다. 각 방송사의 저녁 뉴스에서도 앵커가 그날의 가장 중요한 뉴스를 제일 먼저 내보내지요. 이를 '톱뉴스', '머리기사', '헤드라인'이라고도 합니다. 언론사는 중요하다고 여기는 뉴스를 한 번 다루는 데 그치지 않습니다. 내일도, 모레도 여러 건의 관련 보도를 계속해서 이어갑니다. 신문과 방송에서 연이어 보도하는 뉴스가 온 국민이 아는 중요한 뉴스가 되는 것이지요.

그런데 여기서 '닭이 먼저냐, 달걀이 먼저냐'와 같은 고민이 들 수 있습니다. 중요한 뉴스라서 언론이 날마다 보도하는 것인가, 아니면 언론이 날마다 보도해서 중요한 뉴스가 되는 것인가 하고 말이지요. 실제로는 두 측면이 섞여 있습니다. 중대한 문제라서 언론이 주요하게 보도하고, 또 그 때문에 더 중요한 뉴스가 되는 것이지요.

'게이트키핑' 그리고 '의제 설정'

언론은 '게이트키핑gatekeeping'이라는 과정을 통해서 뉴스를 다룹니다. 게이트키핑은 '문지기'라는 뜻입니다. 수많은 뉴스 중에서 각 언론사가 신문과 방송에서 다루기로 결정한 뉴스만이 실제로 우리에게 전달되지요. 그렇다면 언론사는 어떤 과정을 거쳐 수많은 뉴스 중에서 직접 보도할 뉴스를 골라낼까요?

바닷속 고등어가 고등어조림 요리로 식탁에 오르기까지 어부-공판장-도매상-소매상-요리사의 손길을 거쳐 선택되고 다듬어지지요. 뉴스도 비슷합니다. 여러 단계를 거치면서 보도할 뉴스가 선택되고 걸러지고 다듬어지는 과정을 바로 게이트키핑이라고 합니다. 각 단계를 거치면서 보도할 기사들이 점점 추려지고 기사 내용의 사실 여부도 확인됩니다. 또한 각 언론사의 편집 방침과 보도 스타일에 맞는 형태로 기사가 작성되지요. 구체적으로는 취재기자-취재팀장-부장-편집국장-편집인 등에 이르는 계단식 단계를 거칩니다. 우리가 만나는 뉴스는 가장 중요한 뉴스가 자연스럽게 전달되는 것처럼 보이겠지만, 실제로는 언론사에서 여러 단계를 거치면서 선택되고 다듬어진 결과입니다. 고등어조림이 고등어로 만들어졌어도 바닷속을 헤엄치는 고등어와는 상당히 다른 것처럼 말입니다.

언론은 우리 사회에 무엇이 중요한지를 결정해 공동체의 논의 주제를 만들고 제시합니다. 이를 '의제 설정' 또는 '어젠다 세팅agenda setting'이라고 합니다. 대통령이나 국회의원 선거를 앞두고, 언론사가 "경제가 어려운 만큼, 이번 선거에서는 무엇보다 경제성장을 이끌어낼 수 있는 후보를 선택해야 한다"라고 주장하면 선거에서 후보의 경제정책 공약이 중요한 의제가 됩니다. 또는 "현재 사회 전반에 부정부패로 인한 폐해가 심각한 만큼, 대통령 후보는 청렴해야 한다"라고 의제를 설정하고 집중 보도하면, 후보들의 청렴함이 주요한 기준이 됩니다. 이렇듯 언론사가 보도를 통해 사회적 의제를 만들어내고 여론을 형성하는 것을 언론의 '의제 설정' 기능이라고 합니다.

현대 사회에서는 날마다 방대한 양의 정보와 뉴스가 끊임없이 생겨납니다. 하지만 종일 쉬지 않고 뉴스만 보거나, 그걸 다 기억할 수 있는 사람은 없겠지요. 우리가 뉴스에 주의력과 관심을 기울일 수 있는 시간과 에너지는 제한되어 있습니다. 언론은 이러한 인간의 인지능력이 지닌 한계를 고려해, 적절한 분량과 흥미로운 형태로 뉴스를 만들어 우리에게 제공하는 역할을 합니다. 20세기 미국의 유명한 언론인 월터 리프먼Walter Lippmann은 《여론Public Opinion》이라는 책에서 "뉴스의 기능은 사건을 두드러지게 하는 것이다. 진실의 기능은 감춰진 사실들을 밝혀내고 그 사실들 사이의 올바른 관계를 정립시키며 사람들이 행동의 근거로 삼을 현실의 그림을 만드는 것이다"라고 말합니다. 그래서 리프먼은 언론을 서치라이트(탐조등)와 같다고 말합니다. 우리는 어둠 속에 있는 모든 것을 알 수 없고 오로지 끊임없이 움직이는 서치라이트가 비추는 것만을 볼 수 있다는 설명입니다. 언론이 세상의 일부를 비출 뿐이고, 우리는 언론이 다루는 세상만을 바라볼 수 있다는 말입니다.

한편 언론의 다양한 기능과 강력한 효과는 이를 활용하거나 규제하려는 움직임으로도 나타났습니다. 앞서 설명한 것처럼 공산주의 사회나 독재자들은 언론을 선전과 선동의 수단으로 활용하거나 통제하는 길로 들어서기도 했습니다. 민주주의 사회에서는 사회적 논의를 거쳐 미디어를 합리적으로 규제해야 한다는 주장이 제기되었습니다. 텔레비전에서 술이나 담배 광고를 하지 못하게 하거나, 폭력적이거나 선정적 장면을 방송하지 못하도록 말이지요. 과거에는 방송이나 신문에서 아무런 제한 없이 광고를 실어 문제가 되기도 했는데요. 1950년대 미국 신문에는 아기가 등장해서 "엄마, 나를 혼내기 전에 담배를 한 대 피우는 게 어때요?"라고 얘기하는 담배 광고도 실렸지요. 아기에게 콜라나 사이다 같은 탄산음료를 권하는 광고도 흔했습니다. 하지만 소비자들이 까다로워지고 지식이 늘어나면서 해로운 광고에 대한 규제도 강화됐습니다.

이러한 규제는 같은 내용일지라도 신문이나 방송 등 매체에 따라 다르게 나타나고 시대와 사회에 따라 변화합니다. 신문은 원하

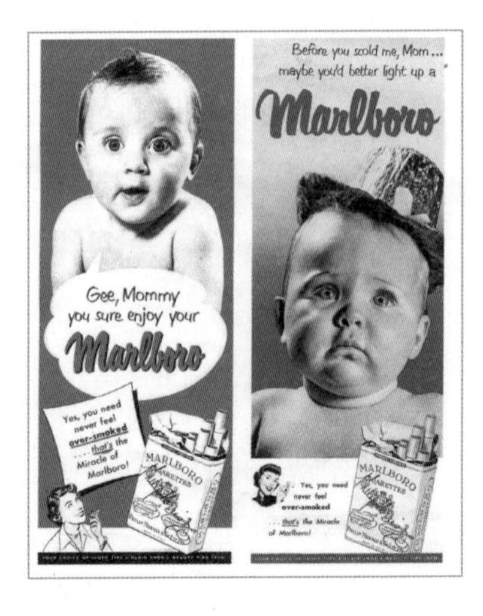

말보로 담배의 주된 마케팅 대상은 1950년대만 해도 여성 흡연자였다. 이 광고처럼 아기를 등장시켜 엄마에게 담배를 권하는 마케팅도 했다. 하지만 소비자들의 지식이 늘고 해로운 광고에 대한 규제가 강화되면서 사라졌다.

는 사람이 사서 보지만, 방송(지상파)은 선택하지 않아도 전파를 통해 모든 가정에 도달하기 때문에 남녀노소 모든 연령이 시청하게 됩니다. 방송의 영향력은 보다 광범위하고 보편적이기 때문에 신문에 적용되지 않는 다양한 규제와 기준이 방송에 요구되는 근거가 됩니다. 그래서 각국은 방송이 이용하는 주파수를 공공의 자원으로 보고, 정부는 방송사들에게 특정 대역의 주파수를 사용하도록 허가를 내주면서 다양한 사용 조건을 부과합니다. 선정적이고 비윤리적 방송으로 말썽을 일으켜 여러 차례 경고를 받은 방송사에 대해 정부는 주파수 사용 허가를 회수해서, 방송을 중단시키기도 합니다. 우리나라에서는 방송통신위원회라는 정부 부처가 그 역할을 하고 있습니다. 그래서 방송사들은 허가 연장과 관련된 방송통신위원회의 심의·징계를 매우 두려워합니다. 하지만 신문 보도와 관련해서는 방송과 같은 정부 기구나 징계가 없습니다.

언론은 정보 전달이나 오락 제공을 넘어서 수많은 사람에게 다양하고 커다란 영향을 끼칩니다. 권력형 비리를 파헤치는 탐사 보도는 사람들의 생각과 사회의 해묵은 비리 혹은 잘못된 관행을 바로잡는 데 중요한 역할을 합니다. 그래서 미디어에서 방송 프로그램을 만들거나 기사를 취재하는 일은 여느 직업과 다른 점이 있습니다. 말과 글을 통해 사람들의 마음을 움직이고, 세상을 바꾸는 일이라는 점입니다.

3장

언론의 권한과 책임

1. 언론에서 자유는 생명이다

나는 주저하지 않고 신문 없는 정부보다 정부 없는 신문을 택하겠다.

1776년에 발표된 미국 〈독립선언문〉 작성자이자 미국의 제3대 대통령인 토머스 제퍼슨이 남긴 유명한 말입니다. 토머스 제퍼슨은 미국의 초대 대통령인 조지 워싱턴과 함께 미국의 독립운동을 이끌고 나라의 기틀을 설계한 '미국 건국의 아버지'로 불리는 정치인입니다. 그런데 그가 정부는 없어도 괜찮지만 신문은 없으면 안 된다며 차라리 '정부 없는 신문'을 택하겠다고 말했습니다. 제퍼슨의 발언을 통해 당시 18세기 신문의 역할과 미국 건국의 특성을 유추해 볼 수 있습니다.

언론 없는 정부란

미국은 유럽 여러 나라에서 대서양을 건너 북아메리카 대륙으로 이주해 온 사람들이 세운 나라입니다. 처음으로 미국에 정착한 사람들은 종교와 사상의 자유를 찾아서, 또는 부자가 되려고 살던 나라를 떠나온 사람들이었습니다. 1776년 13개 주의 식민지 대표들은 〈독립선언문〉을 발표하고 영국의 식민 통치에서 벗어나기 위해 독립전쟁을 벌입니다. 마침내 영국으로부터 독립한 시민들은 새로운 국가 건설에 나서는데, 그때까지 왕과 귀족들이 다스리던 유럽의 나라들과는 다른 국가를 만들고자 했습니다. 역사상 처음으로 시민이 나라의 주인이 되어 스스로 통치하는, 민주주의 국가를 건설하기로 한 것이지요.

시민이 직접 나라를 다스리는 데 필요한 것은 무엇일까요? 중요한 일에 시민들이 스스로 결정을 내려야 하는데, 그러자면 무엇부터 시작해야 할까요? 모르는 채 중요한 결정을 할 수는 없으니 공동체에서 무슨 일이 일어나는지, 그 일들이 어떻게 처리되는지를 아는 것이 우선입니다. 신문, 방송, 인터넷, 스마트폰 등 뉴스와 정보를 이용할 수 있는 다양한 미디어가 넘치는 요즘과 달리, 당시 최신 정보와 지식은 신문을 통해서만 전달되었으므로 신문은 그 자체로 미디어이자 언론이었습니다. 언론을 뜻하는 '프레스'라는 단어는 원래 신문을 가리키는 말이었습니다. 신문을 윤전기로 눌러 인쇄한다고 해서 생겨난 말이지요. 제퍼슨이 살던 18세기에는 언론이 신문뿐이어서 그렇게 표현했을 뿐, 그가 전하고자 하는 뜻은 '언론 없는 정부보다는 정부 없는 언론이 더 낫다'고 보는 것이 맞습니다.

제퍼슨이 언급한 '언론 없는 정부'란 말 그대로 신문이나 방송이 없는 정부를 뜻하지는 않을 것입니다. 그보다는 언론의 자유가 허용되지 않는 국가를 말합니다. 사회의 입과 귀인 언론을 국가가 통제한다면, 그 정부는 시민을 보호하지 못하기 때문에 존재 가치가 없고 무용하다는 뜻이지요. 새로운 정보와 다양한 의견이 자유롭게 제시되지 않으면 개인과 사회는 정체되고 말 것입니다. 언론의 자유는 개인을 존엄하게 만들고 사회가 더 나은 방향으로 발전할 수 있도록 하는 기본적인 장치입니다.

제퍼슨이 살던 18세기 북아메리카 대륙에서 시민들이 영국의 부당한 통치를 더 이상 못 참겠다며 전쟁을 무릅쓰고라도 독립해야 한다고 뜻을 모은 것은 어떻게 가능했을까요? 당시 유럽 각국에서 몰려든 이주민들의 사회였던 영국 식민지가 독립을 선언하고 새로운 국가를 건설하려고 나서게 된 데에는 무엇보다 신문의 역할이 컸습니다. 앞장서서 독립을 주장하는 정치 지도자들이 있었고, 그들의 주장을 알기 쉽게 많은 사람에게 알려준 도구가 바로 신문이었습니다. 주민들은 신문을 통해 공동체의 중요한 소식을 접할 수 있었고, '타운 홀'이라 불린 마을 회관에 모여 밤늦게

까지 토론을 하고 뜻을 모았습니다. 이런 과정이 없었다면 영국 식민지로부터 독립해 새로운 국가를 건설하자는 시민들의 의견이 만들어질 수 없었을 겁니다. 신문이 정보와 뉴스를 전달해 주지 않았다면 불가능한 일이었습니다. 앞서 유럽 도시들의 커피하우스에 놓인 신문들이 시민들의 정보 교환과 토론의 매개체 역할을 한 것과 마찬가지입니다. 프랑스의 정치학자 알렉시스 드 토크빌Alexis de Tocqueville은 1831년에 건국된 지 얼마 되지 않은 미국을 방문한 뒤《미국의 민주주의》라는 책을 펴내 미국 민주주의를 높이 평가합니다. 토크빌은 미국 민주주의의 중요한 특징으로 신문과 시민들의 활발한 토론을 꼽으며, 미국을 한데 뭉치도록 만드는 힘이 신문에 있다고 말했습니다.

시민이 스스로 설립한 나라인 미국은 언론의 자유를 중요하게 여깁니다. 그러나 미국에서 언론의 자유는 제퍼슨과 같은 이들의 말이나 영향력으로 지켜지는 것이 아닙니다. 미국은 언론의 자유를 헌법 조항을 통해 확고히 보장하고 있습니다. 미국 헌법은 1788년에 비준되었고, 1791년에 초대 국회에서 '권리장전'으로 불리는 10개의 수정 조항이 헌법에 추가되었습니다. 가장 먼저 추가된 것이 수정헌법 제1조인데, 종교와 언론, 출판의 자유와 집회 및 청원권에 대한 내용을 담고 있습니다. 다른 나라 헌법에도 종교와 집회의 자유는 비슷하게 명시되어 있지만 미국 헌법에는 언론의 자유에 관한 조항이 눈에 띕니다. 바로 "의회는 언론의 자유를 제한하는 어떠한 법률도 제정할 수 없다"라는 부분이지요. 미국 헌법에만 있는 수정헌법 제1조의 언론 자유는 미국 헌법에서도 특별히 중요한 조항입니다. 미국이라는 나라가 현재의 모습으로 만들어지는 데 결정적 역할을 한 헌법 조항이기 때문이지요. 이 조항은 개인이 말과 글로 자기 생각을 표현하는 영역뿐 아니라 미디어를 통해 널리 알리는 조직적인 활동을 포함한 표현의 자유를 보장하는 법적 근거입니다. 우리나라 헌법 제21조 1항에도 "모든 국민은 언론·출판의 자유와 집회·결사의 자유를 가진다"라고 명시되어 있지만, 미국 헌법과는 차이가 있습니다. 우리나라 헌법은 언론의 자유를 제한하는 법을 만들 수 없다는 구절 대신 언론의 책임을 강조합니다. 헌법 제21조 4항에는 "언론·출판은 타인의 명예나 권리 또는 공중도덕이나 사회윤리를 침해하여서는 아니 된다"라고 적혀 있습니다.

미국은 왜 언론의 자유에 관대할까

다른 나라에서는 금지되는 발언이나 의사 표현 행위도 미국에서는 웬만하면 허용됩니다. 물론 언론의 자유에 관대하다 보니 부작용도 있습니다. 미국에서는 히틀러와 같은 대량 학살자를 찬양하는 사람이나 KKK단 같은 백인우월주의 단체가 기승을 부리고 있으며, 미국이 싫다며 국기인 성조기를 공개적으로 불태우는 일도 일어납니다. 이런 극단적인 주장이나 과격한 표현 행위가 사회적으로 용인되어서는 안 된다며 누군가 고발하면 재판이 열리기도 합니다. 하지만 그럴 때마다 미국 법원은 항상 일관된 판결을 내렸습니다. 수정헌법 제1조가 보장하는 언론의 자유를 침해할 수 없기에 이러한 의사 표현도 허용해야 된다는 것이지요. 왜 미국에서는 과격한 표현이나 막무가내 주장도 보호받아야 할 '언론의 자유'라고 여길까요?

미국 건국 당시 헌법을 제정하는 데 참여한 '건국의 아버지들'은 영국의 자유주의 사상가인 존 밀턴과 존 스튜어트 밀이 주창한 사상과 표현의 자유에 깊이 공감하며 언론의 자유에 대한 신념을 공유했습니다. 진리를 발견하기 위해서는 누구나 다양한 생각과 의견을 자유롭게 펼칠 수 있어야 한다는 것이 밀턴과 밀의 생각이었습니다. 특히 다수의 생각이 언제나 진리라고 보장할 수 없기에 그와 다른 소수의 생각도 자유롭게 표현되어야 진리에 다가갈 수 있다고 강조하였지요.

《실낙원》의 작가인 밀턴은 아내와 이혼을 하려고 했으나 당시 영국에서는 이혼이 금지되어 있었습니다. 그는 국가가 이혼을 금지하는 법적 제약을 완화해야 한다는 글을 써서 출판했습니다. 그런데 당시에는 출판물조차 국가의 허가를 받아야 했습니다. 허가 없이 출판을 한 죄로 밀턴은 처벌을 받게 됩니다. 그러자 밀턴은 이번엔 아예 《아레오파지티카Areopagitica》라는 책을 써서 출판을 사전에 검열하고 허가하는 제도 자체가 부당하다고 주장합니다. 이 책에서 밀턴은 거짓과 진실이 서로 충돌하여 싸우다 보면 결국 진실이 이길 것이라며 검열 없는 자유로운 출판을 요구했지요.

《자유론》을 쓴 밀은 밀턴의 주장에서 한발 더 나아갔습니다. 옳지 않은 것처럼 보이는 소수의 의견일지라도 억압하지 말아야 한다고 말이지요. 비록 한 사람이 다른 모든 사람과 다른 의견을 갖고 있을지라도 그 한 사람의 의견이 진실을 담고 있을 수 있기 때문에 무시할 수 없다는 의미입니다. 또 지금 당장은 진리가 아닌 것처럼 보여도 그 주장이 나중에 진실로 밝혀질 수 있기 때문에 현재의 기준만으로 모든 것을 판단해서는 안 된다고 생각했습니다.

그렇다면 미국의 건국 지도자들은 언론의 자유가 제한 없이 보장되어야 한다는 믿음을 어떻게 품게 되었을까요? 여기에는 역사적 배경이 있습니다. 미국을 건국한 사람들은 종교와 사상의 자유가 제한된 나라를 떠나 자유를 찾아 모인 공통점이 있습니다. 그들은 무엇보다 인간의 이성을 신뢰하였습니다. 다양한 주장과 의견이 경쟁하도록 내버려 두면 진실이 저절로 드러날 것이라고 믿었지요. 시장에서 상품이 자유롭게 경쟁하도록 허용하면 가장 좋은 상품이 소비자의 선택을 받는다는 이론과 마찬가지로요. '사상의 자유로운 시장'을 위해서는 언론의 자유가 필요하다고 생각한 것입니다.

제퍼슨은 '정부 없는 신문'이라는 말로 유명하지만, 그가 무조건적 언론의 자유를 요구한 것은 아닙니다. 조건이 있습니다. 제퍼슨은 이렇게 말했습니다. "나는 일말의 주저함도 없이 신문 없는 정부보다 정부 없는 신문을 선택하겠다. 하지만 이는 모든 사람이 신문을 받아 보고 읽을 능력이 있어야 한다는 것을 의미한다." 즉, 절대적인 언론의 자유가 아니라 모든 사람이 언론에 접할 수 있어야 하고, 언론에 실린 내용을 제대로 이해할 수 있는 능력을 갖춰야 한다는 조건입니다. 이를 미디어 리터러시(media literacy, 미디어 문해력)라고 합니다. 초등학생이 글을 읽을 줄 안다고 해서 신문의 복잡한 국제정치 기사나 금리와 경기 변동을 다룬 경제 기사를 제대로 읽어내기란 어렵겠지요. 이처럼 미디어를 제대로 활용하려면 미디어 접근권과 더불어 미디어 리터러시가 필요합니다. 이에 대해서는 뒤에서 자세히 설명하도록 하겠습니다.

사전 검열이 진짜 노리는 것은?

밀턴이 출판물의 사전 검열에 반대한 것은 언론 자유의 뿌리가 되는 중요한 정신입니다. 검열이란 국가나 공공단체의 공권력이 언론, 출판, 예술 등에 대한 표현물을 사전에 살펴서 기준에 적합한 경우에만 유통할 수 있도록 허가하는 것을 말합니다. 지금처럼 언론이 나 출판의 자유가 확립되기 전에는 많은 나라에서 검열을 실시했습니다. 종교와 왕권의 권위가 절대적이던 시기는 말할 것도 없고, 근대 이후에도 권위적인 정부나 군사정부에서 원하지 않는 내용이 출판물 형태로 유포되는 것이 두려워 사전에 검열해 왔지요.

일반적으로 검열은 사회 혼란 방지, 고유 문화 수호, 유언비어 차단, 어린이와 청소년 등 약자 보호 등을 내걸고 비도덕적이고 나쁜 정보로부터 사회의 안녕과 질서를 지킨다는 명분으로 시행됩니다. 그러나 검열의 진짜 목적은 정권을 겨냥한 비판적인 내용이 언론과 책으로 유통되지 못하게 하여 자유로운 비판을 막는 겁니다. 우리나라에서도 군사 쿠데타로 집권한 박정희 정권은 언론을 통제하고 출판물에 대하여 사전 검열을 시행했습니다. 전두환도 언론통폐합과 보도지침으로 유사하게 언론을 통제했습니다. 자신들의 입맛에 맞지 않는 책은 발행할 수 없도록 했고, 대중가요 노랫말도 마음에 들지 않으면 금지곡으로 지정해 버렸습니다. 자유로운 뉴스와 정보 유통을 차단하는 검열 제도가 정권도, 사회도 안전하게 보호하지 못했음은 이들 군사독재정권의 비극적 붕괴와 역사적 평가가 말해줍니다.

그렇다면 검열은 단순히 정권에 대한 비판을 차단하는 데에 그칠까요? 겉으로는 그렇지만 검열에는 이보다 중요한 목적이 있습니다.

바로 '위축 효과'입니다. 독재정권이 검열하려는 것은 인간의 모든 정신 활동의 결과물입니다. 이는 부당한 권력자가 자신이 원하지 않는 생각과 표현을 힘으로 눌러 세상에 나오지 못하게 하겠다는 것이지요. 글을 쓰고 음악을 만드는 등의 창작 활동은 오랜 기간 생각을 가다듬고 숙성시킨 뒤에야 비로소 작품으로 드러내 보일 수 있습니다. 이러한 과정을 거쳐서 만든 글이나 예술 작품이 검열이라는 이름으로 정당한 이유 없이 폐기될 때, 창작자의 상실감과 고통은 이루 말할 수 없습니다. 단순히 책이나 작품 하나가 세상에서 빛을 보지 못하는 것이 아니라 창작과 예술적 표현을 위해 쏟은 자신의 정성과 시간 모두를 부정당하는 심정일 테니까요. 이처럼 창작자가 자신의 사유와 노력이 권력에 의해 쉽게 부정당하는 경험을 하면, 그는 자신이 하는 일이 무의미하다고 여기게 됩니다. 그럴 경우 창작자는 자신이 부정당하는 검열에 걸리지 않기 위해서라도 스스로 권력의 입맛에 맞게 창작하려고 고민하게 됩니다.

검열을 의식하며 작품 활동을 하면 어떤 결과가 나타날까요? 자유로운 생각과 상상력이 작동하지 않게 됩니다. 창작자가 스스로 검열을 피하려 움츠러드는 효과가 바로 위축 효과인데, 검열의 진짜 폐해는 이렇듯 특정한 내용을 차단하는 것보다 창작자의 정신을 위축시켜 상상력과 자유로운 사고를 막는다는 데 있습니다.

사법 당국이 창작물에 대해 '미풍양속 저해'라는 잣대로 사실상의 검열을 자행해, 왕성한 창작 활동을 과시하던 유망 작가와 예술가들이 크게 위축된 경우도 많습니다. 장정일 작가, 마광수 교수, 이현세 만화가 등이 대표적 사례입니다. 검찰은 이들 작가의 창작물을 '청소년 유해 음란물'이라고 고발해 구속과 벌금형 등 처벌을 받게 했습니다.

이현세 만화가는 자신의 작품《천국의 신화》가 음란물로 고발되어 6년간 법정투쟁을 하는 동안 절필 선언을 했습니다. 안도현 시인은 2012년 12월 대통령 선거를 앞두고 사라진 안중근 의사 유묵에 대해 박근혜 당시 후보에게 트위터로 경위를 물은 일 때문에 '허위사실 공표 및 후보자 비방' 혐의로 기소되었지요. 이후 안도현 시인은 박근혜 집권 동안 "시 창작을 하지 않겠다"고 절필 선언을 했습니다. 결국 재판을 통해 이현세 만화가도, 안도현 시인도 무죄가 확정되었습니다. 하지만 절필 선언에서 알 수 있듯 작가와 예술가들의 창작 의지는 표현의 자유가 보장되지 않으면 크게 손상되고 위축됩니다.

검열은 사람의 정신을 억압해 행복을 앗아가는 잔인한 일입니다. 사회적으로는 새로운 지식과 관점이 출현하지 못하도록 하여 발전을 방해하는 어리석은 일이지요. 박근혜 정부는 비판적 성향의 문화예술계 인사들을 광범하게 블랙리스트에 올려 관리했는데, 탄핵 결정 뒤에 비로소 그 실체가 드러났습니다. 법원은 문화계 블랙리스트 작성과 운영에 대해 엄중한 책임을 물어 유죄 판결을 내렸습니다.

이러한 진실이 첫눈에 명확히 드러날까요? 17세기 이탈리아의 천문학자 갈릴레이의 이야기는 그렇지 않음을 보여줍니다. 갈릴레이는 지동설을 주장하며 근대 과학의 길을 개척한 과학자로 알려져 있지요. 하지만 그는 자신이 발견한 지식과 이론을 부인해야 했습니다. 천동설을 신봉하던 가톨릭교회로부터 종교재판을 받으면서 지동설을 부인한 뒤 "그래도 지구는 돈다"라고 말했다는 일화가 전해지지요. 세월이 흘러 천동설이 틀렸다는 과학적 증거가 하나둘 발견되자 교회와 지식인들은 비로소 지동설을 받아들이기 시작했습니다. 진실과 진리는 결코 다수결로 결정되는 것도 아니고, 진실과 거짓이 바로 가려지는 것도 아님을 알려주는 사례입니다.

몇 년 전 수백 명의 목숨을 앗아간 가습기 살균제 사건이 있었습니다. 가습기 살균제가 개발되어 판매될 때는 가습기 사용으로 인한 세균 오염을 방지하는 기술로 소개됐습니다. 언론도 그렇게 보도했지요. 안전성 검사를 담당한 환경보건 당국도 위험성을 전혀 발견하지 못했습니다. 원인 모를 폐질환으로 수백 명이 숨지는 비극이 일어난 뒤에야 역학조사를 통해 가습기 살균제에 치명적인 독성 물질이 있다는 사실이 밝혀졌습니다. DDT도 처음에는 환경에 무해한 기적의 살충제로 여겨졌고 이를 발명한 스위스의 과학자 파울 헤르만 뮐러Paul Hermann Muller는 1948년 노벨화학상까지 받았습니다. 레이철 카슨Rachel Carson이 1962년 《침묵의 봄》을 통해 DDT의 유해성을 고발한 뒤에야 비로소 생태계에 끼치는 치명적 영향이 드러났지요. 이러한 사례는 어떤 주장이 참인지 거짓인지는 처음부터 드러나는 것이 아니고 시간이 지난 뒤에야 비로소 밝혀진다는 것을 알려줍니다. 우리가 진실이라고 알고 있거나 믿는 것들도 시간이 지나면 뒤바뀔 수 있습니다. 진실이 제대로 규명되어야 한다는 차원에서 사전 검열을 통한 언론 통제는 무서운 결과를 낳을 수 있는 것이지요.

2. 제4부로서의 언론

민주주의 사회는 국가권력이 입법부, 행정부, 사법부로 나뉘어 있습니다. '3권 분립'이라고 말하지요. 세 권력기관 중 입법부와 행정부는 국민이 선거를 통해 대통령이나 국회의원을 뽑아 구성됩니다. 사법부는 국회와 행정부가 대법원장이나 헌법재판소장을 추천하므로 국민들이 선거에서 보여준 의사가 간접적으로 반영되는 구조입니다. 국가권력을 세 곳으로 나눈 까닭은 각각 다른 기능을 하는 국가권력이 서로 견제하고 감시하면서 특정인이나 집단이 지나치게 큰 힘을 갖지 못하도록 하기 위해서입니다. 견제당하지 않는 권력은 절대권력화해서 특권화하고 결국 비리와 불법으로 치닫게 됩니다. 민주주의에 견제와 균형이 필수적으로 요구되는 이유입니다.

권력의 일탈과 비리를 처리하는 방법은 여러 가지입니다. 우선 권력 내부의 감사와 자체 정화 시스템이 있습니다. 그러나 팔이 안으로 굽듯 대부분 제대로 작동하지 않습니다. 그래서 행정력을 감시하도록 국회, 사법부처럼 3권 분립으로 상호견제 체제를 운영합니다. 그러나 입법, 사법, 행정 3부의 권력 핵심이 서로 특권집단화하는 짬짜미를 이루면 권력 감시가 제대로 작동하지 않습니다. 이런 권력기관 간의 내통과 짬짜미를 감시하는 또 하나의 비리적발 시스템이 바로 언론입니다. 만약 언론마저 권력 감시를 제대로 하지 못하면 결국은 반정부집회, 혁명과 같은 시민들의 직접적인 참여로 이어집니다.

언론의 임무는 권력 감시

흔히 언론을 민주주의 체제를 구성하는 '제4부'라고 말합니다. 헌법이나 법규에 근거는 없지만 언론이 국가 운영에서 발휘하는 힘과 영향력의 막강함 때문에 생겨난 상징적인 표현입니다. 언론은 다른 권력기관처럼 국민이 직접 선출하거나 정해진 위임 절차를 거쳐 권력을 부여받지 않습니다. 사기업인 언론사가 취재와 보도 활동을 통해 행사하는 영향력은 법과 절차에 따라 공식적으로 부여된 것이 아니지요. 하지만 그 영향력은 헌법에 따른 세 권력기관의 힘에 비해 결코 작지 않습니다. 언론 보도로 문제가 불거지면 장관이나 총리가 물러나고, 큰 기업이 망하거나 흥하는 일도 있으니까요.

흔히 언론을 '선출되지 않은 권력'이라고 말합니다. 국가의 공식적인 권력기관은 아니지만 큰 영향력을 발휘하기 때문입니다. 언론의 영향력은 법률이나 선거를 통해서 부여받은 것이 아닙니다. 언론이 전달하는 정보와 여론 형성에서 생겨나지요. 언론이 무조건 영향력과 권력을 갖는 것도 아닙니다. 언론이 전달하는 수많은 뉴스가 반드시 큰 영향력으로 이어지는 것은 아니니까요. 그런데 뉴스 중에서 특별히 큰 영향력을 발휘하는 것이 있습니다. 감춰져 있던 중요한 사안을 비로소 명료하게 드러내는 뉴스입니다. 뉴스가 사람들을 분노하게 하거나 공감하게 만들어 많은 사람이 생각과 행동을 바꾸도록 만드는 경우지요. 사람은 새롭고 중요한 정보라고 판단하면 자신의 태도와 행동을 바꿉니다. 언론이 갖는 힘은 중요한 정보를 제공해, 사람들이 스스로 생각과 행동을 바꾸게 만드는 여론 형성 기능에서 생겨납니다.

언론이 제4부로 불리는 까닭은 권력 감시 기능 때문입니다. 언론은 입법, 행정, 사법의 세 국가권력이 제 역할을 하고 있는지 감시하는 역할을 합니다. 실제로 국가기관에서 중대한 비리가 저질러지고 있는데 국회가 이를 처벌할 수 있는 법을 만들지 않거나 법원에서 제대로 판결하지 않는다면 어떻게 될까요? 누군가 자신이 가진 권력을 마음대로 휘두르는 불공정한 세상이 되겠지요. 결국 구속 수감으로 이어진 박근혜 전 대통령의 국정 농단 사태와 양승태 전 대법원장의 재판거래 사법 농단 사태가 대표적인 사례입니다. 국회나 사법기관에서조차 최고 권력인 대통령과 대법원장을 제대로 감시하거나 견제하지 못했는데, 언론의 보도 덕분에 실체가 드러나고 덕분에 민주주의 사회의 질서를 바로잡을 수 있게 되었지요.

민주주의는 국민이 주인인 정치체제입니다. 우리나라 헌법 제1조는 "대한민국은 민주공화국이다. 대한민국의 주권은 국민에게 있고, 모든 권력은 국민으로부터 나온다"라고 명시하고 있습니다. 하지만 국민이 모든 일을 직접 결정하고 통치할 수 없으니 국회의원, 정치인, 공무원 등에게 권력을 위임합니다. 그런데 공무원이나 공공기관이 국민으로부터 위임받은 권력을 제대로 행사하는지를 모든 국민이 일일이 감시할 수는 없습니다. 언론이 이 역할을 대신하지요. 언론이 국민의 눈과 귀를 대신하여 국가권력을 감시하는 제 역할을 다하면 그 나라의 정치와 사회는 투명해질 수 있습니다.

언론에 주어진 특권

국경 없는 기자회, 프리덤 하우스 같은 국제 인권단체는 해마다 나라별 언론 자유도를 발표합니다. 이 조사에서는 핀란드, 노르웨이, 네덜란드, 덴마크, 스웨덴 등의 북유럽 나라들이 언론 자유도가 높은 것으로 나타납니다. 그런데 이들 나라는 선진국이면서 부정부패가 적은 투명한 사회라는 공통점이 있습니다. 다른 나라들과의 차이점은 두 가지입니다. 하나는 이 국가에서는 언론이 권력 감시 노릇을 잘한다는 점입니다. 또 하나는 시민들이 믿을 만한 좋은 언론을 키우고 읽는다는 특징입니다. 이들 국가는 가구 신문 구독률이 90퍼센트를 넘는, 세계 최고의 신문 구독 국가이기도 합니다. 선진국이 되는 비결은 이처럼 좋은 언론을 튼튼하게 키워 시민들을 대리한 사회적 감시견 역할을 제대로 수행하게 하는 겁니다.

미국의 수정헌법 제1조에서 강조한 언론과 표현의 자유는 양심과 사상의 자유와도 직결됩니다. 언론의 자유는 개인에게도 중요하지만 사회적 차원에서도 매우 중요하고 유용합니다. 언론이 외부 압력으로부터 자유로워야 국가 권력기관과 권력자를 제대로 감시할 수 있기 때문이지요. 그래서 공적 역할을 수행할 수 있는 특별한 권한과 지위가 제도적으로 언론에 주어집니다. 언론이 사회와 권력의 감시자 노릇을 할 수 있도록 해서 사회를 건강하게 유지하고자 하는 것입니다. '공적public'이란 말은 개인의 일이 아닌 공공의 관심사에 관련된 일을 말합니다. 언론이 사회적으로 특별한 권리와 지위를 누리는 것은 공공의 관심사를 다루기 때문입니다.

모두가 각자 자기 일에만 관심을 쏟고 공동체에 관련된 일에 무관심하다면 그 사회는 제대로 유지될 수 없습니다. 공동체는 공공의 일에 관심과 의견을 지닌 사람들이 있을 때 제대로 굴러갈 수 있지요. 직접 민주주의를 실현한 고대 그리스에서는 공동체의 일에 관심이 없는 사람을 '바보, 천치'라고 불렀다고 합니다. 바보, 멍청이를 뜻하는 영어 '이디오트(idiot)'의 어원은 그리스어 '이디오테스(idiotes)'입니다. '이디오테스'는 '공적인 일에는 관심 없이 오로지 사적인 일만 신경 쓰는 사람'을 뜻합니다. 고대 아테네의 정치가 페리클레스는 "아테네에서 정치에 무관심한 사람은 시민으로서 쓸모없는 인간으로 여겨진다"라고 연설하기도 했지요.

사람들이 공동체에 관심을 가지려면 내가 속한 공동체에서 무슨 일이 일어나는지, 그리고 그 의미가 무엇인지를 알아야 합니다. 공익과 관련된 뉴스를 보도하는 이러한 언론의 역할을 환경 감시 기능이라고 합니다. 언론이 맡고 있는 중요한 사회적 역할입니다. 여기서 '환경'은 생태적 의미의 환경이라기보다 우리를 둘러싼 모든 여건을 의미하는 사회 환경을 뜻합니다. 이렇듯 사회는 언론에 사회적 감시를 맡기고 그 역할을 수행할 수 있도록 언론에 남다른 자유와 특권을 부여했지요. 언론이 선출되지 않은 권력이라는 독특한 지위를 갖는 것처럼, 언론인도 여느 기업의 회사원이나 전문직 종사자와는 다른 직업적 특성을 갖고 있습니다. 흔히 언론을 '사회의 목탁'으로, 언론인을 '무관無冠의 제왕'이라고 부릅니다. 언론이 사회를 향한 깨우침을 전하는 목탁이라면, 언론인은 높고 낮음을 가리지 않고 모든 권력을 감시하고 비판한다고 하여 '왕관 없는 임금'이라고 하는 겁니다.

수행하는 역할의 특성상 언론에는 특권이 따릅니다. 취재 활동과 보도한 결과에 대해서 폭넓은 자유를 누립니다. 보도한 기사 내용에 부분적으로 오류가 있거나 일부가 정확하지 않아도 크게 어긋나지 않는다면 치벌받거나 책임을 추궁당하지 않는 것이 일반적이지요. 언론인의 대표격인 기자는 대통령부터 노숙자까지 누구든지 만나서 무엇이든 질문할 수 있습니다. 기자는 모든 국민이 만나고 싶어 하는 유명인을 쉽게 만날 수 있는 직업입니다. 대통령이나 장관 같은 고위 공직자들은 정기적으로 기자들 앞에 나와 인터뷰를 하거나 만나서 이야기를 나누는 것이 업무의 일부입니다. 국회의원과 정치인을 만나 정치 현안에 대해서 이야기하기도 합니다. 고위 공직자, 유명인이 모든 국민을 직접 만날 수 없기 때문에 대중과의 소통을 위해 언론을 대표로 만나는 겁니다. 기자와 언론사는 새로운 정보를 취재하는 직업 특성상 누구보다 먼저 중요한 정보를 알게 됩니다. 신상품이 출시되거나 지하철 노선이 개통되기 전에 미리 체험할 기회를 갖습니다. 미리 체험해 보고 널리 알리는 게 직업인 기자는 사회에서 남보다 먼저 다양한 경험을 할 수 있습니다. 날마다 경험하는 것이나 만나는 사람을 놓고 보면 기자는 특권을 누리는 직업이라고 볼 수 있습니다.

언론과 기자에게 이런 특권이 주어지는 이유는 무엇일까요? 언론이 국민들에게 공동체 생활에 필요한 정보를 제공하고 권력을 감시하는 제4부의 역할을 수행하기 때문입니다. 국민의 눈과 귀와 입이 되어, 보고 듣고 전달하는 일을 하지요. 언론이 중간에서 역할을 하는 덕분에 국민들은 기자들이 취재한 뉴스를 보고 정치인이나 예술가의 말과 생각을 자세히 알 수 있습니다. 마찬가지로 대통령이나 국회의원도 언론을 통해 자신의 정책에 대해 국민과 전문가가 어떻게 생각하는지를 파악할 수 있습니다. 언론이 국민의 알 권리를 대신해 일하기에 가능한 일이지요.

선출되지 않은 '밤의 대통령'

언론과 기자의 특권은 언론이 공적 역할을 수행하기 때문에 주어지는 겁니다. 그런데 언론사나 기자가 특권을 이용해 사익을 추구하려고 하면 문제가 됩니다. 이익이나 특권이 있는 곳에는 항상 옳지 않은 것이 도사리고 있습니다. 언론의 특권을 사익에 사용하는 경우가 그렇겠지요. 남들보다 먼저 알게 된 정보를 이용해 경제적 이익을 취하거나, 취재하면서 정치인이나 고위층과 쌓은 친분을 이용해 청탁을 하는 사례도 있습니다. 그중에서도 언론사 소유주나 간부가 정치권이나 경제계에 미치는 영향력을 이용해 사익을 추구하는 행위는 심각한 문제입니다. 재벌들이 자본을 출자하여 만든 경제신문은 노골적으로 재벌의 특권을 옹호하는 기사를 싣습니다. 노동 조건이나 임금 인상 등을 놓고 노동자와 경영자 간에 다툼이 일어나면 거의 예외 없이 노동자를 비난하면서 기업의 이익을 우선해야 한다는 논조를 펼칩니다.

〈조선일보〉는 우리나라에서 가장 많이 팔리는 신문입니다. 많은 사람이 보는 신문이니만큼 여론에 끼치는 영향력도 큽니다. 언론의 특권은 공적 역할에 충실하라고 주어진 것이지요. 그런데 이 신문사의 고위 간부가 대우조선과 결탁해 우호적인 칼럼과 기사를 써주고 1억 원어치의 금품과 편의를 제공받은 사실이 드러나 처벌받았습니다. 〈조선일보〉를 소유한 방 씨 일가의 방우영은 오랫동안 〈조선일보〉 사장을 지내며 '밤의 대통령'으로 불렸습니다. 국민의 투표로 선출되어 공식적인 권력을 갖는 대통령에 맞댄 표현이지요. 언론은 자신들이 원하는 논조로 기사와 칼럼을 써서 여론을 형성하는 힘을 갖는데, 그 언론사의 사주를 '밤의 대통령'이라고 표현한 것입니다.

언론이 대단한 영향력을 갖게 된 것은 사회가 언론에 정보 제공과 권력 감시라는 중요한 기능을 위임한 데서 비롯했습니다. 그런데 언론이 사회가 위임한 권력과 기능을 마치 자신의 소유물로 여겨 이를 공익과 무관하게 사용한다면 어떻게 될까요? 도둑을 감시하라고 키운 개가 오히려 주인을 향해 짖거나 공격하는 일처럼 황당하겠지요. 언론이 대단한 힘을 갖고 있다는 것은 부인할 수 없습니다. 그러므로 공적 감시를 목적으로 주어진 언론의 힘이 제대로 쓰이는지를 감시하는 것 역시 중요한 일입니다.

그렇다면 언론은 누가 어떻게 감시할 수 있을까요? 그것은 언론이 보도한 내용에 대해 왜 그렇게 보도했는지, 기사가 편중된 의도를 갖고 한쪽 편을 드는 것은 아닌지 늘 비판적으로 바라볼 수 있는 현명한 독자와 시민이 있을 때 가능합니다.

3. 특권과 책임의 두 모습

기자에게는 '무관의 제왕'이라는 영예로운 호칭도 있지만 '기레기'라는 불명예스러운 별칭도 따라다닙니다. '기자 쓰레기'를 줄여 '기레기'라고 부르는 것인데요. 왜 이런 말이 생겨났을까요? 기자들이 제대로 취재하지 않고 기업에서 발표한 홍보성 보도자료를 베끼다시피 해서 기사로 보도하거나, 의도적으로 사실을 왜곡해 편파적으로 보도하는 행위 때문입니다. 앞에서 언급한, 기자라는 지위를 이용해 공익 대신 사익을 취하거나 비리를 저지르고, 객관적 보도를 무시하고 왜곡 보도를 하는 경우입니다. 전문적이지 못하고 불충실한 기사로 독자들의 지적을 받는 경우도 적지 않습니다.

산업계와 금융계를 담당하는 기자는 많은 사람에게 큰 영향을 끼칠 정보를 미리 알게 되는 경우가 많은데요. 이를 이용해 증권이나 부동산 투자로 이익을 보려다가 덜미를 잡힌 기자도 있습니다. 기자라는 지위를 이용해 취재하는 상대에게 무례하게 굴거나 부당한 청탁을 하는 경우도 있지요. 기사를 잘 써달라는 부탁과 함께 뇌물이나 접대를 받는 기자들도 드물지 않았습니다.

언론인으로서 취재하고 기사를 쓰다가 정치권이나 청와대로 직행하는 경우에도 비판이 쏟아집니다. 직업 선택의 자유가 있으니, 언론사 퇴직 이후엔 얼마든지 새로운 직업을 찾을 수 있고 그 중에는 선출직이나 임명직인 정치인을 택할 수 있습니다. 이낙연 국무총리를 비롯해 많은 국회의원이 기자, 앵커 등 언론인 출신이기도 합니다. 정치권 진출이 문제가 되는 경우는 기자로 일하며 정치인들과 친분을 쌓고, 기사를 통해 특정 정치인이나 정당을 옹호하고 대변하는 기사를 쓰다가 정당이나 청와대로 직행하는 경우입니다. 며칠 전까지 정치부 기자로 특정 정당을 비판하거나 옹호하는 기사를 쓰고 뉴스를 진행하다가 정당이나 청와대 대변인으로 변신해 마이크를 잡는 일이 종종 일어납니다. 당연히 그 기자가 써온 기사의 공정성과 해당 언론사의 신뢰도는 추락하고 기사의 의도는 의심받게 됩니다. 정치권과 결탁해 스스로 정치권의 플레이어로 활동하거나 정치인을 꿈꾸는 기자를 '폴리널리스트polinalist'라고 합니다.

자본과 언론의 '검은 거래'

기업인이나 정치인들은 기자와의 관계를 중시합니다. 신문이나 방송에 어떻게 보도되느냐에 따라 한 기업이나 정치인의 이미지가 좌우될 수 있기 때문이지요. 기업에서 결함 있는 제품을 속여 판매한 일이나, 밝혀지지 않은 경영진의 비리를 기자가 취재하고 보도하려 할 때, 이를 달가워할 기업이나 경영자는 없습니다. 갖은 수를 써서 기자의 취재를 방해하거나 언론 보도를 막으려고 할 테지요. 이 과정에서 언론사와 기업 간에 '검은 거래'가 형성되는 경우가 흔합니다. 기업이 기업과 경영자의 불법과 비리를 취재한 언론사에 보도하지 말아달라는 취지로 돈을 주며 무마하는 거래지요. 검은 거래는 겉으로 잘 드러나지 않습니다. 언론사와 기자는 일상적인 취재 활동으로 기업의 비리를 캐는 것이고, 기업은 언론사 간부에게 잘 부탁한다며 광고를 하는 방식으로 거래를 합니다. 이런 검은 거래를 통해서 언론사가 취재한 기사를 아예 보도하지 않는 경우도 있지만, 광고를 주는 기업이 원하는 대로 기사를 고치는 경우도 있습니다. 또는 신문사나 방송사에서 기자가 취재한 대로 뉴스를 내보내기는 하지만, 중요한 사안을 사소한 기사로 만들어 눈에 띄지 않게 보도하기도 합니다. 어떤 뉴스를 보도할지 말지, 또는 얼마나 중요한 뉴스로 어떻게 보도할지는 언론사의 판단이고, 기업 광고는 기업의 정상적인 경영 활동이므로 언론사와 기업 간에 오고 간 검은 거래를 문제 삼기란 명확한 증거가 없는 이상 매우 어렵습니다.

이러한 거래는 국내 재벌 기업이나 그 총수 일가와 관련해서 자주 일어납니다. 한국의 재벌 총수들은 대부분 거액의 재산과 경영권을 자녀에게 물려주면서 상속세나 양도세를 적게 내기 위해 온갖 편법을 동원해 왔고 대부분 성공했습니다. 삼성, 현대, SK 등이 모두 이러한 편법을 동원해 세금을 지극히 적게 내면서 자녀들에게 거대한 재산과 기업을 물려주는 데 성공했습니다. 나중에는 문제가 되어서 재벌 총수들이 처벌을 받고 감옥에 가기도 했지요. 만약 이런 상속 과정에 대한 여론이 비판적이었다면 재벌들이 세금을 피하는 편법 상속과 불법을 계속 시도하고 성공할 수 있었을까요? 여기에는 정당하게 세금을 내지 않는 재벌들의 불법·편법 행위를 적극적으로 보도하지 않는 언론이 상당한 역할을 했습니다.

대표적인 사례가 국내 최대 재벌 삼성의 편법 상속과 노조 무력화 공작에 대한 언론 보도입니다. 삼성 이재용 부회장이 삼성의 실질적 경영권을 획득한 과정은 편법과 불법의 덩어리입니다. 세계적 규모의 거대재벌인 삼성의 경영권을 확보하려면 당연히 천문학적 인수자금이 필요하고 세금도 엄청납니다. 하지만 이재용 부회장이 1994년 아버지인 이건희 회장으로부터 삼성 경영권을 승계하면서 낸 세금은 아버지로부터 60억 원을 증여받으면서 낸

16억 원이 전부였습니다. 오뚜기, 동원산업, 세아제강, 엘지그룹 등 삼성보다 규모가 작은 기업들도 경영권을 상속하면서 수천억 원의 세금을 낸 것과 대조되는 일입니다.

어떻게 이런 경영권 승계와 상속이 가능했을까요? 정치권, 법원과 검찰 등도 책임이 있지만 언론의 역할 또한 적지 않았습니다. 만약 언론이 정치 문제나 일반 범죄 사건처럼 적극적으로 재벌들의 편법 상속을 보도하였다면, 비판 여론이 형성되어 처벌이 뒤따랐거나 이를 막기 위한 법률이 만들어졌을 것입니다. 하지만 대부분의 언론사는 이를 적극적으로 보도하지 않았습니다. 광고로 언론의 논조를 길들이려 한 재벌그룹과 그에 길들여진 언론이 있었기 때문입니다. 이들의 거래는 정치권력의 방식과 달리 은밀하기 때문에 좀처럼 드러나지 않습니다.

지금도 정부나 국회에서 기업의 세금을 올리자고 주장하면, 경제신문을 비롯한 많은 신문사는 법인세를 올리면 기업 활동이 위축된다며 기업의 입장을 적극적으로 대변하는 기사를 싣습니다. 국가와 시민 전체의 이익보다는 기업의 이익을 대변하는 것이지요. 이런 배경에는 언론사가 기업이 원하는 논조의 기사를 쓰고 기업으로부터 광고 등으로 도움을 받는 '검은 거래'가 있습니다.

'기레기'와 '나쁜 보도'

언론이 공익과 사회를 위한 도구로서의 역할을 저버리는 문제는 직접적인 돈의 유혹에 넘어가는 정도로 그치지 않습니다. 사람들의 말초적 관심을 자극하는 선정 보도로 문제의 본질을 덮어버리고 왜곡하는 것도 심각합니다. '기레기'라는 말이 널리 쓰이게 된 계기는 2014년 6월 세월호 참사를 보도한 언론의 몰지각한 행태 때문이었습니다. 한 언론사는 사고 직후 "타이타닉·포세이돈 등 선박 사고 다룬 영화는?", "SKT, 긴급 구호품 제공 및 임시 기지국 증설 '잘생겼다~ 잘생겼다'" 따위의 기사를 내보내 관심을 끌려고 했지만 독자들의 질타가 쏟아졌습니다. 한 공영방송에서는 수백 명이 바닷속에 잠겨 실종된 사고 당일 저녁 뉴스에서 희생자의 사망 보험금이 한 사람당 최고 3억 5000만 원이라는 보도를 내보내 시청자들로부터 공분을 샀지요. 보수 언론들은 세월호 참사의 진실 규명과 박근혜 대통령의 일곱 시간 행적 등 정부의 역할과 책임에 대한 보도 대신 인양 비용과 보상금 문제를 부각시켜 사건을 돈 문제로 취급하려는 시도 때문에 비판을 받았습니다. 또 일부 언론사의 의도적인 조작 왜곡 보도가 드러나면서 '기레기'라는 오명은 더 널리 쓰이게 되었습니다.

언론이 이렇게 '나쁜 보도'에 나서는 까닭에는 선정 보도로 이용자의 관심을 집중시켜 페이지뷰를 늘리려는 상업적 동기, 기업과 정치권력의 이익을 대변하고 대가를 누리려는 거래 동기가 있습니다. 보다 근본적으로는 해당 언론의 기자들이 언론인에게 주어진 각별한 사회적 소명과 책임을 잊어버린 채 그저 언론 기업의 직원으로 회사의 지시와 돈벌이에만 빠져 있기 때문입니다. 자신이 하는 일이 사회적으로 얼마나 중요한 일인지, 왜 언론에 특권이 주어졌는지에 대해 생각하지 못하는 것이지요. 언론에 특별한 권한이 주어진 것은 언론이 수행하는 역할의 공공성 때문인데 기자가 그 책임과 윤리 의식을 망각한다면 저질 기사를 쓰는 '기레기'가 될 수 있습니다. 직업 언론인은 중요한 문제를 중요하게 다루고, 사실을 정확히 확인하는 직업적 전문성이 필수적입니다.

겉으로 보이는 기자의 화려한 모습과 현장 속 실제 일상은 사뭇 다릅니다. 다른 여느 직업처럼 빛과 그늘이 함께 있지요. 그리고 언론의 독특한 사회적 책임 때문에 기자에게는 특별한 기회와 특권, 동시에 책임과 도덕적 의무도 주어집니다. 좋은 기자냐 아니냐를 판단하기 위해서는 기자가 자신의 책임과 도덕적 의무를 인식하고 자신의 일에서 그 소임을 다하는지를 판단하면 될 것입니다.

더욱이 신문·방송과 같은 매스미디어 시대가 인터넷과 소셜미디어라는 쌍방향 미디어 시대로 변화하면서 언론 보도에 대한 이용자의 개입과 반응이 매우 편리해졌습니다. 기사에 잘못된 내용이 있거나 편향된 해석이 있으면 독자의 댓글이 달리고 기사를 반박하는 사실적 자료가 제시됩니다. 건강한 언론은 건강한 사회를

2019년에 프레스센터 앞에 세워진 '굽히지 않는 펜' 조형물. "역사 앞에 거짓된 글을 쓸 수 없다"라는 고 송건호 선생의 글귀는 언론을 감시하는 시민의 적극적 참여와 감시가 있을 때 제대로 실현될 수 있다.

지탱하는 중요한 감시자입니다. 언론도 마찬가지입니다. 저절로 언론이 도덕적이 되고 객관적 보도를 하게 되는 게 아니고, 시민들의 적극적인 참여와 감시가 있을 때 언론도 제 역할을 더 충실히 하는 환경에 놓이게 됩니다.

언론사와 기자를 감시하는 주요한 방법은 독자가 악의적인 왜곡 기사와 편파 보도를 잊지 않고 기억해, 의도적으로 왜곡 보도를 한 기자와 언론사의 행위를 인터넷 등으로 널리 알리는 겁니다. 언론사와 기사는 영향력도 중요하지만 그보다 중요한 게 신뢰도입니다. 노골적인 왜곡 기사, 편파 보도를 일삼는 언론사와 기자의 이름을 독자들이 기억하고, 왜곡 보도가 나올 때마다 과거의 편파 보도를 상기시키는 행위가 언론을 감시하는 좋은 방법입니다. 언론 관련 시민단체들이 진행하는 언론 보도 모니터링을 활용하는 것도 유용합니다.

지난 시절엔 언론학자들이나 과거 기사에 접근할 수 있었지만, 이제는 누구나 인터넷으로 과거 기사를 검색할 수 있는 상황입니다. 제대로 된 기자나 언론사는 자신이 보도한 기사가 인터넷에 사료로 보존되어 있어 항상 회람될 수 있다는 사실을 자부하면서도 두려워하게 마련입니다. 2019년 한국기자협회와 피디연합회 등 언론인단체들은 공동으로 프레스센터 앞에 기자들이 가장 존경하는 언론인인 고 송건호 선생의 글귀를 새긴 '굽히지 않는 펜'이라는 조형물을 건립했습니다. 역사학자이기도 했던 송건호 선생은 "역사 앞에 거짓된 글을 쓸 수 없다"며, 군사독재 시절 신문사에서 해직되자 언론 자유를 위해 투쟁하며 실천한 언론인입니다. 왜곡 보도를 훗날 역사가만이 평가하는 것이 아니라 지금의 시민들이 잊지 않고 기억하고 그 언론사와 기자 앞에서 수시로 꺼내 들 수 있는 환경인 만큼, 언론을 감시하고 공정 보도로 견인하는 게 필요한 세상입니다.

4장

비뚤어진 언론, 그 민낯

1. 언론은 누구의 감시를 받나

앞서 살펴본 것처럼 언론은 '제4부'로 불리는, 선출되지 않은 사실상의 권력기관입니다. 언론이 민주주의 사회의 필수적 도구라는 점 때문에 다양한 역할과 특권이 주어지는데, 결과적으로 언론 스스로 권력기관화하는 상황으로 이어집니다. 권력기관을 감시하고 시민의 권리를 보호하기 위한 공적 임무를 부여받은 언론이 스스로 또 하나의 권력기관이 되는 역설적 현상입니다.

권력이 된 언론은 누가, 어떻게 감시하고 통제해야 할까요? 권력은 현명하게 쓰일 수도, 반대로 나쁘게 쓰일 수도 있습니다. 공론장 기능을 수행하도록 부여한 특권을 사익을 위해 멋대로 행사하는 언론은 어떻게 견제하고 바로잡을 수 있을까요?

'망가진 언론'을 법과 제도로 교정한다?

입법, 사법, 행정부 등 법률에 따른 기관은 권력 남용과 불법 집행을 금지하고 위반 시 처벌 규정을 법으로 정해놓았습니다. 그런데 언론기관이 보유한 특권과 권력은 법률에 정해진 게 아니기 때문에, 언론이 권력을 남용하거나 잘못 사용하는 경우 규제와 처벌이 쉽지 않습니다.

권력화한 언론을 규제하기 어려운 데는 많은 이유가 있습니다.

첫째, 언론을 법으로 규제하는 것은 표현의 자유, 사상의 자유를 규제하는 것으로 이어지기 때문에 어렵습니다. 언급한 것처럼, 미국은 수정헌법 제1조에 아예 언론 자유를 제한하는 어떠한 법도 만들 수 없다고 명시해 놓았습니다. 우리나라에서 정부가 언론을 규제하려고 시도한 경우는 대부분 정부와 집권세력에 비판적인 언론을 통제하고 권력의 나팔수로 만들기 위한 작업이었습니다. 당연히 끝이 좋을 수 없었습니다. 1961년 5.16 쿠데타, 1979년 12.12 쿠데타로 집권한 군사정부가 부패 언론 척결을 내세우며 일부 언론을 폐간하고 언론인들을 해직한 역사가 있습니다. 이명박 정부 때도 YTN, MBC 등에서 비판적인 언론인들을 해고한 사례가 있습니다. 하지만 나중에 법원 판결을 통해 잘못된 행위라고 인정돼 언론인들은 복직했고, 집권세력이 언론을 통제하려 해서는 안 된다는 인식이 확산됐습니다.

둘째, 언론사는 KBS, 연합뉴스처럼 정부가 지원하는 공영 언론사도 있지만, 대부분은 주식회사 형태의 민간기업입니다. 신문과 방송의 보도 활동은 뉴스와 정보를 알리는 언론 행위지만 동시에 수익성이나 특정 가치 확산 등을 추구하는 기업의 활동이기도 합니다. 민간 언론사의 취재보도 활동은 일반 기업이 자금을 조달해 영업 행위를 하고 수익을 내는 활동으로 볼 수도 있습니다. 또한 언론사마다 다양한 목적을 추구하며 활동합니다. 재벌이 돈을 대서 만든 언론은 기본적으로 재벌의 이익을 앞세우고, 장애인들이 만든 언론은 장애인을 위한 보도를 하며, 종교단체가 설립한 신문사는 해당 종교적 가치의 확산을 목적으로 언론 활동을 합니다. 언론사 보도 활동의 결과물은 뉴스와 논평이지만 이는 동시에 소비자가 구매하는 상품이기도 합니다. 소비자 선택과 언론사 간 경쟁에 의해 작동하는 시장 원리가 언론 영역에도 적용되기 때문에 인위적으로 시장 질서에 영향을 끼치려는 행위는 대개 실패합니다.

셋째, 언론이 만들어내는 최종 결과물이자 영향력의 바탕인 힘은 뉴스 보도인데, 언론사의 잘못된 보도 또는 악의적 왜곡 보도라고 해도 규제하거나 처벌하기는 매우 어렵습니다. 사진과 영상을 포함하기도 하지만 언론 보도는 기본적으로 말과 글로 이뤄집니다. 말과 글에는 사람의 생각과 의도가 다양한 형태로 담기는데, 이를 규제와 처벌의 대상으로 삼는 것은 위험한 일입니다. 언론이 악의적 의도로 사실을 왜곡해 보도한다는 사실이 아무리 '심정적으로' 명확해 보여도, 법적으로 처벌하기는 곤란한 경우가 많습니다. 논평을 하고 기사를 쓰는 사람이 정보를 왜곡해서, 하고 싶은 말은 다 하면서 교묘하게 법적 책임을 피해 가는 경우가 흔하기 때문입니다. 글이 갖는 이러한 미묘함은 문학작품이 사람 마음을 움직이는 마술적 매력이기도 합니다. 또한 무엇이 진실인지를 말과 글로 정확하게 밝혀내어 전달하는 것 자체가 불가능한 상황이 적지 않습니다. 3장에서 살펴본 존 스튜어트 밀의 지적처럼, 한때 거짓으로 여겨진 것이 세월이 지난 뒤 진실이라고 밝혀진 사례도 많습니다. 이는 가짜 뉴스의 폐해가 심각해도 이를 법으로 처벌하기가 쉽지 않은 까닭이기도 합니다.

언론, 상상의 공동체를 세우다

언론이 스스로 권력화하는 문제를 법과 제도로 바로잡기 어렵다면 어떻게 고쳐 쓸 수 있을까요? 무엇보다 언론이 왜 권력화하는지를 이해하는 게 우선입니다.

공동체의 공적 업무를 맡아서 처리하도록 공무원, 정치인을 뽑았는데 공직 자체가 권력화해서 특권을 누리는 경우와 언론의 사례도 유사합니다. 종교나 교육체제도 비슷합니다. 삶에서 반드시 필요하기 때문에 제도화하고 지속가능한 구조를 만들면 또 하나의 새로운 권력으로 변질돼 부작용을 발생시킵니다. 언론도 마찬가지입니다. 공적인 직무와 기능에 주어진 특권이 그 자리에 앉은 사람이나 특정인을 위한 권력과 이권의 도구가 되는 경향 때문입니다. 19세기 영국의 역사가이자 정치가인 존 달버그 액튼John Dalberg-Acton이 "모든 권력은 부패하기 쉽다. 절대권력은 절대적으로 부패한다"라고 말한 대로입니다. 하지만 권력화의 부작용이 있다고 해서 정치와 행정, 종교, 교육 등의 시스템을 없애지는 않습니다. 순기능을 최대한 키우고 역기능을 다스리기 위해서는 그 구조와 기능을 알아야 합니다.

언론이 특권화하는 이유는 무엇보다 언론이 그 자체로 강력한 힘이기 때문입니다. 더 강력한 힘을 소유하려는 것은 인간 본능입니다. 민주주의 사회는 시민들에 의해 다스려지는 사회인데, 주권자인 시민은 여론에 따라 움직입니다. 여론을 형성하는 힘이라는 점에서 언론은 사회에서 무엇보다 강력한 힘입니다. 국회의원을 선출하는 것도, 누군가를 대통령으로 만드는 힘도 여론입니다. 과거 절대왕정기 최고 권력자인 왕과 영주의 힘이 물리적 군사력에 있었다면, 민주주의 시민사회에서는 여론이 그 힘을 갖고 있습니다. 사실 근대 이전에도 말과 글은 개인과 집단을 움직이는 거대한 힘으로 작용했습니다. 권력이 출판물과 인쇄물을 검열하고 허가한 배경입니다.

이스라엘의 역사학자 유발 하라리Yuval Harari는 베스트셀러 《사피엔스》에서 인간이 지구 생태계의 최종 승자가 된 배경으로 "허구를 만들어내는 힘"을 강조합니다. 호모 사피엔스는 개인으로는 약한 존재이지만 집단으로서는 어떤 생명체보다 강력합니다. 다른 생명체와 달리 인간은 엄청나게 큰 무리를 형성할 수 있고 일사분란하게 움직이는 특성이 있는데, 이것이 바로 인간의 힘이라고 하라리는 말합니다. 인간만이 특정한 목표를 위해 정교한 소통과 협력, 실행을 하는 능력을 갖추고 있기 때문에, 생태계 최고의 지배자가 될 수 있었다는 이야기입니다. 하라리는 사람이 조상, 민족, 국가, 종교 등 인류 스스로 만들어낸 "허구의 개념"을 받아들여 그대로 믿고 행동하는 존재라고 말합니다. 미국의 역사학자 베네딕트 앤더슨Benedict Anderson이 민족을 "상상의 공동체"라고 개념화한 것과 비슷한 설명입니다. 사람은 개인마다 고유한 성향과 가치를 갖고 있지만 상상의 공동체는 공통의 신념과 가치체계에 따라 움직이는 존재입니다. 과거에는 허구의 개념 또는 상상의 공동체가 민족, 국가, 종교적 내세, 인륜, 도덕과 같은 개념이었습니다. 현대 사회에서는 언론이 날마다 만들어내는 이미지와 여론이 상상의 공동체입니다. 언론이 날마다 보도하는 뉴스와 의견이 우리 사회 구성원들이 공유하는 '한국 사회의 모습'이 되고 여론이 됩니다. 공동체 구성원들의 인식을 좌우하게 만든다는 것은 행동의 준거가 되는 신념과 가치체계를 형성하는, 실로 엄청난 힘입니다.

경영 어려워도 언론사 수는 계속 는다

특정 집단이나 개인이 언론을 좌지우지하는 힘을 갖게 되어 권력이 되면, 자연히 그 권력을 자신을 위해 사용하는 특권이 됩니다. 언론 권력이 사적 권력이 되는 이유입니다. 이는 현실에서 다양한 형태로 나타납니다. 특권을 누리기 위해서 언론사를 설립해 운영하고, 그 힘을 이용해 또 다른 권력과 이권을 획득하려는 개인과 집단이 적지 않습니다. 모든 언론사가 사적 이익과 특권을 누리려고 설립되는 것은 아닙니다. 진실 보도와 건강한 여론 형성을 위해 설립하는 언론사들도 있습니다. 하지만 우리나라에서 언론사 설립은 자유롭기 때문에 진실 보도를 표방하면서 속셈은 정반대인 언론사들도 얼마든지 설립될 수 있습니다.

우리나라에 언론사와 언론인은 얼마나 될까요? 생각보다 훨씬 많습니다. 통계청 자료에 따르면, 2018년 12월 말 기준 문화체육관광부와 각 시·도에 등록된 정기간행물(언론매체) 수는 2만 630개입니다. 2017년의 1만 9504곳에 비해 1년 새 1126개 정기간행물이 늘어났습니다. 통신사를 제외하면, 일간매체가 708종, 주간 3383종, 월간 4997종, 인터넷신문 8171종입니다. 종이신문을 읽는 독자는 점점 줄어들고 있으며, 지상파 방송 시청률도 지속적으로 하락하고 있습니다. 과거 저녁 9시면 대부분의 사람이 텔레비전 뉴스를 시청했지만, 지금 TV 뉴스 시청률은 크게 떨어졌습니다. 언론사들은 독자와 시청자 수가 줄어들어 수익성이 나빠지고 있습니다. 그런데도 망하는 언론사는 찾아보기 힘듭니다. 등록 매체수 증가 통계가 말해주듯 언론사 숫자와 언론 종사자들은 늘어가고 있습니다.

구독률과 시청률이 줄어들어 언론사 경영이 어려운데도 왜 언론사들이 망하기는커녕 오히려 숫자가 늘어나는 것일까요? 한국 사회의 언론 현실을 말해주는 역설적 장면입니다. 이는 한국의 많은 언론사들이 취재와 보도라는 언론 고유의 활동으로 운영되는 게 아니라, 다른 목적을 위해 설립되고 굴러간다는 것을 말해줍니다. 언론사를 통해 누릴 수 있는 사적 권력을 얻기 위한 목적인 경우가 대부분입니다. 인터넷 언론사들 중에는 설립한 뒤 사리가 잡히면 굳이 종이신문을 발행하기도 합니다. 현재도 신문 구독률은 계속 떨어지고 있는 추세이기 때문에 새로 발간된 지명도 낮은 신문이 독자들의 선택을 받아 팔리거나 읽히는 경우는 거의 없습니다. 종이신문의 현재와 미래가 암울한 상황에서 사실상 아무도 읽지 않는 신문이 계속해서 창간되고 인쇄되고 있습니다. 인쇄해도 구독자가 거의 없기 때문에 배달도 이뤄지지 않고 곧바로 폐지 처리장으로 직행하는 신문도 많습니다. 방문자가 거의 없어 광고 수익이 발생하지 않는 수많은 인터넷 언론도 줄어들지 않고 늘어나기만 합니다.

경제 원리 측면에서 이해되지 않는 현상이 왜 유지될까요? 그

것은 언론사 설립과 운영이 경제 원리만으로 이뤄지지 않는다는 것을 의미합니다. 언론사를 설립해 운영한다는 것이 실질적으로 돈이 되고, 유무형의 이익을 가져오기 때문입니다.

인터넷 시대엔 윤전기와 방송제작 시스템 없이도 적은 자본과 규모로 언론사를 설립할 수 있게 되어 무수한 언론사가 생겨났습니다. 훌륭한 취재와 보도를 하는 작은 언론들도 있지만 많은 언론사는 언론을 사적 이익과 권력을 획득하기 위한 도구로 사용하고 있습니다. 독자와 사회를 위한 취재보도 활동을 한다고 내세우지만 실제로는 언론의 특권을 이용해 유명인이나 기업, 공공기관 등 사회적 이미지가 중요한 대상의 약점을 취재하고서 그것을 보도한다고 상대를 '협박'해 광고 게재를 요구하는 '거래'를 통해 생존하는 언론사가 적지 않습니다. 구독자 없는 종이신문을 인터넷 언론사가 굳이 발행하는 이유도, 인터넷보다 종이에 인쇄된 형태의 기사가 광고 영업에 도움이 되기 때문입니다.

광고와 같은 경제적 수익보다 자신을 보호할 방패로 삼기 위해 언론사를 운영하는 사례도 많습니다. 전국의 광역시·도마다 해당 지역의 소식을 주로 보도하는 지역 기반의 일간신문, 인터넷 언론을 비롯해 다수의 지역언론이 있습니다. 그런데 특이하게도 지역 일간신문의 모기업은 주로 해당 지역의 유력 건설회사인 경우가 많습니다. 왜 각 지역의 건설회사들이 공통적으로 해당 지역에서 신문사를 경영할까요? 권력의 필요성 때문입니다. 건설회사는 토목공사와 도로 건설, 아파트 분양 등을 수행하는 특성상 정부로부터 많은 허가와 규제를 받아야 하고 수많은 민원 속에서 업무를 처리해야 합니다. 언론사를 소유한 건설기업인 경우에 일종의 무기를 갖고 있는 셈이기 때문에 행정기관이 함부로 대할 수 없고 특별한 관계가 형성됩니다. 각 지역의 토호 세력이 해당 지역의 권력기관장들, 언론사는 물론 조직폭력 세력과도 친밀한 관계를 형성하는 것과 유사합니다. 권력화한 세력들끼리 거대한 카르텔이 형성되는 까닭입니다. 권력 감시를 위한 도구인 언론이 또 하나의 권력이 되는 배경입니다.

권력화한 언론, 사회의 흉기가 되다

권력화한 언론이 문제가 되는 이유는 다른 차원의 권력 남용과 달리, 사회 구성원들의 생각과 여론에 영향을 끼치기 때문입니다. 영향력이 크면 그로 인한 부작용과 악용 피해도 비례하지요. 여론이 민주주의 사회의 가장 큰 힘이라는 점은 잘못된 언론, 권력화한 언론이 여론과 사람들의 생각에 끼치는 악영향 또한 크다는 의미입니다. 언론이 전달하는 정보와 주장을 바탕으로 여론이 만들어진다는 점에서 언론은 대기나 식수원과 유사합니다. 언론이 깨끗하지 않으면, 여론은 오염되고 사회는 건강성을 잃게 됩니다.

돈벌이가 주목적인 상업적 언론은 상대적으로 폐해가 크지 않습니다. 돈이라는 목적이 분명하기 때문에 이용자에게 언론의 상업적 의도가 비교적 잘 드러나니까요. 유명인의 사생활을 파헤치는 파파라치 보도, 실시간 인기검색어와 선정적 제목으로 독자를 유혹하는 기사 등이 대표적입니다.

진짜 위험하고 해악이 큰 언론은 사실이 아닌 것을 사실처럼 포장해 보도하고 자신들과 특정 집단의 이해를 마치 공동체의 주요한 의제처럼 여기게 만듭니다. 이는 언론의 왜곡 보도로 나타납니다. 언론은 불편부당을 내걸고 사실 보도를 표방하지만, 인간 인식은 백퍼센트 완벽하지도, 객관적이지도 않습니다. 서 있는 위치와 보는 관점에 따라서 동일한 대상도 다르게 보일 수밖에 없기 때문에 표현의 자유와 언론의 다양성이 인정됩니다. 예를 들어, 최저임금 인상이나 노동시간 단축 문제는 언론이 재벌과 기업 편이냐, 아니면 노동자와 급여 생활자의 편이냐에 따라서 다르게 보이고 해석되는 문제입니다. 사회가 건강하기 위해서는 어느 한쪽의 입장과 관점이 지배하는 게 아니라 다양한 관점과 해석이 동시에 존재해야 합니다. 그런데 사실을 근거로 한 관점과 해석의 차이를 넘어서 언론이 특정 집단과 결탁하거나, 사실 자체를 왜곡·조작하고 부분을 전체인 것처럼 침소봉대 과장한다면 언론은 사회의 흉기가 됩니다. 이 경우 언론은 언론 자유를 앞세우지만 실제로는 사적 이해를 위해 작동하기 때문입니다. 언론이 교묘하게 사실을 비틀어 보도하는 경우, 파파라치 언론처럼 그 폐해와 잘못이 직접적으로 드러나지 않아 더욱 위험합니다.

2. 권력화한 언론의 '나쁜 보도'

조작과 왜곡 보도

2003년 미국을 대표하는 신문 〈뉴욕타임스〉에서 제이슨 블레어 Jayson Blair라는 기자가 써온 기사들 중 상당수가 조작 보도라는 게 밝혀졌습니다. 블레어 기자가 현장에 가지도 않고 취재하지도 않은 허구의 인물을 등장시켜 마치 현장에 가서 인터뷰를 한 것처럼 생생하게 기사를 써왔다는 사실이 들통난 것입니다. 정확성과 사실 보도로 이름난 세계적 권위지 〈뉴욕타임스〉는 명성과 신뢰도에 치명적 손상을 입고, 사과를 하고 관련자를 문책했습니다.

없는 사실을 기자가 연출해 놓고 사실이라며 보도하는 사례도 드물지 않습니다. 1989년 4월 20일 일본 〈아사히신문〉은 1면에 오키나와 바닷속 거대한 산호초에 누군가 낙서를 해놓았다는 사진을 실어 일본 전역에 큰 반향을 일으켰습니다. 그런데 이 산호초 사진은 사진기자가 촬영을 위해 산호초를 훼손하며 낙서를 한 것이라는 사실이 밝혀져 기자가 파면되고 사장이 물러나는 일이 있었습니다. 미국산 소고기 수입으로 논란이 일던 2008년 7월 5일, 〈중앙일보〉는 사회면에 범국민적 반대 운동과 달리 미국산 소고기를 파는 식당에 손님들이 몰려 '값싼 미국산 소고기'를 즐기고 있다는 사진을 보도했습니다. 그런데 사진에서 고기를 굽는 손님은 〈중앙일보〉 취재기자였습니다. 신문사는 연출한 사진이라는 게 들통나 사과 보도를 해야 했습니다.

2018년 최저임금 인상과 주당 노동시간 52시간제 시행으로 기업계와 노동계 간 논쟁이 격화되며 다양한 관점의 보도가 쏟아졌습니다. 〈한국경제〉 신문은 단기간에 두 차례의 사실상 조작 보도를 내보내 신뢰도를 추락시켰습니다. 2018년 8월 24일에는 웹사이트에 "'최저임금 부담' 식당서 해고된 50대 여성 숨져"라는 기사를 실어, 정부의 최저임금 인상 정책을 비판했습니다. 야당 국회의원들은 이 기사를 여러 차례 언급하며 최저임금 인상 정책의 비난 근거로 들었습니다. 그런데 경찰 확인 결과, 기사에서 묘사한 그런 사실이 없었음이 확인됐고 〈한국경제〉 신문은 기사를 삭제했습니다.

한국경제 문화 2018년 10월 25일 목요일 A 31

제작비 100억 이상 大作 잇단 참패 … 영화계 '충격'

'안시성' '명당' '협상' '물괴' 흥행성적 분석해보니 …

대작 4편의 성적표

524만명 찾은 '안시성'만 흑자
'물괴' 배출, 손익분기점 70% 미달
'명당' '협상'도 20~30% 모자라

흥행참패 이유는

짧아진 추석연휴 – 관객수 10%↓
대작 영화는 예년의 3배 쏟아져
제작비 급등에 수익성 더욱 악화

"번역인재 육성 2년제 아카데미 대학원 학위과정으로 개편해야"

김사인 한국문학번역원장

〈한국경제〉 신문 2018년 10월 25일 31면에 실린 기사. 주당 노동시간 52시간제 시행이 영화계에도 파장을 일으켰다는 골자의 이 기사 내용은 독자들의 지적으로 사실 무근임이 드러났고, 해당 신문사는 문제 부분을 인터넷에서 수정하고 삭제했다.

〈한국경제〉 신문은 두 달 뒤인 2018년 10월 25일에는 "제작비 100억 이상 대작 잇단 참패… 영화계 '충격'"이라는 기사를 크게 보도했습니다. 그리고 "흥행 참패 이유는 '52시간제'로 하루 8시간 촬영, 배우·스태프 인건비 크게 올라"라는 소제목을 달았습니다. 그리고 "주 52시간 근로제가 시행되면서 촬영 시간을 하루 8시간 이내로 맞추려다 보니 촬영일 수가 크게 늘었다"는 익명의 제작사 관계자 말을 인용했습니다. 그런데 기사에서 제작비 상승으로 참패한 영화라고 명시한 〈물괴〉는 2017년 1월, 〈명당〉과 〈안시성〉은 각각 2018년 1월과 2월에 촬영이 끝난 영화라는 게 밝혀졌습니다. 주 52시간 근무제는 2018년 7월부터 시행되기 시작했는데, 제도 시행 한참 전에 촬영과 제작이 마무리된 영화들이었던 것입니다. 기사에서 예로 든 영화들의 흥행 참패와 주 52시간 근무는 관계가 없다는 게 이내 밝혀졌습니다. 주 52시간 근무제를 공격하기 위해 사실 관계를 왜곡한 기사라는 게 댓글에서 독자들의 지적으로 드러났고, 결국 〈한국경제〉 신문은 기사에서 문제 된 부분을 인터넷에서 삭제하고 수정했습니다. 전국경제인연합회(이하 '전경련') 소속 재벌 기업들이 대주주인 경제신문이 주 52시간 근무제와 최저임금 인상을 비난하기 위해, 사실을 조작해 왜곡 보도를 한 사례입니다.

위 사례처럼 사실 왜곡이 명백하게 드러나 기사를 삭제하고 사과한 경우도 있지만, 조작과 왜곡 보도가 의심스러워도 그 실체가 규명되지 않고 어물쩍 넘어가는 경우가 훨씬 많습니다. 이런 보도의 특징은 사실 확인의 어려움이나 제작상의 실수 때문에 생겨난 오보와는 본질적으로 구별됩니다. 기자와 언론사가 특정한 메시지의 기사를 만들기 위해 고의적으로 없는 사실을 조작해 보도했기 때문입니다.

익명 취재원과 "~라고 알려졌다" 보도

위 기사에서처럼 왜곡 보도는 기사의 핵심 근거가 되는 발언이나 증언을 하는 사람을 익명으로 처리하는 게 특징입니다. 기사에서 발언을 인용하면서도 누가 그렇게 말했는지 밝히지 않고, 취재원을 "익명의 관계자", "정치권 소식통", "한 관계자"로 처리하는 경향을 보이지요. 그러면 취재원 발언에 대한 진실성이 문제가 되고 논란이 제기되어도 그의 신원이 드러나지 않아 사실 여부를 밝혀내기 어렵습니다. 언론에는 취재원 보호의 의무가 있습니다. 내부 고발자나 제보자가 언론에 비리를 고발하거나 제보할 때 신원이 드러난다면, 언론은 취재보도 활동을 유지하기 불가능해집니다. 그렇기 때문에 언론사는 취재원의 익명 요청을 적극적으로 받아들이고, 많은 기사에 이름과 직책을 밝히지 않는 취재원들이 등장합니다. 수사 대상인 범죄 용의자가 언론사 취재에 응해도 언론사는 취재원을 끝까지 보호합니다. 미국 등에서는 경찰이나 법원이 수사와 재판에 필요하다는 이유로 기자에게 취재원 신원을 밝히라고 명령해도, '취재원 보호'를 내세워 끝까지 거부하다가 기자가 투옥되는 경우도 드물지 않게 일어납니다. 언론 자유를 지키기 위한 노력입니다.

신원 공개에 대한 걱정 없이 취재원이 자유롭게 제보와 증언을 할 수 있게 한 익명 보도가 우리나라에서는 언론의 왜곡 보도에 악용되는 현실입니다. 또 하나, 국내 언론의 병폐에는 구체적으로 출처와 근거를 밝히지 않은 채 "~라고 알려졌다"라고 보도하는 관행이 있습니다. 정확한 인용 없이 다른 매체의 보도 내용을 인용할 때, 또는 자체적인 취재와 근거 없이 특정한 사실이나 의견을 공식화하거나 전제하는 관행입니다. 주어와 행동의 주체 없이 피동형으로 서술한다는 점에서 '무주체 술어' 문장이라고 말합니다. 기사는 사실을 근거로 하고 기자가 직접 취재하지 않은 내용은 분명하게 출처를 밝혀야 하는데, 무주체 술어와 피동형 문장은 이를 무시하는 무책임한 형태입니다. 사건의 전망을 보도할 때에도 실명을 밝힌 전문가를 인용해야 하는데, "~할 것으로 전망된다", "~로 관측된다"라고 표현하는 기사를 흔하게 봅니다. 전문가를 취재해서 그 내용을 보도하는 기사가 아니라, 기자와 해당 언론사의 희망사항과 추측을 무주체 술어 피동형 문장에 담아 전달하는 글입니다.

따옴표 저널리즘

한국 언론의 가장 선정적 보도 행태는 "알고 보니…", "충격!", "허걱", "아찔한 반전" 같은 용어를 남발하는 연예·스포츠 기사가 아닙니다. 이런 저질 기사는 선정성이 한눈에 파악되기 때문입니다. 그보다 더 선정적인 보도는 주요 일간신문이나 방송이 유명인의 발언과 주장을 겹따옴표("")로 처리한 제목으로 다룬 기사입니다. 정치인이나 유명인의 발언을 거두절미하고 가장 선정적이고 충격적인 한두 마디만 가져와 제목에서 인용부호로 처리하는 방식의 보도입니다. 언론은 복잡한 사실을 취사선택을 통해 몇 개의 문장으로 요약한 기사로 만들고, 기사를 10자 안팎의 제목으로 다시 축약합니다. 독자 대부분은 제목만 읽고, 기사에 대한 인상을 갖게 됩니다.

취재원의 발언을 제목에서 인용해 보도하는 행위를 언론계에서는 '따옴표 저널리즘'이라고 부릅니다. 따옴표 저널리즘은 취재원의 발언을 인용하기 때문에, 없는 일을 조작하는 것은 아니고 실제 일어난 일을 전달하는 사실 보도처럼 보입니다. 누군가의 말을 앞뒤 자르고 발언 상황과 맥락에 대한 고려 없이 "○○가 이렇게 말했다"라고 전달하는 방식은 날마다 방송과 신문에서 흔하게 만나는 보도 형태입니다. 하지만 이러한 따옴표 저널리즘은 제대로 된 언론 보도가 아닙니다. 왜냐하면 언론은 단순히 누군가의 말을 증폭시켜 많은 사람에게 전달하는 확성기가 아니기 때문입니다. 누군가의 발언을 보도할 때, 그 발언이 보도할 만한 가치와 중요성이 있는지를 고려하고, 또 발언 내용이 사실에 부합하는지 검증하고 평가해서 전달하는 게 언론의 역할이기 때문입니다. 세계적으로 권위 있는 언론매체에서는 누군가의 발언을 그대로 제목으로 삼는 따옴표 저널리즘을 거의 볼 수 없습니다.

2016년 한국 10대 일간신문과 〈뉴욕타임스〉를 놓고 제목에 따옴표를 사용하는 비중을 조사해 보니, 한국 10대 일간신문은 59.1퍼센트, 〈뉴욕타임스〉는 2.8퍼센트로 나타났습니다.• 같은 기간 영국의 〈더 타임스〉는 따옴표 제목이 하나도 없는 0퍼센트였습니다. 퀄리티 저널리즘quality journalism의 기본 조건의 하나는 제목에 인용부호를 사용하지 않는다는 겁니다. 〈뉴욕타임스〉 편집지침엔 "제목에 따옴표를 사용하지 않는다"는 내용이 포함돼 있습니다.

따옴표 제목의 문제는 크게 네 가지입니다. 첫째, 제목에 달린 따옴표는 독자로 하여금 기사 내용에 대해 의문을 갖게 만듭니다. 따옴표 안의 내용은 기자가 판단을 유보했다는 신호를 주기 때문입니다. 둘째, 따옴표 제목은 취재기자와 언론사의 책임회피 행위입니다. 기자는 미확인 루머를 "카더라" 통신으로 전달하는 게 아니라 사실 여부를 확인하고 검증해 보도하는 게 임무입니다. 셋째, 독자의 눈길을 끌어 페이지뷰를 올리려는 선정적이고 상업적인 욕구에서 비롯합니다. 선정적 발언일수록, 망언일수록 크게 보도하게 되지요. 넷째, 누군가의 말과 글을 일방적으로 또 부분적으로 보도함으로써 정확성과 공정성을 훼손하는 보도가 됩니다. 선정적이고 일방적 발언을 크게 보도하면서 다른 견해를

• 이재경, "제목 인용부호 사용의 현주소", 《신문과방송》 2019년 6월호.

배제하고 사안을 단순화시켜, 문제의 본질을 감추고 갈등을 조장하는 보도가 됩니다.

언론이 누군가의 발언 내용과 중요성에 대해 검증 없이 전달하는 따옴표 저널리즘 행위는 선거 기간이나 정치적 공방이 치열할 때 정치인들의 저질 폭로를 부추기는 환경이 됩니다. 대표적인 게 미국의 '매카시즘 광풍'입니다. 1950년 선거를 앞둔 미 의회 상원 의원 조지프 매카시Joseph McCarthy가 "미국 국무부에 공산당원이 205명이며, 내가 명단을 갖고 있다"라는 충격적인 발언을 했습니다. 언론은 사실 확인을 하지 않은 채 매카시 의원의 발언 내용을 그대로 기사화했고, 그러자 '마녀사냥'이 일어나 많은 사람이 일자리를 잃는 등 사회적 혼란이 이어졌습니다. 나중에 매카시 의원의 주장에는 아무런 근거가 없었음이 드러났고, 미국 언론은 따옴표 저널리즘에 대한 깊은 반성을 하게 됩니다.

자극적이고 충격적 발언이 언론에 크게 보도되는 현실은 언론의 주목을 받고 유권자들에게 강한 인상을 남기는 게 주목적인 정치인들의 '아니면 말고' 폭로를 부추기게 됩니다. 더욱이 국회의원이 면책특권을 이용해 국회에서 정확한 근거 없이 주장한 자극적 발언을 언론이 검증하지 않고 받아쓰는 행위는 한국 정치를 후진시키는 환경을 만듭니다. 2002년 대선 때 병역브로커 '김대업 거짓 폭로 사건', 2012년 대선 때 '노무현 대통령 NLL 포기 발언' 등이 대표적입니다. 모두 사실이 아닌 것으로 밝혀졌지만, 정치인의 폭로 발언을 검증 없이 전달한 언론에 의해 갈등은 증폭됐고 이로 인해 치른 사회적 비용은 컸습니다.

막말을 일삼는 정치지도자의 발언이 언론을 통해 여과 없이 전달되는 현상은 바로잡히기는커녕, 오히려 점점 늘어나고 있습니다. 한국 언론의 따옴표 저널리즘이 증가 추세라는 것은 자료를 통해 드러납니다. 1992~2012년 사이 네 번의 대통령선거 기간 중 3대 지상파 방송의 저녁 뉴스를 분석한 결과, 인용형 제목 사용이 갈수록 늘어나고 있는 것으로 확인됐습니다.• 1992년과 1997년 대선 때만 해도 따옴표 제목이 10퍼센트 미만이었지만, 2002년 대선 때 약 30퍼센트로 늘어나더니 2012년 대선 때는 81.3퍼센트로 급증했습니다.

언론이 정치인 막말을 검증 없이 받아써서 전파하는 이유는 그 막말이 해당 언론사와 지지세력의 이해에 도움이 된다고 여기기 때문입니다. 그런데 언론의 역할은 막말이나 홍보자료의 단순 전달자나 기록자가 아니라, 시시비비를 가려서 '보도할 만한 가치가 있는 뉴스'로 만들어 공정하게 전달하는 일입니다. 대법원 판례도 언론의 역할이 누군가의 발언을 그대로 전달하는 게 아니라 자체적으로 확인하고 검증해 보도하는 일이라고 판시하고 있습니다. 1998년 대법원 판결에서는, 검찰에서 나온 이야기를 보도했

• 배정근, "직접 인용제목의 폐해", 《신문과방송》 2019년 8월호.

지만 오보로 드러난 기사와 관련해 이를 보도한 신문사에 배상 책임이 있다는 결론을 내렸습니다. 당시 〈문화일보〉는 "26세의 유명 모델 진 모 씨가 성접대 혐의로 수사받고 있다"라는 검사의 말을 보도했으나 오보로 밝혀졌습니다. 이와 관련한 소송에서 언론은 수사 당국으로부터 입수한 정보라고 해도 별도의 확인과 검증 노력을 기울여 보도할 때에만 오보의 경우에 면책될 수 있다는 판례가 만들어졌습니다.

내가 하면 로맨스, 남이 하면 불륜

언론의 품질과 공정성이 잘 드러나는 때는 같은 대상이나 사안을 얼마나 일관되게 보도하느냐입니다. 이중잣대를 들이대는 언론은 독자와 사회의 신뢰를 얻을 수 없습니다.

문재인 정부 시기 남북관계 진전에 대한 보수언론의 보도 태도는 직전의 박근혜 정부 시기와 정반대로 달라집니다. 문재인 정부 들어 잇단 남북 정상회담 등으로 군사적 대치와 긴장이 평화 모드로 바뀌고 통일에 대한 기대가 높아지자, 이에 대한 보수언론의 비판도 거세졌습니다. 그런데 박근혜 대통령 시절 "통일은 대박"이라는 정부정책 기조에 맞춰, 남북관계 개선과 통일에 대해 긍정적 보도를 쏟아내던 보수언론들이 문재인 대통령 시기 실제로 남북관계가 개선되자 정반대의 비판을 쏟아냈습니다. 대표적인 것이 〈조선일보〉의 '통일이 미래다' 시리즈와 범국민 모금 캠페인입니다.

〈조선일보〉는 박근혜 정부 시절인 2014년 신년기획으로 '통일이 미래다'를 야심차게 제시했습니다. 1월 1일 1면에 머리기사로 "南北 하나될 때, 동아시아 번영의 미래 열린다"라는 기획기사를 싣고, "통일이야말로 일제의 완전한 청산이며, 통일이 다가올 때 비로소 우리 사회의 첨예한 갈등들은 잦아들 것"이라는 기획 의도를 밝혔습니다. 〈조선일보〉 '통일이 미래다' 시리즈가 시작되고 5일 뒤 박근혜 대통령은 2014년 초 신년회견에서 〈조선일보〉의 어젠다를 복사한 듯, "통일은 대박"이라고 외쳤습니다. 〈조선일보〉는 2014년에만 신년기획기사 243건을 쏟아내고, 2015년에도 통일기획을 이어갔습니다. 〈조선일보〉는 통일을 대비하자며 재단법인 '통일과 나눔'을 출범하고 범국민모금과 기업체 참여 캠페인을 벌여 3000억 원이 넘는 기금을 모았습니다. 다음은 2014년 〈조선일보〉의 신년기획 '통일이 미래다' 보도의 일부 내용입니다.

"南北 통합 땐 대륙과 연결된 6000조원 자원강국"(2014.1. 2. 4면)

"통일비용 겁내지만… 혜택이 倍 크다"(2014. 1. 6. 1면)

"北 관광시설 4조 투자하면 年 40조 번다"(2014. 1. 14. 1면)

"통일 땐 5000㎞ 세계 최대 산업벨트 탄생할 듯"(2014. 1. 24. 5면)

〈조선일보〉 '통일이 미래다' 기획은 남북통일로 예상되는 경제 효과를 긍정적으로 부각한 기사들이 많은데, 그중에서도 남북철도 연결에 대한 전망과 기대는 매우 컸습니다.

"서울~베이징 고속鐵로 4시간… 유럽까지 화물 수송시간 절반 단축"이라는 제목으로 〈조선일보〉 2014년 1월 8일 4면에 실린 기사에는 "中, 선양~단둥 고속철 건설 중… 경의선 고속철 깔면 연결가능/부산~모스크바 현재는 55일, 시베리아 철도로 가면 25일/美·日 등 태평양 연안국가와 대륙국가 연결하는 역할할 것"이라는 부제가 달렸습니다.

이날 〈조선일보〉는 1면에 "[통일이 미래다 5] 한반도 22만㎢ 리모델링 – 통일한국, 물류 허브 국가 된다"라는 기사를 싣고, 4면과 5면에 걸쳐 와이드 그래픽을 동원해 남북 물류연결과 경제협력의 효과를 긍정적으로 보도했습니다. "국토硏 "北 핵심 거점 9곳부터 우선 개발을"", "北 인프라 빨리 확충해야 경제 통합 순조로울 것", "유럽·아시아 사업가 7명, 투자 위해 다음달 訪北", "統獨 전부터 동독 인프라에 투자…통일 비용 줄이고 外資 불러들여", "통일땐 中·러 연결 '한반도 에너지網' 완성", "남북관계 개선되면 천연가스網 적극 투자" 등 여러 건의 기사가 이날 〈조선일보〉 지면에 실렸습니다.

박근혜 정부 때 통일과 남북 경제협력에 대해 이렇게 보도해 왔던 〈조선일보〉가 문재인 정부 시기인 2018년엔 180도 달라져, 남

서울~베이징 고속鐵로 4시간… 유럽까지 화물 수송시간 절반 단축

“統獨전부터 동독 인프라에 투자… 통일 비용 줄이고 外資 불러들여”

A4 2018년 10월 1일 월요일 외교 안보 조선일보

“北은 고도의 철도 현대화 요구… 고속철 건설땐 56兆”

사실상 北철도 신설… 토지수용·인건비 빼고도 막대한 재정 필요

野 “정부, 1년치 비용 추계만 내놔… 투명하게 설치비 공개해야”

JSA·철원 DMZ 일대 오늘부터 지뢰 제거

남북 첫 공동유해발굴

〈조선일보〉의 통일과 남북 경제협력에 대한 보도 태도는 어떤 정부 때인가에 따라 판이하게 다르다. 박근혜 정부 당시에는 남북관계 개선과 통일에 대해 긍정적 보도를 쏟아내며 남북철도 연결에 대해 긍정적이었으나(위, 2014년 1월 8일자 4~5면), 잇단 남북 정상회담 등으로 남북이 평화 모드가 된 문재인 정부 들어서는 남북철도 연결에 정반대 관점의 보도를 하였다(아래, 2018년 10월 1일자 4면).

북철도 연결에 대해 정반대 관점의 보도를 합니다. 과연 ‘동일한 신문인가’ 하는 의문이 들 정도입니다.

문재인 정부가 4.27 판문점 선언 합의 이행에 필요한 비용을 2019년 4712억 원으로 추산하자 〈조선일보〉는 “‘판문점 선언’ 수십조 비용 덮어둔 정부” 기사(2018년 9월 12일)를 실었습니다. 〈조

선일보〉는 박근혜 정부 시절 남북경협과 대북투자를 강조했지만, 문재인 정부의 4대그룹 총수들 남북정상회담 동행에 대해 "글로벌 기업 총수들이 북한에 사업하러 가겠나"라는 사설(2018년 9월 14일)을 게재해 "북한은 우리 기업이 자유롭게 사업할 수 있는 곳이 아니다. 오히려 언제 재산이 몰수당할지 모를 나라"라고 정반대 태도를 보였습니다.

극단적 상황을 가정한 '라면 칼럼'

신문에는 사실 보도 기사와 함께 주장과 의견을 담은 사설과 칼럼이 실립니다. 사실성을 갖춰야 하는 뉴스 기사와 달리 사설과 칼럼은 논평이기 때문에 글쓴이의 생각을 자유롭게 주장할 수 있는 게 특징입니다. 사설은 신문사 논설위원실의 공식 의견이고 칼럼은 개인 의견이지만 필자는 언론 경력이 오랜 중견기자이거나 외부 전문필진들입니다. 오피니언면 외부필자의 칼럼에 "이 글은 본지의 편집 방향과 일치하지 않을 수도 있습니다"라는 알림을 실은 언론사도 있습니다. 하지만 그 필자의 칼럼을 싣기로 선택한 것 역시 해당 언론사이기 때문에 결국 언론사의 결정이라는 게 중요합니다. 사설과 칼럼이 아무리 표현의 자유 영역이라고 해도, 수많은 사람이 읽는 지면은 '아무 말 대잔치' 자리가 아닙니다. 상대를 날카롭게 비판하려면 비판의 근거와 논리가 더 확실하고 정교해야 하는 법입니다. 하지만 이따금 막말에 가까운 칼럼이나 사설이 실리는 경우도 있습니다.

칼럼은 글쓴이와 언론사에 따라 천차만별이지만, 그중에서도 특히 저질스러운 방법은 특정한 상황을 가정하고 상대를 공격하는 글쓰기입니다. 2017년 5월 9일 제19대 대통령 선거를 한 달 앞둔 시점에 〈중앙일보〉에 실린 논설위원 칼럼이 대표적입니다.

> 이건 그냥 상상이다. 현실에선 결코 일어나지 않을 일이다.
> 2017년 5월 15일. 아침부터 시장은 형편없이 망가지고 있었다. 주가(KOSPI)는 1000 밑으로 주저앉았고 원화 값은 날러낭 2000원을 훌쩍 넘겼다. 사람들은 생수를 사 재고, 라면을 박스째 챙기느라 마트로 몰려들었다. '대북 폭격설, 오늘 미국이 북한을 때린다.' 전쟁의 공포가 이날 한반도를 지배하기 시작했다. (중략)
> 문재인은 즉시 국가안보회의를 소집했다. 북폭이 이뤄지면 즉시 북한의 장사정포가 남한을 향해 불을 뿜을 것이었다. 어떻게 해야 하나. 김관진은 단호했다. '즉각 대응 사격, 지휘부까지 처절하게 응징해야 합니다. 그게 연평도 사태 이후 군의 지침입니다.' 문재인은 "그럴 순 없다. 대응 사격은 자제해야 한다"고 지시했다. 김관진은 즉시 사표를 던졌다. "군은 만에 하나를 준비하는 집단, 그 만에 하나의 순간에 침묵하라고 하면 존재 의의가 없다." 한민구 국방장관과 군

수뇌부도 동조했다. 나라는 절체절명으로 빠져들고 있는데, 문재인의 청와대는 어쩔 줄 모르고 그저 분노를 터뜨릴 뿐이었다. (하략)

〔이정재의 시시각각〕 한 달 후 대한민국(《중앙일보》 2017년 4월 13일자 34면)

2017년 4월 13일 목요일 중앙일보

한 달 후 대한민국

이정재의 시시각각 時視各角

전쟁의 공포가 지배할 때 리더가 흔들려선 안 된다

이건 그냥 상상이다. 현실에선 결코 일어나지 않을 일이다.

2017년 5월 15일. 아침부터 시장은 형편없이 망가지고 있었다. 주가(KOSPI)는 1000 밑으로 주저앉았고 원화 값은 달러당 2000원을 훌쩍 넘겼다. 사람들은 생수를 사 재고, 라면을 박스째 챙기느라 마트로 몰려들었다. '대북 폭격설, 오늘 미국이 북한을 때린다.' 전쟁의 공포가 이날 한반도를 지배하기 시작했다.

문재인 대통령은 급히 김관진 청와대 국가안보실장을 찾았다. 김관진은 박근혜 정부 사람이지만 아직 문재인은 국가안보실장을 교체할 시간이 없었다. 내각도 마찬가지, 새 정부 내각이 출범하려면 두세 달은 더 걸릴 터였다. 광화문 집무실도 완공되지 않아 문재인은 청와대를 임시 집무실로 사용 중이었다.

"미국이 북한을 폭격하기 전에 반드시 우리에게 통보하겠지요?" 김관진은 딱 잘랐다. "한 달 전부터 이런 말이 돌았습니다. 트럼프는 어떤 식으로든 북한을 때린다. '문재인이 되면 통보 없이 때리고, 안철수가 되면 통보하고 때리고, 홍준표가 되면 상의하고 때린다'라고."

에둘러 말했지만, 문재인이 그 말뜻을 못 알아들을 리 없다. 한 달 전 시리아 폭격 때는 미국이 한국에 알려줬다. 김관진은 허버트 맥매스터 백악관 국가안보보좌관과 20여 분 통화를 했다고 한다. 그러나 이번엔 안 할 수도 있다는 얘기다.

"다 나 때문이란 말이지, 좌파 대통령이라서." 간신히 38%의 득표로 대통령이 됐다. 미국의 북폭설로 홍준표에게 20%의 표가 몰리지 않았다면 지금 이 자리에서 웃고 있을 사람은 안철수였을지 모른다. 도널드 트럼프가 그에겐 일등공신인 셈이다. 하지만 취임 일주일이 다 되도록 트럼프의 축하 전화도 받지 못한 터다. 애초 대선 전 취임사에 '남북 대화, 북한 방문, 개성공단 재개'란 문구를 집어넣은 것이 화근이었다. 이런 말들이 트럼프를 자극했을 수 있다. "나는 빼고 싶었는데, 참모들이 우기는 통에…. 휴~. 나는 왜 그들의 말을 거절하지 못할까." 혼잣말을 되뇌며 문재인은 절로 쓴웃음을 지었다. 그렇다고 정말 북폭을? 가능성은 0.00001%지만 완전히 무시할 순 없었다.

문재인은 즉시 국가안보회의를 소집했다. 북폭이 이뤄지면 즉시 북한의 장사정포가 남한을 향해 불을 뿜을 것이었다. 어떻게 해야 하나. 김관진은 단호했다. '즉각 대응 사격, 지휘부까지 처절하게 응징해야 합니다. 그게 연평도 사태 이후 군의 지침입니다.' 문재인은 "그럴 순 없다. 대응 사격은 자제해야 한다"고 지시했다. 김관진은 즉시 사표를 던졌다. "군은 만에 하나를 준비하는 집단. 그 만에 하나의 순간에 침묵하라고 하면 존재 의의가 없다." 한민구 국방장관과 군 수뇌부도 동조했다. 나라는 절체절명으로 빠져들고 있는데, 문재인의 청와대는 어쩔 줄 모르고 그저 분노를 터뜨릴 뿐이었다. 누군지도 모를 상대를 향해.

다시 말하지만 이건 그저 상상이다. 하필 왜 문재인이냐고!? 그가 가장 유력한 대통령 후보라서다. 4월 전쟁설이 돌 만큼 한반도 상황이 위급하다. 문재인도 위급함을 안다. 요즘 들어 평소 소신을 조금 굽히고 안보로 한 발짝 우클릭했다. 하지만 그 우클릭이라는 게 "북한이 핵 도발을 계속하면 사드 배치를 강행하겠다"는 정도다. 최악의 상황을 가정한다면 한가한 대책일 뿐이다. 안철수라고 크게 다르지 않다. '햇볕정책의 신도' 박지원을 대입하면 답이 안 나온다. 하필 절체절명의 한반도에 문재인과 안철수, 안보 신뢰 자산이 가장 부족한 두 사람이 차기 대통령이 될 판이다.

남은 한 달, 이들이 어떤 해법을 내놓느냐에 따라 나라의 운명이 갈릴 것이다. 두루뭉실한 말 뒤에 숨어선 안 된다. 아예 두 사람이 끝장 토론을 벌여보라. 그래서 안보 이슈를 국가적 담론으로 끌어올려 보라. 그걸 보고 국민이 선택하도록 해야 한다. 한 달 후, 석 달 후, 일 년 후 무슨 일이 일어날 것이며 그때 내가 뽑을 그가 어떻게 행동할지 국민은 묻고 알아야 한다. 이번 투표야말로 정말 국가 존망이 내 손에 달린 것일 수 있다.

중앙일보 칼럼니스트

대통령 선거를 한 달 앞둔 시점에서 당선이 유력한 야당 후보가 실제로 대통령이 될 경우 일어날 수 있는 일을 '상상'이라고 전제한 뒤, 상황을 구체적으로 묘사하며 특정 대선후보의 무능력과 오판 때문에 국가의 안보와 경제 모든 것이 결딴나는 파국을 그리고 있습니다. 언론 지면을 통해 노골적인 선거운동을 한 겁니다. 신문윤리강령에는 '평론'에 대해 정치적 입장의 자유가 있지만 "진실을 근거로 의견을 공정하고 바르게 표명하되 균형과 절제를 잃지 말아야 하며 특히 고의적 편파와 왜곡을 경계해야 한다"라고 규정하고 있습니다. 사실에 근거해 주장을 펼쳐야 하는 게 사설과 칼럼인데, 언론인이 선거에 나선 특정 후보를 공격하기 위해 최악의 상황을 상상하고 글을 쓴다는 것은 범죄 행위에 가깝습니다. 2017년 5월 인터넷선거보도심의위원회와 선거기사심의위원회는 해당 칼럼에 대해 '경고' 제재를 내렸지만, 실효성은 없었습니다. 해당 논설위원은 그대로 자리를 유지한 채 칼럼을 계속 지면에 내보냈습니다.

예로 든 〈중앙일보〉 칼럼만이 아닙니다. 자신의 논지를 펼치기 위해 특정한 상황을 가정하고 글을 쓴 언론사 사설이나 칼럼이 드물지 않습니다. 주로 정부나 유력 정치인을 비판하기 위해 욕먹을 만한 상황을 "~라면"이라고 가정한 뒤 글을 써내려가는 천박한 행위입니다. 이런 글쓰기는 '라면 칼럼', '라면 사설'이라고 조롱받고 언론 신뢰도는 추락합니다.

특정 집단의 이익을 대변하는 편향 보도

표현의 자유가 보장되고 다양한 언론사가 존재하는 현실에서 언론사가 특정한 집단이나 계층을 지지하는 보도를 하는 것이 문제는 아닙니다. 노동자와 서민의 시각에서 보도하는 신문이 있는가 하면, 재벌과 대기업 등 부유층의 관점에서 보도하는 신문이 있는 게 자연스럽습니다. 다만 어느 경우에라도 사실을 지나치게 과장하거나 부풀려서, 일부 사실을 전체인 것처럼 보도하는 것은 왜곡 보도입니다. 구성원이 수만~수십만 명에 이르는 군대나 경찰 조직에서 한 사람의 잘못이나 일탈을 전체 구성원과 조직 차원의 범죄처럼 일반화해서 보도하는 것은 일종의 왜곡 보도입니다. 공격 대상을 비판하기 위해 관련 없는 사실을 가져다 원인인 것처럼 보도하는 행위도 드물지 않게 만날 수 있는 나쁜 보도입니다.

2018년 문재인 정부의 최저임금 인상을 둘러싸고 벌어진 기득권층의 반발과 보수 언론들의 보도는 많은 문제를 드러냈습니다.

〈동아일보〉는 2018년 12월 25일치 4면에 "30년 함께한 숙련기술자 내보내… 정부 눈귀 있는지 묻고 싶어"라는 제목의 기사를 머리기사로 주요하게 보도했습니다. 주된 내용은 최저임금이 2018년 7530원에서 2019년 8350원으로 인상됨에 따라, 영세 자영업자들의 어려움이 가중된다는 사연들입니다. 그중에는 제목으로 뽑힌 것처럼 최저임금 인상으로 인해 "30년 이상 된 숙련직원"들을 내보낼 수밖에 없다는 기업체 사장의 발언이 포함돼 있었습니다. 이 기사에 대한 포털 이용자들의 많은 댓글이 "30년 넘게 일한 숙련직 노동자에게도 최저임금조차 주지 않았다는 게 진짜 뉴스인데 황당한 기사"라는 반응을 보였습니다.

이틀 뒤인 2018년 12월 27일 〈중앙일보〉 1면에 8350원 최저임금 인상을 닷새 앞둔 서울시내 명동 일대의 상가를 취재한 기사가 실렸습니다. "명동상인 30명 중 29명 '(2019년 최저임금) 8350원 감

4 최저임금에 경제 신음 제30280호 2018년 12월 25일 화요일 동아일보

"30년 함께한 숙련기술자 내보내… 정부 눈귀 있는지 묻고 싶어"

봉제 등 영세 제조업체 폐업 도미노

'45년 봉제 외길' 50대 대표
"최저임금에 주휴수당도 넣는다니
메이드인코리아 자부심 포기"
'제화 1번지' 성수동 기반 붕괴직전

11월 제조업 취업자 9만여명 줄어
수십년 숙련기술자들 거리 내몰려
"영세업종 기준 차등적용 해달라"

최저임금 인상으로 영세 자영업자들의 어려움이 가중된다는 내용의 이 기사는 30년 넘게 일한 숙련직 노동자에게조차 최저임금을 지불하지 않는 진짜 문제점을 방기하고 있다.(〈동아일보〉 2018년 12월 25일자 4면)

당 못합니다'"라는 제목의 기사입니다. 명동, 종로3가 일대 식당, 편의점, 노래방 등 최저임금 적용 업장 30곳 중 29곳에서 "최저임금 감당 못한다"라고 했다는 내용입니다. 〈중앙일보〉는 "최근 몇 년 동안 임대료가 다락같이 오르고, 상권은 침체하면서 어려움을 겪었다. 그리고 올해 최저임금이 7530원으로 급격히 뛰면서 '직격탄'을 맞았다"라고 썼습니다. 하지만 임대료가 얼마나 올랐는지에 대한 언급과 지적은 없고, 오로지 최저임금 때문에 자영업

자들이 죽어간다는 내용으로만 보도했습니다. 그런데 최저임금이 해마다 몇백 원 단위로 오른 최근 몇 년 동안 명동·종로 등 핵심상권의 임대료는 몇천만 원씩 올랐습니다. 포털에 올라간 기사에는 순식간에 수천 개가 넘는 댓글이 달려, 명동상권에서 자영업이 어려움을 겪는 진짜 이유로 높은 임대료를 지적했습니다. 자영업이 어려움을 겪는 이유에는 젠트리피케이션이라는 용어가 생겨날 정도로 높은 임대료와 출점경쟁 심화, 경기 침체 등 여러 요

중앙일보

joongang.co.kr 2018년 12월 27일 목요일

명동상인 30명 중 29명 "8350원 감당 못합니다"

(2019년 최저임금)

최저임금 인상 D-5 자영업 현장

18명 "내년 또 오르는지 몰랐다"

"알바 내보내도 안 되면 폐업" 한숨

"숙련도 따라 최저임금 차등화를"

크리스마스 대목을 앞둔 지난 24일 오전 11시. 기자가 서울 중구 명동 한복판의 한 일본식 라면가게에 들어섰다. 사장 이모(63)씨가 직접 앞치마를 두르고 점심 손님 맞이 준비에 한창이었다. 육수를 우려낸 고기를 건져내 묵묵히 칼질을 하고 있는 그에게 "내년도 최저임금이 오르는 거 알고 계셨느냐"고 물었다.

"인건비야 매년 오른다지만…. 글쎄, 이번엔 또 얼마나 올려줘야 한답니까."

내년도 최저임금이 8350원이라고 하자 그는 한숨부터 내쉬었다. 14년 전 문을 연 그의 라면가게. 장사가 잘됐을 땐 점심·저녁을 가리지 않고 1층 7석, 2층 30석 자리가 꽉 찼다. 그와 직원 2명, 아르바이트 2명이 함께 일해도 모자랄 정도로 매출이 쏠쏠했다. 하지만 최근 몇 년 동안 임대료가 다락같이 오르고, 상권은 침체하면서 어려움을 겪었다. 그리고 올해 최저임금이 7530원으로 급격히 뛰면서 '직격탄'을 맞았다.

"최저임금이 오른 뒤 더 버티기 어렵더라고요. 직원 2명을 1명, 아르바이트생 2명을 1명으로 줄였죠. 모자란 건 이렇게 제가 먼저 나오고, 늦게 퇴근해서 채웁니다."

최저임금에 대한 그의 생각은 복잡했다. [illegible] 하지만 이제는 그 '여력'이 정말 없다"고 털어놓았다. 그는 최근 14년 만에 처음으로 저녁시간 2층 장사를 접었다.

최저임금 8350원. 가보지 않은 길이다. 어느새 5일 앞으로 성큼 다가왔다. 그런데 준비는 안 됐다. 중앙일보가 24~25일 서울 중구 명동, 종로3가 일대 식당·편의점·노래방 등 최저임금 적용 업종 30곳의 내년도 최저임금 준비실태를 긴급 점검한 결과 18곳(60%)이 "최저임금이 얼마나 오르는 줄 몰랐다"고 답했다. 대비가 전혀 안 된 상황에서 내년도 최저임금 인상에 대한 충격을 고스란히 받을 수 있다는 얘기다.

아르바이트생 근로시간 줄이기→아르바이트생 해고→주인 근로시간 증가→이익 감소로 이어지는 수순을 차곡차곡 밟고 있는 곳도 많았다. 종로에서 주점을 운영하는 김모(41)씨는 "올해 그렇게 올렸는데 내년에 또 오르나. 인건비 줄여보려 아르바이트생을 줄이고, 가족들까지 나와 일하고 있는데 내년에는 답이 없다"고 말했다.

8350원이란 시급에는 말 그대로 '무방비' 상태였다. 30곳 중 13곳(43%)이 현행 최저임금을 간신히 맞춰 주고 있었다. 명동의 한 중식당 주인 김정일(43)씨는 "현재 아르바이트 시급을 7600원에 맞춰 주고 있는데 너무 버거워 24일부터 음식값을 올렸다. 내년부터는 시급 아르바이트는 아예 없애야 할 것 같다"고 말했다. 종로의 한 편의점 주인 김철근(56)씨는 이제 '한계치'에 다다랐다고 했다.

"3년간 가족같이 일해 온 아르바이트생이 있는데 이제 더 이상 올려줄 사정이 못 되네요. 지난해까지 내가 13시간, 직원이 11시간 일했는데 올해부터 내가 14시간, [illegible] 내년엔 결국 문을 닫으려고 합니다."

김기환·임성빈 기자 khkim@joongang.co.kr

» 2면 '최저임금'으로 계속, 관계기사 B1면

왼쪽 남한 열차, 오른쪽 북한 열차 – 철도 연결 착공식

"환경부 산하 8곳 임원 사퇴 종용…블랙리스트 있다"

한국당 "특감반 관여" 문건 공개

문 캠프 출신 자리 만들어주는 것"

청와대 "조국, 보고 받은 적 없다"

자유한국당 '청와대 특별감찰반 의혹' 진상조사단은 26일 "문재인 정부에서 공공기관 블랙리스트가 존재한다는 사실을 확인했다"며 '환경부 산하기관 임원들의 사퇴 등 관련 동향'이란 제목의 문건을 공개했다.

한국당은 블랙리스트 작성 및 보고 과정에 청와대 민정수석실 산하 특별감찰반이 관여했다고 주장했다.

공개된 '동향' 문건에는 '환경부 산하 8개 공공기관 임원 사퇴 등 현황'이란 소제목이 달려 있다. 바로 아래에는 "한국환경공단 외에는 특별한 동요나 반발 없이 사퇴 등 진행 중"이라고 적혀 있다. 문건의 용도가 공공기관 임원들의 사표 제출 현황 등을 파악하기 위해 것으로 해석되는 대목이다. 본문에는 한국환경공단 등 환경부 산하 8개 기관의 임원 24명의 신상과 임기 등을 '기관명-직위-성명-임기-현재 상황' [illegible]

이 가운데 사퇴에 반발한 것으로 분류된 이는 한국환경공단 전 상임감사 김모씨와 경영기획본부장 강모씨 등 2명이다. 문건에서 김씨는 '새누리당 출신', 강씨는 'KEI(한국환경정책평가연구원) 출신'이라는 임명 배경이 적혀 있다.

문건 아래에는 각주 형태로 사퇴에 반발하는 이들의 동향을 함께 기재했다. 김 전 감사에 대해서는 "최근 야당의원실을 방문해 사표 제출 요구에 대해 비난하고 내부 정보를 제공한다는 소문", 강 전 본부장에 대해서는 "안종범 전 경제수석이 본부장 임명에 도움을 주었다고 하나 현 [illegible] 내용을 담았다.

한영익·안효성 기자 hanyi@joongang.co.kr

» 6면 '블랙리스트 의혹'으로 계속, 관계기사 10면

인이 있는 것이라서, 최저임금 인상 때문만이라고 말할 수 없습니다. 오히려 자영업자에겐 고삐 풀린 임대료 인상이 치명적이지만, 보수언론에서 대기업의 골목상권 침투와 건물주의 지나친 임대수익을 비판하는 보도를 찾기는 힘듭니다.

방송인 홍석천 씨는 이태원에서 18년 동안 식당 2곳을 운영해 오다 2019년 초 문을 닫았는데, 이를 두고도 보수언론이 왜곡 보도를 했습니다. 홍 씨는 처음에 〈이데일리〉와 인터뷰를 통해 식당을 닫은 이유로 임대료 폭등, 외식 트렌드 변화, 부족한 주차공간 등을 거론하고 최저임금 인상 때문만은 아니라고 밝혔습니다. 그런데 〈중앙일보〉, 〈조선일보〉는 홍 씨와 인터뷰도 하지 않고 "홍석천, 이태원 가게 2곳 문 닫아… 최저임금 여파"라고 보도해, 왜곡 보도라는 지적을 받았습니다.

보수언론과 경제신문들은 정부가 부동산 가격 폭등에 대한 대책으로 고가 부동산에 대한 종합부동산세(종부세)를 인상하겠다고 발표하자, '세금폭탄'이라며 비판적 보도를 쏟아냈습니다. 하지만 시가 18억 원 주택 1채 소유자의 경우 2018년 기준 94만 원이던 종부세가 1년 뒤 10만 원 늘어나는 수준입니다. 고가 아파트 시세가 1년 새 몇억 원씩 오른 것에 비하면 세금 증가분은 그야말로 새 발의 피 수준인데, 이를 세금폭탄이라며 핏대를 세운 보도를 하는 언론들이 있었습니다. 이런 보도는 언론이 지켜야 할 최소한의 공정성이나 객관성도 내팽개친 저질 보도입니다. 언론이 다주택자와 부동산으로 많은 수익을 내는 부유층의 이익을 수호하기 위한 도구로 쓰이는 모습입니다.

2018년 기준 서울시에서 공시지가 9억 원을 넘어서는 아파트는 5퍼센트에 불과하고, 전국 단위로 보면 종부세 대상인 고가 아파트·주택은 전체의 1퍼센트 수준입니다.• 소수의 다주택자와 고가 부동산 소유자를 대상으로 한 정책일 뿐입니다. 더욱이 종부세 대상이 아닌 사람들마저 잘못된 근거를 믿고 세금폭탄이라며 흥분하는 것은 이해하기 어렵습니다. 편향된 보도를 읽어낼 줄도 모르고, 어떤 정책이 자신의 경제적·사회적 처지에 이익이 되는지도 판단할 줄 모른다는 뜻이니까요.

돈에 팔리는 지면

우리 사회 많은 언론은 거대 자본의 영향력 아래 놓여 있습니다. 언론사도 이익을 내야 존재할 수 있는 주식회사 형태의 법인이기 때문에 이윤 추구 성향이 있는데, 한국 언론 현실에서 이를 좌우하는 것이 대기업의 광고입니다. 대기업에 유리하고 편향적인 보도가 신문과 방송에 가득한 배경입니다. 언론사는 대부분 광고가

• 조형국, "'서울 대부분이 종부세 대상' 뜯어보니… 공시가 9억 이상은 20곳 중 1곳", 〈경향신문〉 2018.9.16.

가장 큰 수입원이고 그중에서도 대기업 광고가 제일 비중이 높습니다. 언론사의 보도가 어느 대기업의 마음에 들지 않거나 비판적이면, 해당 기업은 그 언론사에만 광고를 주지 않는 방식으로 보복해 언론사를 경영난에 처하게 만들곤 합니다.

방송과 신문이 자본과 거래하는 형태는 점점 확대되고 교묘해지고 있습니다. 2018년 11월 삼성그룹의 삼성바이오로직스가 고의적으로 장부를 조작한 회계사기(분식회계) 범죄가 들통나 처벌을 받고 주식시장에서 거래 정지되는 사건이 있었습니다. 분식회계는 장부 조작으로, 국제적으로 '회계사기'라고 말합니다. 미국에서 엔론Enron Corporation 같은 거대 기업도 결국 파산에 이르게 만든 중대 경제 범죄입니다. 그런데 우리나라 보수언론에서는 삼성바이오로직스의 드러난 잘못을 비판하는 보도 대신, 22조 원에 이르는 주식의 거래 정지로 개인 투자자들이 피해를 입고 경제가 불안하다며 공포심리를 조장하는 보도를 쏟아냈습니다. 독자들에게 경제 범죄가 국민 경제에 끼치는 위해와 심각성을 알려주지 않고, 투자자들의 불안심리를 조성해 처벌을 약화하려는 의도입니다. 용어도 알기 쉬운 '회계사기(또는 회계조작) 범죄'라는 표현 대신, '분식회계'라는 용어를 통해 범죄성을 드러내지 않으려 합니다. 국민 다수의 이익이 아닌, 삼성그룹의 이익에 부합하는 보도 태도입니다. 삼성그룹은 자신들의 이익을 옹호하는 언론사에 광고를 집중하고 자신들을 비판하는 언론사에는 광고를 주지 않는 방식으로 언론 길들이기를 해왔습니다. 정치권력의 탄압은 일반인도 눈치챌 정도로 가시적이지만, 자본의 길들이기와 간섭은 은밀하면서도 생존을 위협하는 방식으로 이뤄집니다. 언론도 정치권력의 탄압에는 맞서지만, 자본의 유혹과 압력에는 저항하기 어렵습니다. 자본의 영향력이 커짐에 따라 앞으로 언론에 대한 정치권력의 압력은 줄어들겠지만, 자본의 압력과 유혹은 더욱 확대될 가능성이 높습니다.

일부 블로거들이 기업이나 식당으로부터 돈을 받고 홍보성 글을 올리는 행위가 소비자를 현혹한다는 문제가 드러나, 2014년 공정거래위원회는 블로그 마케팅 규정을 새로 만들었지요. 만일 기업으로부터 경제적 대가를 받고 상품이나 서비스 리뷰를 한다면, "본 포스팅은 해당 업체에게 소정의 홍보비를 받고 작성되었습니다"와 같은 문구를 반드시 삽입하여 그 내용을 구체적으로 밝히게 한 규정입니다. 돈 받고 작성된 '솔직 후기'가 난무하던 블로그 마케팅은 이 규정이 만들어진 이후 상당히 맑아졌습니다. 이렇게 블로그처럼 작은 미디어에는 글에 경제적 대가 여부를 명시하게 만들 수 있지만, 신문이나 방송 같은 거대언론 조직에는 자본과 이루어지는 '검은 거래'를 드러내게 하기도, 규제하기도 힘든 게 현실입니다. 한 주간지에서는 유수한 신문사들이 돈을 받고 업체의 홍보 자료를 진위 여부도 확인하지 않은 채 그대로 기사로 내보내는 현실을 체험형 기사로 보여주기도 했습니다.•

포털에 '맛없는 식당' 리뷰는 없다

인터넷으로 대부분의 정보와 뉴스를 만나는 만큼 인터넷 검색 결과에 대해서도 비판적 접근이 필요합니다. 인터넷을 이용할 때 우리가 지나치기 쉬운 것 중에 하나는 검색 결과에서 '맛없는 음식점' 리뷰를 만나기 거의 어렵다는 점입니다. 인터넷에서 '맛집' 검색을 해서 나오는 결과에서 블로그 마케팅으로 쓰인 글과 사진이 많아 그대로 믿을 것이 못 된다는 것쯤은 누구나 알고 있지요. 그런데 "이 음식점 맛없습니다. 강력 비추합니다" 같은 포스팅을 보기란 매우 어렵습니다. 왜 그럴까요?

현재 인터넷에서는 비판을 받는 당사자가 요청만 하면 부정적인 리뷰와 후기를 바로 삭제할 수 있는 구조이기 때문입니다. 인터넷 악플의 영향으로 탤런트 최진실 씨가 사망에 이른 일로 인해 만들어진 정보통신망법의 '임시조치'란 규정이 있습니다. 악성 게시물에 대해 당사자가 '명예훼손'이라고 주장하고 포털에 삭제를 요청하면 30일 동안 게시물을 감추거나 삭제해 주는 규정입니다. 소비자가 식당이나 서비스 업체에 대해 "맛이 없다", "객실 상태와 서비스가 열악하다"라는 리뷰를 올리면 업체나 당사자가 정보통신망법의 '임시조치' 규정을 이용해 삭제를 요청하는 상황입니

• 변지민·조윤영, "이 기사 얼마면 돼요?", 《한겨레21》 2018.12.24. 제1242호.

다. 이러다 보니, 인터넷에 '맛없는 식당' 리뷰는 거의 없고 우호적인 '맛집' 추천 리뷰만 가득한 것입니다.

인터넷 게시물 관리 규정을 잘 알고 있는 기업 경영자나 식당 주인은 자신에게 유리한 정보만 검색되게 할 수 있습니다. 하지만 이처럼 불공정하고 누군가의 이익을 위한 정보가 편집되어 유통되면 다른 식당 주인들이나 다수 이용자에게 상대적 불이익을 가져다줍니다. 이렇듯 인터넷 검색 결과도 뉴스 보도와 마찬가지로 그 구조와 규정을 이해하고 비판적으로 접근할 때 좀 더 지혜롭게 이용할 수 있습니다.

3. '권력의 경호견'이냐, '사회의 감시견'이냐

언론의 역할을 흔히 개에 비유합니다. 감시견watch dog으로 거대한 권력의 일탈과 남용을 보고 짖어대는 노릇이 언론의 주된 역할입니다. 권력 감시는 언론의 으뜸가는 사명입니다. 그런데 언론은 권력 감시가 아니라 권력의 이익을 수호하기 위해 사람들을 향해 사납게 짖고 물어뜯는 역할을 하기도 합니다. 이때는 언론을 권력의 경호견guard dog이라고 칭합니다. 부끄러운 이름입니다. 그렇다면 언론이 스스로 권력화하거나, 기득권 세력의 이익을 위한 도구로 쓰이지 않게 하기 위해서는 어떤 노력이 필요할까요? 사회적 차원의 방법이 있고, 개인적 차원의 접근법이 있습니다.

프랑스에서는 '나치 부역자 숙청' 1순위가 언론인

프랑스는 제2차 세계대전 중인 1940년 6월 독일 침공을 받아 나치의 지배를 받게 됩니다. 1944년 8월 프랑스 레지스탕스와 연합군이 파리를 해방시키기까지 4년 넘게 프랑스는 나치의 꼭두각시 정권 비시Vichy 정부가 통치했습니다.

레지스탕스가 파리를 되찾은 후 프랑스에서는 나치 부역자(콜라보, Collabo)에 대한 대대적인 숙청이 벌어집니다. 프랑스의 나치 부역자 처벌은 단호했습니다. 파리 수복 직후부터 단기간에 무려 9천여 명의 나치 부역자들이 총살과 교수형으로 처형당합니다. 독일 점령기에 레지스탕스와 민간인 등 3만여 명이 살해당하고 7만여 명이 독일 강제수용소로 끌려가 죽임을 당한 데 대한 프랑스인들의 분노가 폭발한 것입니다.

그런데 프랑스의 나치 부역자 처벌에서 특이한 점이 있습니다. 지식인들의 부역 행위에 대해 유난히 가혹한 단죄와 처벌을 하는 방식으로 과거청산이 진행됐다는 점입니다. 그중에서 제일 먼저 단죄와 처벌의 대상이 된 이들은 언론인과 문필가였습니다. 레지스탕스를 이끌며 대독 항전을 지휘하고 전후 프랑스 임시정부 수반과 초대 대통령을 지낸 샤를 드골은 "언론인은 도덕의 상징이기 때문에 첫 심판대에 올려 가차 없이 처단해야 한다"라며 언론인 '최우선 가중처벌'의 이유를 밝혔습니다. 사형당한 부역자의 약 10퍼센트인 870여 명이 독일 점령 기간 동안 나치의 나팔수로 활동한 언론인이었습니다. 독일이 패퇴하자마자 분노한 민중이 즉결심판과 처형으로 많은 부역자를 처벌했지만, 1945년 5월 종전 뒤 프랑스에서는 부역자 처벌을 위한 특별법원을 설립하여 정식 재판을 통해 단죄하였습니다. 이 과정에서 사형당한 부역자가 400여 명에 이르는데 그중 절반인 200여 명이 언론인이었습니다. 어떠한 직업군보다 언론인에 대해 가장 엄격하고 가혹한 처벌이 이뤄진 것입니다.

"프랑스를 지켜주는 나라는 독일뿐"이라는 기사를 쓴 일간신문 〈오늘Le Temps〉의 정치부장 조르주 쉬아레즈Georges Suarez, 신문협회 회장을 지내면서 반민족 언론인들의 지도자 노릇을 한 일간 〈누보 탕Les Nouveaux Temps〉의 발행인 장 뤼셰르Jean Luchaire, 독일 방송의 선전문을 작성한 폴 페르도네Paul Ferdonnet, 독일 점령 기간 〈라디오 파리Radio-Paris〉 해설가로 활약한 장 헤롤드-파퀴Jean Hérold-Paquis, 30대 언론인 겸 작가 로베르 브라지야크Robert Brasillach 등 수많은 저명 언론인이 재산을 몰수당하고 총살에 처해졌습니다. 드골 대통령은 부역자 처벌을 두고 "프랑스가 다시 외세의 지배를 받는다 하더라도 또다시 프랑스를 배신하는 국민은 나오지 않을 것이다"라고 말했습니다.

프랑스 신문협회의 '나치 점령기 자진 휴간' 권고를 무시하고 15일 이상 신문을 발행한 신문사는 모두 나치에 협력한 것으로 간주해 폐간하고 재산을 몰수했습니다. 그 결과 900여 신문·잡지 가운데 649곳이 폐간되거나 재산을 국가에 몰수당했습니다. 일간신문 중 처벌을 면한 것은 〈르 피가로Le Figaro〉, 〈뤼마니테L'Humanité〉, 〈프랑스 수아르France-Soir〉 3곳뿐이었는데, 모두 나치 점령기 동안 자진 휴간한 신문사였습니다. 드골의 언론계 대숙청으로 프랑스 언론은 다양한 국민의 의사를 공정하게 대변하는 공공성을 지니게 됐고, 〈르 몽드〉 같은 세계적 권위의 신문도 탄생하게 되었지요.

'똘레랑스의 나라'가 언론에 관용을 거둔 이유

프랑스는 '똘레랑스(tolérance, 관용)'와 다양성의 나라로 알려져 있는데, 제2차 세계대전 직후 언론인에 대해서는 왜 이토록 가혹한 처벌을 했을까요? 다른 형태의 부역에 비해서 언론인의 부역 행위는 기사와 방송으로 생생하게 기록이 남기 때문이기도 하겠지만, 그보다는 말과 글이 사람들의 생각과 행동에 끼치는 영향력이 무엇보다 크다는 점 때문입니다.

제2차 세계대전 당시 히틀러와 일본 천황을 위해 싸우다 사망한 무수한 젊은이가 모두 억지로 전쟁터로 끌려간 것은 아닙니다. 비행기를 탄 채 자살폭탄이 된 수많은 일본군 가미카제특공대 또한 총칼의 강요 때문이 아니라 천황과 일본의 영광을 위해 영예로운 죽음을 맞는다는 사명감에 나섰을 겁니다. 무엇이 이들로 하여금 고귀한 생명을 헛되이 버리게 만든 것일까요? 그들이 천황에 대한 충성심과 적군에 대한 적개심에 불타게 만든 주요한 힘은 말과 글이었습니다. 사람을 움직이는 것은 총칼만이 아니라 말과 글에 전달되는 생각과 정신이기도 하기 때문입니다.

일제 강점기 우리나라에서도 최남선, 이광수, 모윤숙, 노천명 같은 저명한 문인들이 신문 기고와 강연으로 "학도여 성전에 나서라", "보람 있게 죽자"라며 젊은이들에게 일본군 자원입대를 선동했습니다. 〈조선일보〉, 〈동아일보〉는 일제 강점기에 내선일체를 옹호하고 일본의 지배와 천황을 칭송하는 보도를 지속했고, 지금도 생생하게 지면으로 남아 있습니다. 하지만 프랑스와 달리 해방 뒤 우리나라에서는 반민족행위조사특별위원회(반민특위)의 역사 청산이 무산되며 친일 행위와 민족 반역자들에 대한 단죄와 처벌이 진행되지 못했습니다. 친일과 황국신민화를 선동하던 신문사들과 문인들에게 죄를 묻지 못했던 것입니다. 이들은 이후 반성 없이 변신해 새로이 등장한 독재권력과 재벌권력을 칭송하고 또 협력하며 카멜레온 같은 경로를 걸었습니다. 일제 강점기 민족 반역 행위에 대해 문인과 언론인들은 "원해서 한 게 아니라 물리적 위협에 따른 어쩔 수 없는 행위"였다고 변명했지만, 마찬가지 상황에 대해서 프랑스는 가장 엄한 문책과 처벌을 내렸지요. 언론인과 문인 같은 지식인들은 말과 글로 전면에서 사람들에게 막중한 영향을 끼치기 때문에 그에 대한 책임은 다른 어느 분야보다 엄중하게 물어야 한다는 논리였습니다.

큰 힘에는 큰 책임이 따른다

"커다란 힘에는 커다란 책임이 따른다"라는 말은 애니메이션 〈스파이더맨〉의 대사로 유명하지요. 하지만 원래는 프랑스의 계몽사상가 볼테르가 한 말입니다. 민주주의 사회에서 큰 힘을 행사하는 언론은 마땅히 그에 어울리는 책임 또한 부담하는 게 맞습니다. 하지만 힘과 권력이 스스로를 옭아매는 경우는 거의 없습니다. 거대한 힘에 걸맞은 책임을 지게 하는 구조는 저절로 만들어지는 게 아니고 사회 전체의 노력이 필요합니다. 사회적 합의는 법과 규정의 형태로 만들어지는 게 일반적이지만, 앞서 살펴본 것처럼 민주주의의 핵심 장치이자 표현 수단인 언론에 대해서는 법과 규정이 작동하기 어렵지요.

그렇다면 어떻게 자유로우면서도 책임 있는 언론을 만들 수 있을까요? 언론이 권력과 자본을 위한 경호견 노릇 대신 공동체의 감시견 역할을 하게 하려면 세 가지 차원의 노력이 필요합니다. 하나는 법이나 사회적 압력을 통한 방법으로, 제2차 세계대전 이후 프랑스의 언론인 처벌이 본보기입니다. 우리나라에서도 해방 직후 반민특위가 만들어지는 등 기회가 있었지만 좌초됐습니다. 두 번째 방법은 언론 내부의 자율적인 규제와 전문직으로서의 윤리 강령 준수입니다. 하지만 자율적 규제는 기본적으로 강제하기 어렵습니다. 언론사와 언론인의 숫자가 늘어나고 상업화한 언론이 많아짐에 따라 언론계의 직업윤리는 더 황폐화하고 있는 실정이고요. 세 번째 방법은 뉴스의 소비자인 시민들이 까다롭고 비판적인 독자와 시청자가 되어 언론의 이용자인 동시에 감시자 역할을 수행하는 길입니다. 이는 이용자가 법규나 종사자들에게 맡기지 않고 직접 인지적 수고와 비평적 노력을 기울여야 하는 수고로운 길이기도 하지만, 가장 확실한 효과를 거둘 수 있는 방법입니다.

뉴스 이용자라고 해서 저절로 언론의 감시자가 되는 것은 아닙니다. 이용자 각자가 미디어와 뉴스를 비판적으로 읽어내는 미디어 리터러시 능력을 학습하고 시간과 정성을 들여 저질 왜곡 보도에 대한 감시자 역할을 맡을 때 비로소 가능해집니다. 소셜미디어와 포털의 댓글은 왜곡 보도와 가짜 뉴스가 전파되는 경로이기도 하지만, 누군가 그러한 저질 보도의 문제점과 사실 왜곡을 지적하고 드러낼 수 있는 공간이기도 합니다.

"모든 국민은 자신들의 수준에 맞는 정부를 가진다"라는 말이 알려주듯, 민주주의의 수준은 시민들이 어떤 식견을 갖고 있느냐에 따라 결정됩니다. 한 사회에서 시민들의 식견은 언론의 형태로 나타나고, 동시에 언론은 시민사회의 여론과 구성원들의 식견을 형성합니다. 언론은 우리 사회와 민주주의, 그리고 개인들의 삶과 생각에 엄청난 영향을 끼치는 거대한 힘입니다. 관심 없다고, 외면한다고 해서 나와 사회가 그 영향을 피해 갈 수는 없습니다. 우리가 사회를 이루고 그 안에서 많은 관계를 맺으면서 살아가는 이상 언론과 여론의 영향을 벗어날 수 없으니까요. 미디어 리터러시와 비판적 사고를 갖출 때 쏟아지는 뉴스와 정보 속에서 참과 거짓을 구분하고, 중요도를 판별할 수 있습니다.

5장

언론 보도의 객관성 지키기

1. 객관적 보도의 요건

언론은 사람들이 뉴스를 틀림없는 사실이라고 믿게 만드는 표현 방법을 발달시켜 왔습니다. 같은 선물이라도 비닐봉지에 담은 것과 고급스러운 포장지에 싼 물건을 받을 때는 느낌이 다르지요. 언론 보도는 고급스러운 포장지와 같습니다. 신문은 어제 일어난 일을 생생한 현장 사진과 기사로 매일 아침 우리들에게 배달합니다. 방송에서는 말끔하게 차려입은 앵커가 스튜디오에 앉아 정확한 발음으로 자막과 함께 생생한 현장 뉴스를 전달하지요. 그리고 우리 대부분은 언론이 보도한 내용을 의심하지 않고 사실로 받아들이기 마련입니다. 그런데 과연 언론에서 전달하는 말은 모두 믿을 만할까요?

관점에 따라 달라지는 언론 보도

어떤 주제에 관해 사람들과 이야기하다가 의견이 갈릴 때, 우리는 내 주장이 옳다는 근거로 "그거 뉴스에 나온 얘기야"라고 말하고는 합니다. 언론이 보도한 내용이 근거로서 신뢰도와 설득력을 갖춘다는 것을 잘 알기 때문입니다. 뉴스로 보도됐다는 것은 공신력 있는 언론이 사실 여부를 확인했다는 것을 의미하니까요. 상대방을 설득하는 데 뉴스를 근거로 제시하는 것은 효과적입니다. 국회의원도 정부를 감시하고 비판하는 국정감사에서 신문과 방송 보도를 인용해 정부의 잘잘못을 추궁하고 논리적인 주장을 펼치기도 합니다. 하지만 당연하게 사실로 받아들이는 뉴스를 다르게 생각해 볼 필요도 있습니다.

라디오, 텔레비전, 신문 같은 미디어는 세상을 만나는 창이자 우리 인식의 한계를 확장시켜 주는 도구입니다. 같은 피사체라도 사진작가의 판단과 선택에 따라 전혀 다른 사진으로 표현되는 것처럼, 미디어 또한 누군가의 생각과 의도가 반영된 세상의 모습입니다. 여기에 함정이 있지요.

언론의 보도 사진을 예로 들어볼까요. 동일한 사건과 현장을 다룬 기사라고 해도 기자가 어떤 각도에서 무엇을 강조하려 했느냐에 따라서 전혀 다른 내용의 뉴스가 되기도 합니다. 언론이 4대강 사업의 결과를 보도한다고 가정해 봅시다.• 낙동강에 건설된

보 위로 자동차가 달리고 수량이 풍부하게 흐르는 항공사진을 보도할 수도 있습니다. 똑같은 지점에서 녹조가 가득한 강물을 컵에 담아 환경 재앙이 된 4대강 사업을 비판하는 환경단체의 시위 모습을 보도할 수도 있습니다. 언론사가 무엇을 보도하기로 선택했느냐에 따라 현실은 다른 모습으로 전달됩니다. 두 기사 모두 직접 현장에서 생생한 장면을 포착했지만, 보도하는 관점에 따라서 4대강 사업에 대한 정반대의 메시지를 전달하는 것처럼 말이지요.

언론의 사명은 사실을 객관적으로 보도하는 것이지만, 복잡한 현실에서 무엇이 객관적 진실인지는 명확히 드러나지 않는 경우가 많습니다. 사진은 진실을 기록한 객관적 실체로 여겨지지만, 4대강 사진의 사례에서처럼 보는 관점과 선택에 따라서 똑같은 강물도 다르게 보도됩니다. 현장 사진도 객관적 보도가 아닐 수 있는 것처럼, 말과 글로 만들어지는 기사는 보도하는 언론사에 따라서 내용과 방향이 크게 달라집니다. 해마다 노동자의 시간당 최저임금을 결정하기 위한 협의가 이뤄지는데, 그럴 때마다 언론사들이 두 편으로 나뉘어 서로 다른 보도를 합니다. 각종 물가와

• 이명박 정부가 한국형 녹색성장을 내걸고 22조 원의 예산을 들여 추진한 4대강(한강, 낙동강, 금강, 영산강) 정비 사업. 4대강의 홍수와 가뭄을 예방하고 생태계를 복원한다는 취지로 추진되었지만, 물 흐름을 막고 졸속 처리와 부실 공사로 오히려 수질이 악화되고 생태계가 파괴되었다는 비판을 받았다. 사업 추진 당시에 환경단체와 시민단체, 종교단체, 해외 언론 등에서 환경파괴 사업이라는 반대 여론으로 논란이 있었다. 이후 4대강 유역에 녹조가 창궐해 '녹조라떼'라는 신조어가 등장하였고, 물고기들이 떼죽음을 당하는 등 사업 이후 여러 문제를 드러내고 있다.

주거비 등 생활비 상승으로 최저임금을 대폭 올려야 한다는 주장이 있고, 최저임금을 올리면 판매나 배달 직원의 인건비를 감당할 수 없어 자영업자들이 망하거나 아르바이트생보다 수입이 줄어들게 된다며 인상하면 안 된다는 주장도 실립니다. 최저임금에 대한 정반대의 기사가 물가 인상 통계, 자영업자의 수입과 폐업률 등의 자료를 인용하며, 서로 자신이 객관적 보도라고 내세우지요. 어느 쪽이 객관적 보도일까요?

'객관'이란 이해 당사자들의 주관적 견해가 아니라 이해관계가 없는 제3자가 바라보는 관점을 말합니다. 객관적으로 본다는 것은 사물을 평면이 아니라 입체적으로 보는 것과 같습니다. 사물이나 사건을 실제와 가깝게 보려면 다양한 시각으로 보아야 하지요. 언론이 보여주는 세상에 대해서도 마찬가지입니다. 언론사마다 최저임금에 대한 보도 시각이 다른 이유는 한쪽은 노동자 입장에서, 한쪽은 기업가나 자영업자 등 사용자 입장에서 보도하기 때문입니다. 모두 각각의 사실을 보도하는 것처럼 보이지만, 장님이 코끼리를 만지는 것처럼 전체가 아닌 부분만을 보여줄 따름입니다. 객관적인 기사라면 전체적인 모습을 파악할 수 있도록 다양한 관점을 전달해야겠지요. 특히 논쟁적인 사안이나 대립하는 두 입장을 보도할 때는, 한쪽만이 아닌 서로 다른 견해를 함께 보여주는 것이 보다 객관적인 보도입니다.

과학 연구에서 지혜를 빌려오다

많은 언론사가 불편부당을 강조합니다. 자신들의 보도가 어느 쪽도 편들지 않는 중립적이고 객관적인 보도라는 것이지요. 객관적 방법이 잘 정착된 분야는 과학 연구입니다. 근대 이후 과학 연구는 객관적인 방법론을 채택한 덕분에 비약적으로 발달할 수 있었습니다. 과학에서 객관적 방법이라는 것은 관찰이나 실험을 하는 사람이 누구인지에 관계없이 조건이 동일한 상황에서 결과가 같아야 함을 의미합니다. 과학자의 주장이 새로운 이론이나 학설이 되려면 다른 사람이 그 주장이 맞는지 틀리는지 재현을 통해 확인할 수 있어야 합니다. 의구심을 가진 사람을 믿게 하는 방법은 모든 과정을 공개하여 보여주는 것입니다. 과학 연구에서는 이러한 방법론을 '검증 가능성'이라고 합니다. 과학자의 이론과 주장을 제3자가 검증하거나 재현할 수 없다면 학계에서 인정받지 못합니다. 과학이 많은 사람에게 신뢰를 얻고 발전할 수 있었던 것은 객관적으로 검증 가능한 연구 방법론을 확립한 덕분입니다.

19세기 미국에서 신문 발행이 늘어나고 신문사 간 경쟁이 치열해지자 언론에 객관적 보도를 도입하려는 시도가 있었습니다. 신문이 많아지면서 확인되지 않은 루머가 자주 실렸고, 믿기 어려운 보도들도 늘어났지요. 신문 발행인들은 객관적 보도를 내세운다면 중립적으로도 경쟁력을 갖출 수 있다고 생각했습니다. 언론 보도가 신뢰를 얻기 위해서는 과학 연구처럼 객관적 방법론이 필요하다고 생각한 것이지요. 하지만 물리적 연구와 달리 언론이 다루는 사회 현상은 기본적으로 재현이 불가능합니다. 교통사고나 대형 화재, 살인 범죄 등을 과학 실험처럼 현실에서 재현할 수는 없는 노릇이니까요. 사람들로 하여금 사실로 믿게 만들려면 누가 보더라도 확인할 수 있고 재현이 가능해야 할 텐데, 언론 보도에 이러한 객관적 장치를 어떻게 마련할 수 있을까요?

언론은 과학의 검증 가능성을 기사에 적용했습니다. 바로 '육하원칙'이지요. 범죄 사건이나 화재 사고를 다른 곳에서 제3자가 그대로 재현하는 것은 불가능하지만, 이를 보도하는 기사에서 누구나 확인할 수 있는 객관적 요소들을 명기하도록 하는 방안입니다. 누가(who), 언제(when), 어디서(where), 무엇을(what), 어떻게(how), 왜(why) 했는가를 기사에 명확히 밝히도록 원칙을 정했습니다. 영어권에서는 이 여섯 가지 원칙을 '5W1H'라고 부릅니다. "얼마 전에 서울에서 오래된 건물이 무너져 사람이 다쳤다더라"라는 말은 확인되지 않은 소문에 불과하지만, 언론은 이를 듣고 취재하여 일정한 형식과 내용을 갖춘 기사로 만듭니다. "○월 ○일 새벽 4시 15분께 서울 도봉구 방학동 ○○○번지의 노후한 2층 주택이 붕괴해 잠자고 있던 김○○ 씨(68)가 무너지는 건물 더미에 다쳐 인근 병원으로 후송되어 치료 중이다. 소방 당국은 최근 사흘간 계속된 집중호우로 지반이 약해져 지은 지 35년 된 해당 건물 일부가 붕괴한 것이 사고 원인으로 추정된다고 밝혔다. ○○신문 이하늘 기자"라는 식이지요. 언론은 대형 재난이나 사고 같은 중요한 사건에는 반드시 생생한 현장 사진이나 영상을 함께 보도합니다. 또한 취재기자의 얼굴을 비추거나 이름을 기사 끝에 표기합니다. 앵커나 기자를 드러내는 이유도 기사의 객관성과 신뢰도를 높이기 위한 장치이지요. 예로 든 기사는 육하원칙의 요소를 갖추고 있기 때문에 구체적인 내용을 파악할 수 있을 뿐 아니라, 보도한 내용이 맞는지 틀린지를 확인할 수 있습니다. 과학 실험처럼 똑같이 재현할 수는 없지만 검증이 가능하도록 육하원칙의 기준에 따라 보도했으니까요. 육하원칙은 객관성을 지향하는 언론보도에 쓰이면서, 이후 기사가 갖춰야 할 필수 요소로 자리 잡았습니다.

객관적 보도의 필요조건과 충분조건

그렇다면 기사에 육하원칙의 요소와 생생한 현장 사진, 취재기자의 이름만 명확히 밝히면 객관적인 보도가 될까요? 그렇지 않습니다. 앞서 예로 제시한 최저임금 인상을 다룬 기사처럼 객관적 보도의 요건을 모두 충족한 기사들은 많지만, 기사가 전달하는 내용은 언론사마다 나뉩니다. 객관적 보도의 요건을 지켰는데 왜 전달하는 내용은 다를까요? 객관적 보도는 기사의 필요조건이지만, 진실 파악을 위한 충분조건이 되지는 못하기 때문입니다.

새로 출시된 자동차를 사진으로 보도한다고 가정해 봅시다. 자동차를 어떤 각도에서 찍는 것이 가장 정확하고 사실에 가까울까요? 어느 쪽에서 촬영하더라도 가려지는 부분이 있을 테고, 사진으로 전체적인 모습을 전달하는 데는 한계가 있기 마련입니다. 특히 사진 한 장으로 완벽하게 파악한다는 것은 거의 불가능합니다. 정면, 측면, 뒷면, 실내공간 사진까지 있어야 좀 더 종합적인 인식을 할 수 있습니다. 언론 보도도 마찬가지입니다. 아무리 객관적인 기사의 형태를 갖췄더라도 진실과 거리가 있을 수 있지요.

문제는 모든 언론이 사신들이 전하는 기사가 사실에 입각한 객관적 보도라고 주장한다는 것입니다. 그런데 사소한 것을 중요한 것처럼 보도하거나 우연히 일어난 사고를 조직적으로 계획된 사건으로 보도하는 경우도 있습니다. 단편적인 사실에 근거해 마치 그것이 전부인 것처럼 보도하는 경우도 있지요. 바늘을 커다란 몽둥이처럼 묘사하는 '침소봉대針小棒大'입니다. 이런 왜곡 보도를 명확하게 틀린 보도, 즉 오보라고 말하기도 쉽지 않습니다. 특정한 의도를 갖고 현실을 비틀어 보도하는 것이 왜곡 보도인데, 교묘하게 자신의 주장에 부합하는 사실만을 끌어모아 보도하기 때문이지요. 또한 가짜 뉴스에는 사실과 거짓이 교묘하게 섞여 있기 때문에 많은 사람이 진짜 뉴스로 여기고 속기도 합니다. 언론의 왜곡 보도와 가짜 뉴스는 이처럼 거짓이 곧바로 드러나지 않기 때문에 쉽게 가려내기 어렵습니다.

취재는 그 과정에서 무엇을 어떻게 보도할지 선택하고 결정하는 기자의 판단이 따릅니다. 아무리 객관적 보도를 내세운다 하더라도 취재기자와 언론사의 가치 판단을 거친 결과라는 말이지요. 그러므로 뉴스를 현명하게 읽으려면 뉴스가 언론사와 기자의 해석과 판단을 거쳐서 '만들어진' 것임을 의식할 수 있어야 합니다. 똑같은 사안도 언론사의 성향에 따라 보도 방향이 달라지게 마련이니까요. 한일전을 평가하는 두 나라 언론의 보도 내용이 다른 것처럼 말입니다.

언론 보도를 대할 때는 기사의 내용만이 아니라 그 속에 담긴 의도와 배경까지 헤아릴 필요가 있습니다. 객관적 보도를 지향하는 언론인들도 완벽한 객관주의 보도는 불가능하다고 인정합니다. 하지만 완벽한 진실에 도달할 수 없다고 해서 진실을 향한 추구가 무의미하거나 불가능하지는 않습니다. 객관적 보도란 완벽한 진실이라기보다 진실에 가능한 한 가까이 다가간 보도를 뜻합니다. 짧은 기사라도 사건의 전체 모습이 왜곡되지 않도록 요약하여 보여주는 것이 객관적 보도입니다. 언론은 좀 더 객관적 진실을 추구하는 보도를 지향해야 하고, 독자는 기사를 비판적으로 읽을 수 있어야 합니다. 뉴스를 제대로 읽는다는 것은 뉴스를 비판적으로 읽는 데서 시작합니다.

2. 언론 보도의 한계

월터 크롱카이트Walter Cronkite는 1962년부터 미국 CBS TV의 대표 뉴스 프로그램인 〈CBS 이브닝 뉴스〉를 20여 년간 진행한 전설적인 뉴스 앵커입니다. 그는 오랜 기간 앵커로 일하면서 뉴스를 객관적이고 충실하게 전달하려 애쓴 덕분에 시청자들로부터 신망과 인기가 대단했습니다. 크롱카이트는 매일 저녁 뉴스를 "이게 바로 세상의 모습입니다(That's the way it is)"라는 말로 마무리했습니다. 크롱카이트의 말처럼 우리는 앵커와 기자가 전달하는 대로, 즉 미디어가 보여주는 대로 세상을 보고 받아들이게 됩니다.

하지만 언론 보도가 100퍼센트 진실은 아니라는 점을 거듭 강조하고 싶습니다. 우리가 만나는 언론 보도는 다양한 단계를 거쳐 걸러지고 가공되기 마련입니다. 세상의 무수한 사건과 사고 중에서 언론사가 취재하기로 마음먹은 것, 그 가운데서 기자의 눈에 들어오고 취재가 가능하여 선택된 것들이 기자와 언론사의 판단을 통해 해석되고 재구성되어 기사 형태의 말과 글로 만들어지는 것이지요.

공업용 기름 라면, 쓰레기 만두, 중금속 황토팩, 그 진실은?

언론 보도에는 어떤 한계가 있을까요? 언론은 기본적으로 그 사회의 상식과 현실을 반영합니다. 사회에 잘못 알려진 사실이나 부정확한 정보를 언론 또한 사실처럼 그대로 전달하는 경우가 있습니다. 대표적으로 가습기 살균제 보도를 들 수 있지요. 가습기 살균제는 국내 환경보건 당국의 인증을 받은 제품으로, 2011년에 공식적으로 유해성이 확인되기까지 10여 년간 널리 팔렸습니다. 2011년 11월에야 가습기 살균제에 폐 손상 등 치명적인 호흡기 질환을 일으키는 유독물질이 포함되어 있음을 당국의 역학 조사로 확인하였지요. 가습기 살균제의 치명적 유독성이 밝혀지면서 그동안 발병 이유를 알 수 없던 사망과 폐 손상의 원인 물질이 드러났습니다. 엄청난 피해 사례가 드러나 심각한 사회 문제가 되었습니다. 하지만 그 이전까지 우리 사회에서 가습기 살균제는 실내

공기를 깨끗하게 유지해 주는 가정 필수품으로 통했습니다. 언론도 겨울철 실내 환경을 위해서 가습기 살균제 사용을 추천하는 기사를 적지 않게 내보냈지요. 이에 많은 시민이 가습기 살균제를 쓰면 겨울철 건강 관리에 도움이 된다는 언론 보도를 믿고 구매하였지요. 이렇게 사회 전체에 퍼진 잘못된 정보를 언론이 그대로 보도하는 경우에는 피해가 더 커질 수 있습니다.

잘못된 언론 보도로 인한 피해는 드물지 않습니다. 1989년에는 당시까지 수십 년 동안 국내 라면업계 부동의 1위였던 식품업체가 라면을 튀기는 데 '공업용 쇠기름'을 사용했다는 사실이 언론을 통해 크게 보도되었습니다. 국민 대표 먹거리인 라면에 식용기름이 아닌 공업용 쇠기름을 썼다는 사실에 소비자들은 분노했고, 대대적인 불매운동과 반품 사태가 일어났습니다. 해당 식품업체의 주가와 신뢰도는 바닥으로 떨어졌고 탄탄했던 기업은 하루아침에 부도 위기에 몰렸습니다. 그런데 검찰이 제보를 바탕으로 발표한 수사 결과는 의외였습니다. 식품업체가 사용한 기름은 미국에서는 식용으로 사용하지 않는 쇠기름이었는데, 이는 미국과 한국의 식품 문화와 규정이 다른 것이 원인이었습니다. 식품안전 담당부처에서 정밀조사를 한 결과, 식용에 전혀 문제가 없는 쇠기름으로 밝혀졌지요. 게다가 이 회사가 사용한 쇠기름은 경쟁사가 사용하던 식물성 기름보다 원가도 더 비쌌지만, 동물성 지방 섭취가 적은 한국 국민을 위해 20년간 사용해 온 문제없는 기름이었습니다. 하지만 언론은 공업용 쇠기름을 사용해 국민 건강을 위협한 파렴치하고 악덕한 기업이라는 비판 보도를 쏟아냈습니다. 후에 안전하다는 보건 당국의 조사 결과가 나오고, 이어서 대법원 판결에서도 아무 문제 없는 라면이라고 최종 확인되었지만 해당 식품업체가 입은 피해와 신뢰도 손상은 돌이킬 수 없었습니다. 결국 이 사건은 국내 라면업계의 판도를 바꾸는 결정적 계기가 됐습니다.

2004년에는 '쓰레기 만두' 소동이 있었습니다. 경찰은 25개 식품회사가 단무지 공장에서 나온 자투리 무 조각 등을 납품받아 만두 재료로 썼다며 그 명단을 공개했습니다. 그런데 이 자투리

한 겨 레 신 문 1989년 11월 4일(토요일) [11]

공업용 쇠기름으로 라면·마가린 제조

미국서 수입…7백60여억원어치 시중에 팔아

5개 유명 식품회사대표등 10명 구속

삼양식품·서울하인즈·삼립유지·오뚜기식품·부산유지

'보안법 위반' 재판부 직권보석

서울형사지법 "증거인멸 도주 우려 없어"

"엉뚱한 혐의 씌워 구속"

1989년 일명 '우지(쇠기름) 파동'은 익명의 투서에 의해 언론 보도로까지 번졌다. '공업용'이라는 용어가 당시 소비자들에게는 '비식용', 몸에 해로운 성분이라고 인식되었다. 언론이 사실 관계를 충분히 확인하지 않은 채 제보 내용을 그대로 보도하는 경우 무고한 사람들에게 엄청난 피해가 돌아갈 수 있다.(《한겨레》 1989년 11월 4일자 11면)

무 조각은 단무지 업체가 사용하기에 모양과 크기가 적당하지 않아 버리는 것일 뿐, 만두소로 사용하는 데는 문제가 없는 재료였습니다. 하지만 경찰은 다른 업체가 버리는 식재료를 수거해 만두소로 사용한 것이 문제인 것처럼 발표했고, 언론은 버리는 무로 만두소를 만들었다며 '쓰레기 만두'라고까지 표현했지요. 많은 국민들이 즐겨 먹는 만두가 쓰레기로 만들어졌다는 경찰의 수사 발표는 충격적이었습니다. 언론이 이 사실을 날마다 집중 보도하자 파문은 더 크게 번졌습니다. 만두 판매가 크게 줄었고, 사람들은 냉장고에 보관한 냉동만두를 내다 버렸습니다. 보도가 이어지자 미국과 일본 등에서는 한국산 만두 수입을 중단하기도 했습니다. 명단에 오른 중소 세조업체들은 제품이 안 팔리고 반품이 급증하자 결국 문을 닫았습니다. 한 식품업체 사장이 결백을 주장하는 유서를 남기고 스스로 목숨을 끊는 안타까운 일도 있었지요.

후에 경찰의 고발로 식품의약품안전처가 조사를 했는데, 만두 업체가 자투리 무를 사용한 것은 식품 안전에 문제가 없다는 결과가 나왔습니다. 법원에서도 만두 업체에 잘못이 없다고 판결을 내렸습니다. 정확한 조사 없이 경찰이 잘못된 수사 결과를 발표하고, 언론이 이를 '쓰레기 만두'라는 자극적인 표현을 써가며 보도하자, 식품업체들과 소비자들의 피해는 회복할 수 없이 확대된 것입니다. 시작은 경찰의 잘못된 수사 발표였지만, 언론이 사실 확인 없이 자극적이고 선정적인 보도를 함으로써 선량한 피해자를 만들어낸 사건입니다.

이런 사례도 있습니다. 2007년 국내 최대 방송사의 소비자 고발 프로그램이 당시 인기리에 판매되고 있던 황토팩 제품에서 인체에 유해한 중금속이 다량 검출됐다는 보도를 냈습니다. 프로그램은 황토팩 가루에 자석을 댔더니 쇳가루가 많이 들러붙는 장면을 내보내면서, 황토팩 제조공정에서 기계의 쇳가루가 마모되어 제품에 다량 들어간 것으로 추정된다고 보도했습니다. 그러나 이 내용은 전혀 사실이 아니었습니다. 자석에 들러붙은 물질은 쇳가루가 아니었던 것입니다. 그것은 황토 자체에 포함된 산화철이라는 성분이고, 인체에 전혀 해롭지 않은 물질이라는 사실이 식품의약품안전처 조사로 확인됐습니다. 하지만 '중금속 황토팩'이라며 보도된 이후, 한 해 매출이 1700억 원을 넘던 이 회사의 매출은 폭락하였고, 환불 요청이 몰리면서 회복할 수 없는 타격을 입었습니다. 유명 탤런트가 경영하던 이 업체는 결국 폐업하였고, 그는 우울증에 시달리다가 암으로 세상을 떠나 주변 사람들을 더욱 안타깝게 했습니다. 법원 판결에 따라 방송사는 보도가 잘못됐다는 정정보도를 했습니다. 하지만 그런다고 파산한 기업체가 되살아나지도, 짓밟힌 명예와 신뢰가 회복되지도 않았지요.

진실을 밝히려는 용기 있는 언론은 어두운 곳에 빛을 비추는 역할을 합니다. 황우석 박사의 줄기세포 조작 논문, 박근혜-최순실 국정 농단 사태처럼 실체가 드러나지 않은 거대한 사회악을 들춰내는 보도가 그런 사례입니다. 하지만 위의 사례처럼 언론이 검증하지 않거나 제대로 확인하지 않고 잘못된 보도를 하여 당사자와 사회에 회복할 수 없는 커다란 피해를 끼치기도 합니다.

언론은 영향력이 큰 만큼 잘못된 뉴스 보도로 인한 억울한 피해도 적지 않습니다. 뉴스는 신속함을 생명으로 하기 때문에 제보나 사건이 발생하면 단시간에 보도하지요. 그래서 정확한 확인 과정을 거치지 않고 부정확한 사실이 기사로 보도되어 피해자가 생겨나는 일이 흔합니다. 위의 사례들도 결국 법원이나 대법원의 최종 판결에서 언론의 오보였음이 확인되었고, 라면 업체, 만두 업체, 황토팩 업체 모두 잘못이 없었음이 입증됐습니다. 그러나 언론은 이들에게 잘못이 없다는 법원 판결을 애초 고발 보도처럼 대대적으로 다루지 않았습니다. 그래서 사람들은 이들 업체가 법원에서 무혐의 판결을 받았다는 사실을 거의 알지 못합니다.

아주 흔한 일입니다. 연예인이나 유명인이 범죄 혐의로 경찰 수사를 받고 있다거나 구속되었다는 기사는 크게 보도합니다. 하지만 나중에 아무 잘못이 없다는 결과나 법원의 무죄 판결 기사는 언론에 거의 보도되지 않지요. 범죄가 발생할 때와 같은 크기로 무죄 판결 기사를 보도하지 않는 언론에도 일부 책임이 있지만, 뉴스의 속성상 무죄 판결 기사가 범죄 발생 뉴스만큼 이용자들의 관심을 받지 못하기 때문입니다. 언론의 부정확하고 불충실한 보도 관행은 언론의 편향성과 뉴스 이용자의 성향이 맞물려 쉽게 개선되지 않는 현상입니다.

추후 정정보도의 한계

우리나라에는 잘못된 언론 보도로 인한 피해를 구제해 주기 위한 제도가 있습니다. 언론중재위원회라는 기구를 통해서 재판 절차 없이 언론사와 피해자 간의 요구를 조정할 수 있지요. 이를 거치면 정정보도를 내게 하거나 일방적인 언론 보도에 반론 보도를 요청할 수 있습니다. 앞서 언급했듯이 범죄 혐의가 있다고 보도되었다가 나중에 무죄 판결을 받은 경우에는 언론사에 무죄 판결 내용을 보도하도록 요구할 수 있는 '추후보도청구권'도 있습니다.

하지만 언론 피해 구제 절차의 효과는 그리 크지 않습니다. 예를 들어 '공업용 쇠기름 라면', '쓰레기 만두'의 경우처럼 신문이 며칠 동안 1면에 머리기사로 여러 차례 보도하고 칼럼과 사설로 거듭 지적한 사안이 나중에 사실이 아닌 것으로 드러났다면 어떨까요? 피해자가 적극적으로 피해 구제에 나서서, 언론중재 절차나 법원 판결을 통해 언론사에 오보를 바로잡는 정정보도를 내라는 결정이 나왔다고 칩시다. 판결에 따라서 언론이 정정보도를 한다고 해도, 대부분은 보일까 말까 할 정도로 작게 '정정보도', '바로잡습니다'라는 제목의 기사를 냅니다. 오보를 바로잡는 절차는 어렵고 번거롭습니다. 오보일 때는 날마다 대문짝만 하게 보도하다가 법원으로부터 정정보도 판결을 받은 뒤 내는 정정보도는 독자들에게 전달되기 어렵습니다. 그때쯤이면 해당 뉴스에 대한 사람들의 관심도 식어버린 데다가 최초 보도와 달리 지면 구석에 자그마하게 실리니까요.

그래서 많은 경우에 오보는 모든 사람이 보지만, 정정보도를 본 사람은 거의 없습니다. 날마다 법원에서 수많은 무죄 판결이나 무혐의 판결이 나는데, 신문에 애초의 보도를 바로잡는 추후보도 청구권이 행사되는 경우는 매우 드뭅니다. 법령상으로만 존재하는 규정이다시피 하기 때문이지요. 신문에서 "고위공직자 김○○ 씨가 직권남용죄로 면직되었다는 기사가 ○○일 실렸지만, 행성법원에서 김 씨에 대한 무죄판결을 내려 ○○치 기사를 바로잡습니다"라는 형태의 고침 기사를 본 독자는 거의 없을 것입니다. 이렇듯 피해 구제의 실효성이 적다 보니, 오보와 왜곡 보도로 인해 피해를 당하고도 대개는 적극적으로 대응하지 않습니다. 언론 보도로 인한 피해를 구제받을 수 있는 제도가 있다는 것 자체를 모르는 사람이 대부분이고요. 이렇듯 언론을 통해 알려진다는 것은 엎질러진 물과 같아서 그 내용을 주워 담거나 없던 일로 하여 독자들의 생각을 바꾸는 것이 쉽지 않습니다.

식품이나 생활용품 같은 객관적 실체에 대한 보도는 그나마 객관적 보도가 비교적 쉬운 영역임에도 언론이 잘못 보도하는 사례가 많습니다. 하물며 서로 이해가 엇갈리는 사안이나 출신 지역과 배경에 따라 입장이 첨예한 사안에 대한 보도는 객관적 진실을 파악하기가 더욱 어렵겠지요. 원자력 발전소 건립, 고교 평준화 폐지, 최저임금 인상 등 우리 사회의 중요한 문제는 객관적 답이나 모두를 만족시킬 만한 해결책을 찾기 어려운 문제들입니다. 이러한 문제를 보도하는 언론은 대개 자신의 논리에 부합하는 사실들을 찾아 꿰어서 기사로 보도합니다. 따라서 수용자가 언론 보도의 한계를 의식하면서 비판적으로 보도 내용을 받아들여야 합니다.

3. 좋은 보도와 언론의 원칙

어떤 보도가 좋은 보도일까요? 한국기자협회에서는 매달 좋은 보도를 골라서 '이달의 기자상'을 시상합니다. '특종'이라고 하는 단독 보도나 오랜 기간 취재한 탐사 보도, 기획 보도가 주로 상을 받습니다. 대개는 사회적 영향력이 큰 특종기사들이지요. 그런데 이런 기사만 좋은 기사일까요? 꼭 그렇진 않습니다.

저는 2016년부터 3년 동안 진행된 한국언론진흥재단의 뉴스트러스트위원회에 꾸준히 참여했습니다. 뉴스의 신뢰도가 갈수록 하락하고 있는 한국의 현실에서 '신뢰할 수 있는 뉴스'를 골라내기 위한 기준과 프로그램을 만드는 위원회였습니다. 언론학 교수와 연구자, 현직 언론인, 개발자 등 전문가가 모여 논의하는데, 무엇이 '좋은 뉴스'인지를 합의하기가 어려웠습니다. 왜냐하면 사람마다 성향과 관점에 따라서, 좋은 뉴스에 대한 정의가 다르기 때문입니다. 하지만 특정 사안에 대해서 보수적 관점의 기사도, 진보적 관점의 기사도 모두 좋은 기사일 수 있습니다. 정치적 성향이나 경제 문제를 보는 관점이 다르더라도 모두가 동의하는 좋은 뉴스의 기준은 '유용하고 믿을 수 있는 뉴스'입니다.

저널리즘이 지켜야 할 기본 원칙 10가지

미국에서도 1997년 '저널리즘을 염려하는 언론인위원회(Committee for Concerned Journalists)'가 만들어져 연구와 논의의 결과물이 《저널리즘의 기본 원칙》(빌 코바치·톰 로젠스틸 지음, 이재경 옮김, 한국언론진흥재단, 2014)이라는 책으로 만들어졌습니다. 이 위원회에서는 저널리즘(언론)의 목적과 사명을 "사람들이 자유로워지고 자신을 스스로 통제할 수 있도록 필요한 정보를 제공하는 것"이라고 정의했습니다. 그리고 언론이 이 과업을 이루기 위해서 반드시 지켜야 하는 원칙을 10가지로 제시했습니다. 언론인에게 중요한 직업윤리지만 동시에 일반 독자에게도 어떠한 원칙을 지켜야 좋은 언론인지를 알려주는 유용한 가이드라인이기에 여기 소개합니다.

저널리즘의 기본 원칙

1) 언론의 첫째 의무는 진실 추구다.

2) 언론은 누구보다 시민에게 충실해야 한다.

3) 언론의 본질은 검증의 규율이다.

4) 언론인은 취재 대상으로부터 독립을 유지해야 한다.

5) 언론은 권력의 독립된 감시자 역할을 해야 한다.

6) 언론은 대중의 비판과 화해를 위한 공개토론장을 제공해야 한다.

7) 언론은 중요한 것들을 흥미롭고 적절하게 전달하려고 애써야 한다.

8) 언론은 뉴스를 포괄적이고 조화롭게 만들어야 한다.

9) 언론 종사자는 양심을 따르도록 허용되어야 한다.

10) 시민 스스로 뉴스 생산자와 편집자가 되는 상황에서 시민은 권리와 책임감을 지녀야 한다.

언론의 10가지 원칙 중에서 으뜸은 '진실 추구'입니다. 과학적 발견은 오랜 기간 연구와 과학자 집단의 검증을 거친 뒤 논문으로 발표되지만, 언론 보도는 다릅니다. 제한된 시간 안에 가능한 한 빠르고 충실하게 보도해야 합니다. 공권력을 지닌 국가 수사기관이 아니라서 사실 확인에 동원할 수 있는 수단도 제한되어 있습니다. 그래서 언론은 가능한 한 '최선의 진실'을 추구하면서 진실에 더 가까이 가려고 노력할 따름입니다. 이는 '완벽한 진실'에 도달하는 게 불가능에 가깝고 많은 경우 오보가 불가피함을 의미하기도 합니다. 언론에 있어 오보는 피할 수 없는 숙명입니다.

그래서 법원도 언론의 이러한 특성을 인정하는 판결을 내려왔습니다. 오보로 인한 명예훼손 재판에서 오보를 낸 언론이 항상 책임을 지지는 않지요. 언론 재판에서는 오보라는 잘못을 저질렀어도 책임을 묻지 않는 '위법성 조각사유'가 있습니다. 면책 사유는 두 가지로, 공익성과 진실 상당성입니다. 공익성은 보도가 공익적 목적인지를, 진실 상당성은 언론이 진실이라고 믿을 만한 충분한 이유가 있었는지, 그리고 취재과정에서 진실을 확인하기 위해서 충분한 노력을 기울였는지를 기준으로 합니다. 기사에서 중요한 부분이 객관적 사실과 합치되면 세부적으로 약간 차이가 있거나 다소 과장된 표현이 있더라도 법적 책임을 지지 않는다는 게 대법원 판례(대법원 2002.5.10. 선고 2000다50213 판결)입니다.

〈뉴욕타임스〉가 최고의 신문이 된 비결

오보는 어느 언론도 피해 갈 수 없지만, 오보 뒤에 보이는 태도는 언론사마다 크게 다릅니다. 그래서 언론사가 중요한 오보를 낸 뒤에 어떻게 행동하느냐는 좋은 언론인지, 그렇지 않은 언론인지를 판가름하는 매우 유용한 잣대이지요. 〈뉴욕타임스〉는 정확하고 품실 높은 보도로 정평이 난, 미국을 대표하는 세계적 권위지입니다. 하지만 〈뉴욕타임스〉도 오보와 실수를 저지릅니다. 다른 언론사와 다른 점은 오보 이후의 조처이지요.

앞서 잠깐 언급한 대로 2003년 〈뉴욕타임스〉의 제이슨 블레어 기자가 써온 기사 상당수가 조작 보도라는 게 밝혀져 크게 문제가 되었습니다. 이후 다른 언론사처럼 관련자 문책과 사과가 뒤따랐지만, 〈뉴욕타임스〉는 특별했습니다. 2003년 5월 11일 1면 머리기사로 이 사실을 크게 보도했지요.

이날 〈뉴욕타임스〉 머리기사의 앞부분입니다. 이 신문은 '블레어 사건'에 대한 잘못과 책임을 고백하고 여러 면에 걸쳐서 전문가들의 조사를 실었습니다.* 그동안 블레어 기자가 써온 기사들을 면밀하게 조사하여 내부의 취재와 팩트체크(사실 확인) 시스템에 어떤 잘못과 책임이 있었는지를 과감하게 드러냈습니다. 흥미로

"All the News That's Fit to Print"

The New York

VOL. CLII . . . No. 52,480 — NEW YORK, SUNDAY, MAY 11, 2003

Times Reporter Who Resigned Leaves Long Trail of Deception

CORRECTING THE RECORD

Continued on Page 24

U.S. Aides Remain Divided As They Weigh Korea R

Bush's Drive for Tax Cut

자사 기자의 조작 보도에 대해 〈뉴욕타임스〉는 머리기사(2003년 5월 11일자)를 통해 책임을 고백했다. 기사의 일부 내용을 소개하면 다음과 같다. "한 〈뉴욕타임스〉 기자가 최근 몇 개월 동안 중요한 사건들을 취재하면서 기만적 취재행위를 해온 사실이 〈뉴욕타임스〉 자체 조사팀에 의해 밝혀졌다. 이번에 확인된 광범위한 조작과 표절행위는 이 신문의 152년 역사에서 대단히 부끄러운 순간이자 독자 신뢰에 대한 심각한 배신이다."

운 점은 〈뉴욕타임스〉 최대의 부끄러운 역사가 된 블레어 기자의 기사를 지금도 〈뉴욕타임스〉 홈페이지에서 보도 당시 그대로 검색할 수 있다는 겁니다. 다만 해당 기사 밑에 "〈뉴욕타임스〉 조사 결과 이 기사는 무엇무엇이 잘못된 기만적 기사다"라는 별도의 안내 문구가 달려 있습니다. 부끄러운 점을 감추거나 축소하는 게 아니라, 영구히 보존하고 무엇이 잘못됐는지를 적극적으로 밝힌 것이지요. 〈뉴욕타임스〉는 오자 등 단순 오류를 정정할 때도 기사 아래쪽에 '바로잡음(Correction)' 알림을 통해 언제, 무엇을 수정했는지 밝히고 있습니다. 오보나 문제가 된 기사라고 해서 함부로 삭제하거나 수정하지 않습니다. 잘못된 것을 그대로 드러내서 바로잡을 것을 수정하고 명확하게 알리는 방식입니다. 〈워싱턴 포스트〉, 영국의 《이코노미스트》 등 권위지들은 수정이 필요한 경우 인터넷에서 어떤 부분을 고쳤는지 밝히고 있습니다.

오보 정정과 사과에 인색한 국내 언론

국내 언론들이 오보나 문제를 일으킨 보도를 처리하는 방식은 상당히 다릅니다. 단순 오류인 경우엔 대부분 오보를 인정하고 바

• 이재경, "뉴욕타임스의 '철저한 사과'", 《기자협회보》 2003.5.28.

로잡습니다. 하지만 언론사가 특정한 의도를 갖고 왜곡 보도를 한 것이 들통난 경우에는 좀처럼 오보임을 인정하지 않습니다. 재판 결과나 움직일 수 없는 증거로 인해 어쩔 수 없이 정정보도를 해야 하더라도 가능한 한 축소하거나 눈에 띄지 않게 처리합니다. 결정적 오보나 문제가 된 기사의 경우 4장의 최저임금 왜곡 보도처럼 흔적도 없이 삭제하는 일도 흔합니다. 외국의 권위지처럼 오보를 살려두면서 고치거나, 정정보도의 구체적 내용을 해당 기사에 안내하는 경우는 거의 없습니다.

한국 언론이 왜곡 보도를 한 뒤에 어떠한 방식으로 정정보도를 하는지 잘 드러난 사례가 있습니다. 2018년 7월 21일 〈조선일보〉에 실린 기사입니다. 삽화와 함께 실린 "노동자 대변한다면서 아내의 운전기사는 웬일인가요"라는 주말섹션 'why?'의 '옐로카드' 코너는 당시 노회찬 정의당 원내대표(국회의원)를 비판하는 내용이었습니다. 노동자를 대변한다는 정의당의 노회찬 의원이 사실은 아내의 운전기사까지 고용했다며 노 의원을 비판했지요. 이는 오보이자, 왜곡 보도였습니다. 노회찬 의원의 부인은 전용 기사를 둔 적이 없었습니다. 노회찬 의원은 이 기사가 실리고 난 이틀 뒤 불법정치자금 수수 의혹을 받는 가운데 유서를 남기고 자살했습니다. 노 의원 사망 뒤 이 기사에 대한 비난이 거세지자 〈조선일보〉는 3주 뒤인 8월 11일 '바로잡습니다'를 실어 오보를 사과했습니다. 그런데 '바로잡습니다'의 내용은 무엇을 어떻게 누가 고

친다는 것인지 불분명하게 처리돼 있었습니다.

이 정정보도는 정의당의 주장을 소개하는 반론이지, 〈조선일보〉가 오보를 냈다고 인정하고 바로잡는 내용과 형식이 아닙니다. 〈조선일보〉가 취재해 보도한 내용 중 무엇이 오보였는지 밝히는 게 아니라, 취재 대상인 정의당의 주장을 전달하는 형식이지요. 〈뉴욕타임스〉가 오보와 왜곡 기사를 대하는 태도와 대조되는 한국 언론의 모습입니다. 상대를 향한 비판은 날카롭지만 오보 인정과 기록, 책임에 대해서 무지하거나 인색한 것입니다. 한국에서는 특정 언론사만의 일도 아닙니다.

오보를 인정하고 기록하는 데 있어서 〈뉴욕타임스〉 등 권위지

제30349호 **조선일보 土日섹션 Why?**

바로잡습니다

Why?는 여름철 정기 휴간 직전 호인 7월 21일 자 B2면에서 1단으로 '노동자 대변한다면서 아내의 운전기사는 웬일인가요' 제하의 기사를 썼습니다. 노회찬 정의당 원내대표의 불법 정치자금 수수를 비판하면서, 아내 전용 운전기사까지 둔 원내대표의 당을 '노동의 희망, 시민의 꿈' 이라고 볼 수 있을까 하는 의문을 담은 내용이었습니다. 그러나 정의당은 "고 노회찬 의원의 부인은 전용 기사를 둔 적이 없으며, 2016년 총선 기간 후보 부인을 수행하는 자원봉사자가 20일가량 선거운동을 도왔을 뿐"이라고 알려왔기에 이번 복간호에 바로잡습니다. 사실을 오인해 고인과 유족, 그리고 독자 여러분께 상처를 느낀 점 사과드립니다.

〈조선일보〉는 정의당의 노회찬 의원이 아내의 운전기사까지 고용했다며 비판한 기사에 대해 3주 뒤(2018년 8월 11일) 오보에 대한 사과의 내용을 담은 '바로잡습니다' 기사를 내보냈다. 하지만 오보의 내용을 밝히지 않고 단순히 정의당의 주장을 전달하는 형식을 취해 불분명한 태도를 보였다. "(상략) 정의당은 '고 노회찬 의원의 부인은 전용 기사를 둔 적이 없으며 2016년 총선 기간 후보 부인을 수행하는 자원봉사자가 20일가량 선거운동을 도왔을 뿐'이라고 알려왔기에 이번 복간호에 바로잡습니다. 사실을 오인해 고인과 유족, 그리고 독자 여러분께 상처를 드린 점 사과드립니다."

와 국내 언론사들의 태도는 왜 이토록 다른 것일까요? 이는 해당 사회가 언론에 무엇을 기대하고 있으며, 언론인들 스스로 어떠한 직업윤리 의식을 갖고 있느냐의 문제입니다. 저널리즘의 기본원칙 중 첫 번째인 '진실 추구'를 사명으로 삼은 언론사는 오보 인정과 사과를 꺼리지 않습니다. 오보를 인정하는 것 자체가 '진실 추구' 행위이기 때문이지요. 또한 시민이 언론에 대해 높은 도덕과 가치 기준을 요구하는 사회에서는 의도적 왜곡 보도를 하는 언론사가 살아남기 어렵습니다. 시민이 외면하기 때문이지요. 즉, 언론인들의 직업윤리와 함께 시민의 언론 감시 역량이 더 좋은 언론을 만드는 토양인 것입니다.

언론사가 사실을 오인해서 생긴 오보는 인정하고 사과하기도 쉽습니다. 하지만 처음부터 특정한 의도에서 작성한 왜곡 보도나 편향 보도는 스스로 인정하기 어렵습니다. 단순한 사실 오인이 아니라, 자신들의 의도를 드러내는 낯 뜨거운 일이기 때문입니다. 그래서 언론사가 문제 된 보도에 대해서 솔직하게 인정하고 사과하는 태도가 '좋은 언론' 여부를 판별하는 중요한 기준이 됩니다.

6장

뉴스의 기준과 공공성

1. 중요한 뉴스가 되는 기준

세상에 일어나는 수많은 사건 중에서 어떤 일이 뉴스가 될까요? 신문이나 방송에 뉴스로 보도되는 것과 그렇지 않은 일 사이에는 어떤 차이가 있을까요? 어제 동남아시아에서 태풍으로 수천 명이 숨지는 재난이 발생했고, 마침 서울 시내에서는 돌풍으로 대형 백화점의 간판이 떨어져 행인 두 명이 크게 다치는 사고가 일어났다고 가정해 봅시다. 둘 중에서 더 중요한 뉴스는 무엇일까요? 아마도 오늘 밤 우리나라 텔레비전 저녁 뉴스에는 "백화점 지나던 행인 날벼락, 대형 백화점 안전 관리 부실"이라는 뉴스가 주요하게 보도될 겁니다. 왜 수많은 사람의 목숨보다 한두 사람의 부상이 더 중요한 뉴스가 되는 것일까요?

뉴스의 세계는 절대 평등하지도 공평하지도 않습니다. 수학법칙처럼 명료하고 정확한 기준도 없지요. 날마다 수많은 사람이 사고를 당하지만 같은 중요도와 비중으로 처리되는 경우는 없습니다. 뉴스를 보도하는 언론 행위는 모든 것을 서열화하는 작업입니다. 신문 편집, 방송 뉴스 편성은 세상에서 일어난 일들을 뉴스 가치에 따라서 한 줄로 세우는 과정입니다. 만약 뉴스가 어떤 기준으로 세상의 사건들에 가치를 매기고 중요도에 따라 순서를 매기는지 알게 된다면, 이로써 사회가 움직이는 방식을 이해하는 지혜와 힘을 얻게 될 것입니다.

날마다 신문에 나온 뉴스가 방송으로 다시 나오고, 인터넷 첫 화면에도 등장합니다. 그러고 보면 신문이나 방송에서 중요하게 다루는 뉴스는 크게 다르지 않습니다. 중요한 뉴스는 왜 언론사마다 비슷할까요? 세상의 수많은 사건 중에서 뉴스가 되는 기준은 무엇일까요?

뉴스를 판단하는 제일 기준, 기자

기자들 사이에는 "기자가 알게 되면 뉴스고, 기자가 모르면 뉴스가 아니다"라는 우스갯소리가 있습니다. 아무리 중요하고 특이한 현상이나 사건이라도 기자나 언론이 알아야 비로소 뉴스로 보도

될 수 있다는 말이지요. 그래서 언론사에는 제보 전화와 이메일이 끊이지 않습니다. 어떤 일을 세상에 널리 알리는 데는 집회나 시위, 광고를 통해 많은 사람에게 직접 전달하는 방법도 있지만, 더 효과적인 방법은 그 사실을 기자에게 먼저 알리는 겁니다. 기자가 알게 되면 취재와 보도를 통해 세상에 널리 알릴 수 있으니까요.

기자는 수많은 정보와 사건 중에서 무엇을 뉴스로 보도할까요? 앞서 우스갯소리처럼 기자가 알게 된다고 모두 뉴스로 보도하지는 않습니다. 기자는 무엇이 뉴스가 될 만한지 골라내는 훈련을 받습니다. 무엇이 뉴스가 되고 안 되는지 판단하는 것은 기자의 일이지만, 우리가 그 기준을 알면 어떤 정보가 뉴스가 되어 사람들의 마음과 세상을 움직이는 힘을 갖는지 이해할 수 있습니다.

뉴스가 되는 데에는 몇 가지 기준이 있습니다. 앞서 외국의 태풍 피해와 국내에서 벌어진 사건을 통해 유추해 보면 가까운 곳에서 일어난 일이 더 중요한 뉴스입니다. 공간적 거리만이 아니라, 시간적 거리도 가까울수록 뉴스가 됩니다. 과거보다는 최근에 벌어진 일이 더 중요한 뉴스가 되지요. 가까이 있는 정도를 말하는 '근접성'은 뉴스에서 중요한 기준입니다. 나와 시공간이 가까운 사건이 먼 일보다 중요한 이유는, 그 정보가 좀 더 유용하기 때문입니다. 2년 전 겨울철 독감 피해가 컸다는 뉴스는 최근 유행하고 있는 독감 소식에 비해 주목받지 못합니다. 돌풍에 건물 간판이 떨어져 다칠 수 있다는 것은 그 도시에 사는 사람 모두에게 직접적인 영향을 끼치는 중요한 뉴스입니다. 먼 나라에서 일어난 재난보다 사람들이 더 관심을 기울이겠지요.

뉴스는 중요도에 따라 보도하는 순서와 분량도 다릅니다. 뉴스 가치가 높을수록 먼저 다루고, 다루는 내용도 많다고 앞에서도 이야기했지요. 중요하게 보도되는 사람이나 현상도 따로 있습니다. 대통령이나 야당 지도자 등 유력한 정치인, 재벌기업 경영자들의 발언이나 행동은 중요하게 다루지만, 평범한 사람들의 사고나 장례식은 뉴스가 되지 못합니다. 중요도가 다르기 때문입니다. 뉴스는 얼마나 많은 사람에게 얼마나 오랫동안 영향을 끼치는지를 중요하게 여깁니다. 언론이 중요하게 다루는 사건은 바로 이러한 기준에 부합하는 뉴스입니다. 뉴스의 중요도는 뉴스 보도로 인한 영향력의 크기를 뜻합니다. 사람들은 자신과 미래에 영향을 끼칠 사건이나 다른 사람들과 사회에 대해 알고 싶어 하기 때문입니다. 이와 관련한 소식은 자연히 뉴스가 됩니다.

또한 특이한 일은 뉴스가 되기 쉽습니다. 언론계에는 "개가 사람을 무는 건 뉴스가 아니지만, 사람이 개를 물면 뉴스가 된다"라는 얘기가 있습니다. 평범하고 일상적인 일은 아무리 가까운 곳에서 일어났다고 해도 뉴스가 되지 않습니다. 아주 드물거나 독특한 일이어야 뉴스가 되지요. 사람들은 새롭고 흥미로운 일에 관심을 보이기 때문에 기자는 당연히 신기하고 특이한 사건을 찾아 보도하려 합니다. 그렇다 보니 지나치게 흥미 위주로 뉴스를 전하는 선정주의가 언론의 문제점으로 제기되기도 합니다. 우리 뇌는 새로운 정보를 접할 때 신경전달물질인 도파민을 분비한다고 했지요. 뉴스가 특이한 소식을 추구하는 것은 인간의 본능에 따른 현상입니다.

언론은 '부정적 뉴스'를 편애한다

"언론엔 나쁜 뉴스만 많이 나온다"며 신문을 보지 않는다는 사람도 있습니다. 아닌 게 아니라 언론에는 긍정적 뉴스보다 부정적 기사가 훨씬 많은 게 사실입니다. 수많은 사람이 희생된 재난 보도, 끔찍한 범죄 기사, 정치인과 권력자들의 추잡한 뒷거래 고발 등 신문과 방송은 하루도 빠지지 않고 부정적 뉴스로 채워집니다. 김밥할머니의 유산 기증, 장애 극복 성공담 등 훈훈한 미담 기사도 실리지만, 부정적 기사에 비하면 가뭄에 콩 나듯 드뭅니다. 간혹 사회를 밝게 만드는 긍정적 뉴스를 발굴해 더 많이 싣겠다는 계획을 밝히는 언론도 있지만, 얼마 지나지 않아 흐지부지됩니다. 왜냐하면 사람은 부정적 뉴스에 더 끌리기 때문입니다.

뉴스는 긴급 안내방송과 비슷합니다. 안내방송은 화재가 났으니 긴급 대피하거나 갑작스러운 비상사태가 발생했으니 주의하라는 방송을 하지, 거액이 든 분실 지갑을 찾아주었다는 등의 훈훈한 이야기를 내보내는 경우는 드뭅니다. 앞서 언급한 언론의 '환경 감시' 기능으로, 누구나 주의해야 할 정보를 전달하는 게 언론의 역할인 거죠. 소득이 늘어나고 사회 환경이 개선되고 있어도 이러한 긍정적 변화가 언론에 보도되는 경우는 드뭅니다. 언론 보도는 '불행 친화적'입니다. 대표적인 게 미담 대신 범죄 보도 선호 현상입니다.

앞서 살폈듯, 19세기 뉴욕에서 등장한 대중신문은 범죄 보도를 내세워 많은 독자를 사로잡았습니다. 범죄 현장과 수법의 생생한 묘사는 물론, 소설을 쓰듯 상상력을 동원한 글쓰기로 선정적인 보도 경쟁이 펼쳐졌고, 이후로 범죄 보도는 언론 보도의 중요한 영역으로 자리 잡아 오늘날까지 이어지고 있습니다.

사회와 개인이 사고와 범죄의 위험으로부터 스스로를 보호하는 방법은 어떤 범죄가 발생했는지 널리 알리는 데서 시작합니다. 날마다 일어나는 사기와 절도 범죄는 기사화되기 어렵지만, 잔혹한 범죄나 대형 사기 사건 등은 사회 구성원에게 범죄에 대한 경각심을 주기 위해서 주요하게 보도됩니다. 이런 사회 감시와 예방적 효과로 인해, 범죄 보도는 공익성을 지니고 있습니다.

하지만 언론에서 범죄 보도는 공익성을 외면하고 흥미 위주로 흐르는 경우가 흔합니다. 범죄의 구조적 원인과 피해, 대책을 보도하기보다, 엽기적 범죄가 어떻게 자행됐는지 지나칠 정도로 상세하게 묘사하고, 피해자나 가해자를 흥미 위주로 접근하는 관음

증적 보도가 많습니다. 범죄 보도가 언론의 중요한 영역이 된 배경엔 안전과 환경 감시라는 공익성과 함께 독자들의 흥미를 자극하는 오락적 요소가 있습니다.

언론은 기본적으로 비리와 부패를 보고 짖어대는 감시견 노릇을 해야 하는 숙명이 있지만, 언론이 미담 기사 또는 사람·행위를 칭찬하기에 인색한 이유가 있습니다. 어떤 정책이나 정치인을 훌륭하다고 보도하는 것은 언론으로서는 매우 위험한 선택입니다. 아무리 지금 훌륭해 보여도 알지 못하는 그늘이나 어두운 곳이 나중에 드러날 수 있기 때문이지요. "털어서 먼지 안 나는 사람 없다"는 말이 있듯이 샅샅이 취재하고 조사해서 완벽에 가까운 대상을 찾아내기는 매우 힘들고 소득 없는 일입니다. 그에 비해서 괜찮아 보이는 것에서도 티와 흠을 잡아내는 것은 조금만 노력을 기울여도 가능하고, 나중에 그 대상이 잘못되었을 때 '띄워주기 기사'를 썼다는 비판에 처할 우려도 없습니다.

언론이 기본적으로 비판적이고 부정적 태도를 갖고 보도한다는 점을 이해할 때 세상의 모습을 좀 더 객관적이고 균형 있게 바라볼 수 있습니다. 언론은 주로 문제점을 보도하기 때문에 뉴스가 부정적 기사로 채워진 것이지, 세상이 그렇게 나빠져 가고 있다는 것은 아닙니다.• 그래서 언론의 부정적 뉴스만큼 긍정적 뉴

•《팩트풀니스》(한스 로슬링 외 지음, 이창신 옮김, 김영사, 2019)

스로 균형을 맞추는 것이 해법이 아니고, 언론의 보도에서 일어나는 편향성과 기본적 성향을 이해하는 게 필요합니다.

뉴스는 왜 '1등'과 '최초'를 크게 보도할까

뉴스에서는 항상 '최초'를 중요하게 다룹니다. 처음 일어난 일은 크게 보도하지만, 두 번째 일어난 일은 거의 주목받지 못합니다. 오래전에 국내의 한 전자회사가 1등주의를 주장하면서 "아무도 2등은 기억하지 않습니다"라는 시리즈 광고를 제작해 화제를 모은 바 있습니다. 최초로 달에 착륙한 우주비행사 닐 암스트롱이나 최초로 대서양을 단독 비행하여 횡단한 찰스 린드버그는 모두가 기억하지만, 이들에 이어 두 번째로 달에 발을 딛거나 대서양 단독 비행에 성공한 이를 기억하는 사람은 거의 없다는 내용이었습니다. 한 개그맨은 이 광고를 패러디하여 "1등만 기억하는 더러운 세상"이라는 유행어를 낳기도 했지요.

언론은 이 광고보다 더 철저하게 1등만, 정확히 말하면 '최초'만 보도합니다. 2등 또는 서너 번째라고 보도하는 경우도 있지만 매우 드뭅니다. 왜 언론은 '1등'과 '최초'만 다루는 것일까요?

기업이 1등주의를 지향하는 것과 언론이 1등 또는 최초를 중시하는 것은 차원이 다릅니다. 기업에게 1등은 최고의 품질과 고객 만족을 상징하는 것으로 시장 점유율과 수익성으로 이어집니다. 하지만 언론에서 말하는 '최초'는 변화를 의미합니다. 어떤 영역에서건 언론은 최초의 사건을 중요하게 다룹니다. 일례로 1997년 공군사관학교에 처음으로 여생도가 입학하자 모든 언론이 이를 사진과 함께 크게 보도했습니다. 하지만 그 이후에는 공군사관학교나 육군·해군사관학교에 입학하는 여생도를 중요하게 다루지 않았지요. 왜 그럴까요?

'최초'의 사건은 지금까지 불가능하던 일이 비로소 가능해졌다는 의미를 갖습니다. 1969년 인류가 처음 달에 착륙한 사실이나, 1927년 최초로 대서양 단독 비행 횡단에 성공한 사실은 불가능이라는 한계를 극복했다는 의미이기도 합니다. '불가능'을 '가능'으로 바꾸었다는 의미지요. 공군사관학교에 여생도가 입학한 1997년 이후 1년 뒤에는 육군사관학교에도 첫 여생도가 입학하였고, 이듬해에는 해군사관학교에도 최초로 여생도가 입학하게 됩니다. 하지만 이후엔 더 이상 여생도가 사관학교에 들어갔다는 사실이 뉴스거리가 되지 못했습니다. 1997년 여성의 첫 공군사관학교 입학이 중요한 뉴스가 된 것은, 남성 장교를 양성하는 시설이 여성을 포함한 교육시설로 바뀌었다는 사회 변화를 알려주는 중요한 정보이기 때문이었지요.

언론은 평온한 상태나 관계보다 과격한 시위처럼 첨예하게 대립하는 갈등 상황을 주요한 뉴스로 보도합니다. 치열하게 시장 경쟁을 벌이는 기업 소식이나 국가 간 무역 분쟁, 임금 인상을 두고 벌이는 노사 갈등은 언제나 중요한 뉴스거리입니다. 싸움 구경이 재미있다고는 하지만, 언론이 갈등 상황을 뉴스로 보도하는 이유는 따로 있습니다. 대립이나 갈등 상황의 배경에 서로 다른 이해관계나 사고방식이 자리하기 때문이지요. 근본적인 원인이 해소되지 않는 한 대립과 싸움이 생기겠지만, 갈등이 언제까지나 지속될 수는 없고 결국은 어느 쪽으로든 결론이 나지요. 갈등은 현재 상황이 변하리라는 사실을 미리 알려준다는 점에서 뉴스가 됩니다.

변화를 전하는 뉴스가 중요한 이유

특이한 현상은 그 자체로 신기하고 드물기 때문에 많은 사람이 주목하는 뉴스가 됩니다. '해외 토픽'이나 '나라 밖 요지경 풍경'과 같은 소식은 포털 사이트에서 빠지지 않는 단골 뉴스이지요. 처음 만나는 독특함은 변화를 예고합니다. 패션이 유행하는 경우를 생각해 보지요. 유행은 처음부터 많은 사람이 특정한 옷을 입고 다녀서 생기는 걸까요? 누군가 먼저 입기 시작한 옷이 점점 사람들에게 퍼지면서 유행이 만들어지는 것이지요. 신문이나 방송에서 뉴스로 다루는 현상도 처음에는 새롭고 독특하다는 점에서 소개되지만, 독특하다고만 뉴스가 되는 것은 아닙니다. 주변에 결벽

증을 지닌 사람이나 씻지 않는 사람이 있다고 해서 뉴스거리가 되지는 않는 것처럼요. 그 사람은 그냥 독특한 사람일 뿐이지요.

뉴스로 다뤄지는 독특함에는 그 현상이 다른 사람들에게 얼마나 많은 공감을 불러일으키고 변화로 이어지는 요인을 갖추고 있느냐가 중요합니다. 독특하고 새로운 현상이 사회와 시대를 반영하고, 보다 보편적인 현상으로 확대될 수 있어야 합니다. 혼밥(혼자 먹는 밥), 혼술(혼자 마시는 술), 혼행(혼자 떠나는 여행) 등도 처음에는 새롭고 특별한 현상으로 보도했습니다. 하지만 얼마 지나지 않아 아주 자연스러운 유행 또는 사회적 흐름이 되었지요. 사람들이 뉴스를 보고 새로운 현상에 대해 알게 되고 공감한 결과, 스스로 태도를 바꾸는 선택으로 이어진 것입니다. 처음엔 새로운 현상일 뿐이었지만, 새로운 유행이 되어 어느새 우리를 변화하게 만드는 것이 뉴스의 역할입니다.

지금까지 살펴본 것처럼 뉴스가 되려면 시공간적 근접성, 최초성, 중요성, 특이성 등의 조건이 충족되어야 합니다. 하지만 모든 뉴스가 이러한 조건을 다 만족하는 것은 아닙니다. 그러므로 중요한 것은 무엇이 뉴스가 되는지 그 구조를 아는 것입니다. 무엇이 중요한 뉴스가 되는지 이해한다는 것은 우리가 살아가는 세상에서 중요한 정보가 어떻게 만들어지는지 알게 되는 것이기 때문입니다. 가장 중요한 뉴스는 자신과 사회에 커다란 영향을 끼치는 정보입니다. 아무리 재미없고 나와 상관없어 보이더라도 내가 사는 세상과 내 삶에 중요한 정보는 중요한 뉴스입니다. 아르바이트를 하게 되면 최저임금과 주휴수당에 대해 알아야 하고, 직장에 다니게 되면 어떤 권리와 의무를 갖는지, 임신을 하면 내가 사는 지방정부로부터는 어떠한 혜택을 받을 수 있는지 파악해야 합니다.

중요한 뉴스는 영향력이 현재에 그치지 않고 미래에까지 이어져, 우리로 하여금 미래를 예측하게 도와주고 준비하도록 만듭니다. 자신과 사회, 또는 미래에 큰 영향을 끼칠 변화를 남들보다 먼저 알거나 제대로 안다는 것은 살아가는 데 매우 중요한 능력이겠지요. 미디어의 으뜸가는 역할이 각자가 사는 주변을 살필 수 있게 해주는 기능(환경 감시)인데, 뉴스는 단순히 어제의 일을 알려주는 것이 아닙니다. 이미 일어난 일들을 통해서 현재 어떤 일이 진행되고 있는지, 앞으로 어떻게 전개될 것인지를 짐작할 수 있게 합니다. 어제의 뉴스가 갖는 힘은 오늘 일어나는 현상의 이유와 배경을 설명해 주고, 나아가 미래를 예상하고 준비하게 만드는 데서 나오지요.

2. 뉴스의 공공성은 어떻게 판단할까

신문과 방송, 포털의 뉴스 첫 화면은 수많은 뉴스 중에서 중요한 것으로 선택된 뉴스로 채워집니다. 그 기준은 무엇일까요? 앞에서 살펴본 것처럼 시공간적 근접성, 최초성, 중요성, 특이성 등 뉴스 가치를 판단하는 여러 요소들이 있지만, 이러한 다양한 요소를 뭉뚱그려서 하나로 말하면 '많은 사람에게 필요한 중요한 정보'일 것입니다. 이게 신문이나 방송과 같은 매스미디어와 블로그, 개인 홈페이지와 같은 개인 콘텐츠와의 차이입니다. 블로그와 개인 홈페이지는 각자 관심 있는 정보를 다루지만 뉴스 미디어는 모두에게 중요한 정보를 싣는다는 것이 특징입니다. 그래서 언론이 보도하는 것은 기본적으로 많은 사람이 주목하는 '공중의 관심사'입니다. 우리가 뉴스와 정보에 기울일 수 있는 주의력은 제한적이기 때문에 가장 많은 사람에게 중요한 뉴스들을 골라 싣는 것이 언론의 역할이지요. 많은 사람에게 중요한 뉴스, 즉 '공공성' 있는 최신 정보를 다루기 때문에 언론이 힘을 갖는 것이고요.

많이 본 뉴스가 중요한 뉴스일까

뉴스를 추구하는 근원적 동기는 세상을 이해하고 다가올 미래에 대비하기 위한 것입니다. 하지만 무조건 많은 정보가 유익한 것만은 아니지요. 인간은 세상의 모는 정보를 다 받아들일 시간도, 능력도 없습니다. 그저 제한된 정보 안에서 세상과 미래를 이해할 수밖에 없습니다. 사람이 원인과 결과를 따지는 인과적 사고를 하는 성향도, 알고 보면 모든 것을 알 수 없는 상황에서 빠르게 판단해야 하는 조건에서 만들어졌습니다.

인지적 한계를 지닌 사람이 효율적으로 지식을 습득하고 최선의 선택을 하기 위한 생존 전략이 인과적 사고입니다. 인과적 사고는 원인을 알면 미래에 어떤 결과가 나타날지를 예측하게 해주는, 인간이 지닌 고차원적인 사유 능력의 핵심입니다. 그래서 우리는 단편적 정보나 토막 뉴스를 가지고 세상의 모습을 파악할 수 있습니다. 이는 언론과 뉴스의 역할과도 관련이 깊습니다. 뉴스가 무수히 만들어지고 포털 뉴스에는 엄청나게 많은 뉴스가 담겨 있지만, 실제로는 그 뉴스의 일부만 읽거나 시청합니다. 세상의 모든 뉴스를 다 읽을 시간도 없거니와, 읽을 필요도 없습니다. 시간도 제한되어 있고 주의력에도 한계가 있기 때문입니다.

그래서 많은 사람이 관심을 갖는 사건이 뉴스의 중요한 기준이라고 했지요. 하지만 바로 이 점이 미디어를 현명하게 이용하기 어렵게 만듭니다. 많은 사람이 관심을 갖는다고 해서 반드시 중요하거나 유용한 뉴스는 아닐 수 있기 때문이지요. 인기 연예인과 스포츠스타가 몰래 만나다가 갑자기 결혼을 발표하거나 헤어졌다는 뉴스가 있다고 생각해 봅시다. 그들의 이름이 실시간 인기 검색어에 오르고, 관련 기사와 사진이 쏟아져 나오면서 눈 깜짝할 사이 많은 사람의 눈길을 사로잡는 뉴스가 될 테지요. 실제로 포털 뉴스 사이트에서 '가장 많이 본 기사' 코너를 살펴보면, 정치나 경제 뉴스보다는 연예, 스포츠스타의 소식이나 화제성 기사가 높은 순위에 올라 있는 경우가 대부분입니다. 통계상으로는 사람들이 가장 관심을 많이 갖고 열심히 읽는 뉴스지만, 공공성을 갖춘 중요한 뉴스는 아닙니다. 연예인과 재벌 걱정이 제일 쓸 데 없는 걱정이라는 얘기도 있는 것처럼 말이지요.

우리 뇌는 자극적인 정보에 우선적으로 반응하게 되어 있습니다. 곰곰이 생각해야 하는 중요한 정보보다 즉각적으로 반응하게 되는 충격적인 정보에 눈길이 가는 것은 본능입니다. 더욱이 인터넷에서 재미있고 자극적인 뉴스가 '가장 많이 본 뉴스'로 주요하게 노출되기 때문에 더욱 많이 보게 되기도 하지요. 그런데 인간의 주의력은 유한하기 때문에 흥미 위주로 뉴스를 이용하게 되면, 재미있는 건 아니지만 중요한 뉴스를 볼 시간은 확보하지 못합니다. 꽤 오랜 시간 포털에서 뉴스를 봤는데도 나중에는 내가 무슨 뉴스를 봤는지 생각나지 않거나, 애초에 검색하려던 정보가 무엇이었는지 길을 잃고 마는 경우가 있지요. 중요한 정보와 중요하지 않은 정보를 구분하지 않은 채 자극적인 정보에 접근하기 때문에 벌어지는 일입니다. 원하지 않는 뉴스를 보는 데 시간을 헛되게 사용한 것이지요. 이는 사회적으로도 문제가 아닐 수 없습니다. 민주주의 사회에서 공동체에 중요한 뉴스보다 선성적 뉴스가 넘쳐나면 건강한 여론이 만들어지기 어렵기 때문입니다. 민주주의 사회에는 공동체의 주요한 결정에 적극적으로 참여하는 시민이 필수적이고, 시민은 뉴스를 통해서 공동체에 중요한 문제에 대한 정보를 읽고 토론하며 여론을 형성해야 하니까요.

뉴스의 기준은 '대중의 정당한 관심'

뉴스에서 중요한 것은 '대중의 정당한 관심'입니다. '정당한 관심'이라니 아리송하지요? 예를 들어보겠습니다. 인기 연예인의 학창 시절 생활기록부를 입수해 철없던 시절 실수로 처벌받은 일이나 평가가 좋지 않은 기록을 보도하는 것은 대중의 정당한 관심사를 반영하지 않습니다. 사생활 침해지요. 그런데 대통령 후보에 대해서 같은 내용을 보도하는 것은 문제가 되지 않습니다. 이 경우는 대중의 정당한 관심사로 여겨져 언론 보도가 허용됩니다. 왜 같은 방식의 보도인데 대통령 후보에 대해서는 허용되고 인기 연예인에 대해서는 허용되지 않을까요?

대통령이나 장관 등 주요 공직자에 대한 보도 기준과 연예인에 대한 보도 기준은 다릅니다. 보도 대상자가 얼마나 공적인 일을 맡아 처리하고, 권력과 책임을 갖는가에 따라 달라지지요. 대통령이나 국회의원 등 선거를 거쳐 공직에 종사하는 사람은 스스로 국민 앞에서 검증받겠다고 약속한 사람입니다. 사회의 공적인 일을 수행하기 위해 국민으로부터 위임받은 권력을 사용하는 사람들이니까요. 반면에 연예인은 이름이 널리 알려져 있지만, 권력을 이용해 사회에 공적인 영향력을 행사하는 사람은 아니지요. 고위공직자들은 해마다 재산을 공개하여 재산이 늘어나거나 줄어든 내역을 신고하고 공개해야 합니다. 특히 대통령처럼 책임이 막중한 공직자는 거의 모든 행동이 사람들의 관심사이고, 기록으로도 남겨지는 중요한 인물입니다. 누군가의 학창 시절 생활기록부를 들추어 공개하는 것은 사생활을 침해하는 범죄지만, 대통령 후보처럼 공직자가 되려는 사람이라면 유권자의 정당한 권리 행사를 위해서 반드시 검증해야 한다고 보는 겁니다.

대중의 관심이 정당한가 아닌가는 그 영역이 '사적이냐 공적이냐'에 따라서 달라집니다. 하지만 이는 선명하게 구분되지 않을 때가 많습니다. 언론사는 표현의 자유를 강조하며 자신들의 보도를 '대중의 정당한 관심'이자 '국민의 알 권리'라고 주장합니다. 유명인의 사생활을 국민의 알 권리라며 들춰내어 보도하는 경우도 많습니다. 이를 '파파라치'라고 부르지요. 파파라치는 파리처럼 웽웽거리며 달려드는 벌레를 뜻하는 이탈리아어에서 나온 말로, 연예인 등 유명인의 비밀스러운 사진을 몰래 찍어 고가에 팔아넘기는 직업 사진가를 일컫는 단어가 됐습니다. 우리나라에서는 스포츠스타나 인기인의 사생활을 몰래 찍어 보도하는 〈디스패치〉 같은 언론이 대표적인 파파라치 언론입니다. 프랑스 파리에서는 파파라치들이 영국의 찰스 왕세자와 이혼한 다이애나 왕세자비와 아랍 재벌의 비밀 데이트를 취재하다가 교통사고를 유발해 다이애나를 숨지게 만들기도 했습니다.

하지만 유명 연예인이 마약을 복용하거나 음주운전처럼 문제를 일으키는 경우에는 다르게 접근해야 합니다. 일반인이 음주운전이나 탈세를 저질렀다고 해서 그 내용이 언론에 보도되는 일은 없습니다. 그렇지만 유명 연예인이 그런 일을 저지르면 크게 보도됩니다. 과거에는 "연예활동과 관련 없는 사생활의 영역이니, 보도하지 말아 달라"라고 주장하는 연예인도 많았습니다. 그런데 연예인 등 유명인은 신문과 방송 같은 미디어를 통해서 큰 이득을 보고 영향력을 끼치는 사람들입니다. 미디어에 자주 등장해 인기를 얻으면 광고에 출연해 거액을 벌기도 하고, 특별한 관련 경력도 없이 선거에 출마해 당선하기도 합니다. 미디어 노출의 긍정적 효과입니다. 게다가 초등학생과 청소년들에게 아이돌이나 유명 스포츠스타는 엄청난 영향력을 지닌 인물입니다. 법원은 이들을 '공인'과 구별하여 '공적 인물'이라고 봅니다. 공인은 공무원, 정치인처럼 공적 업무를 맡은 사람이고, 공적 인물은 공무를 담당하지 않지만 유명인이나 연예인, 스포츠스타처럼 대중의 관심이 높거나 널리 알려진 사람을 지칭합니다. 이들은 미디어를 통한 영향력이 크기 때문에 그에 대한 책임도 함께 져야 한다는 게 법원 판결에서 확인되었습니다. 그래서 청순한 이미지로 어필해 광고 모델이 된 여배우가 마약 범죄와 불륜스캔들로 이미지가 추락했다면 광고 계약 파기만이 아니라 손해 배상 책임이 있다는 겁니다.

파파라치 언론과 언론의 자유

민주주의 사회는 표현의 자유를 중시하기 때문에 언론의 취재를 제한하거나 파파라치 활동을 차단하기 어렵습니다. 언론의 자유가 폭넓게 보장되는 나라에서는 돈을 노리고 활동하는 파파라치 언론도 적지 않습니다. 하지만 파파라치 언론이 그 사회의 중요한 언론으로 존중받지는 못하지요. 언론이 사회의 공공성에 관한 정보를 전달하고 여론을 형성하기 위한 민주주의 사회의 제도적 장치인 까닭입니다.

파파라치 언론이나 그와 유사한 상업주의 언론은 겉으로는 '알 권리'를 주장하지만, 실제로는 돈벌이를 위해 언론의 자유와 특권을 이용하는 것일 뿐입니다. 자본주의 사회에서 상업주의 언론사의 출현을 막을 수는 없습니다. 독자와 시청자의 관심과 욕구에 충실하고 다채로운 볼거리와 흥미를 제공하는 상업주의 언론의 장점도 분명 있으니까요. 하지만 언론이 민주주의의 제도적 장치로서 비판적 보도와 여론 형성이라는 역할을 간과한 채 재미와 욕구 충족만을 우선하며 돈벌이에 주력한다면, 상업주의 언론은 사회적 건강성을 해치고 말 것입니다. 개인이 저마다의 관심사와 취향을 좇아 정보를 추구하는 것은 자연스러운 일입니다. 하지만 사회 전체적으로는 언론이 공동체의 관심사를 충실하게 보도하고 그에 관한 여론을 형성하는 역할에 충실해야 함을 잊지 말아야 합니다.

언론이 단순히 다양한 정보를 제공하는 인터넷 포털이나 정보지와 다른 점은 보도와 논평을 한다는 것입니다. 보도가 새로운 정보를 찾아내 알리는 행위라면, 논평은 그 뉴스가 왜 중요한지, 어떤 의미를 갖는지를 설명하고 평가하는 행위입니다. 신문에서

DAILY Mirror

FIGHTING FOR YOU

Free TWO packets of Roast Chicken flavoured crisps

My bride and joy...

Fun royal wedding party guide

SNEAKY, SNEAKY

Good day to bury bad news as PM is set to use wedding as cover to create 'helpful' new Lords

EXCLUSIVE

THE Sun

VORDER FORCES

FOR A GREATER BRITAIN

Zlat was a close shave

CAROL JOINS SUN MILLIES TRIBUTE TO OUR HEROES: SEE PAGES 8, 9, 30 & 31

WORLD PICTURE EXCLUSIVE

Harry and his Meg

1st SNAP OF PRINCE WITH LOVE

영국의 대표적인 타블로이드 일간 신문인 〈데일리 미러〉와 〈선〉. 1면에 유명인의 파파라치 사진과 가십성 기사를 실어 사람들의 관심을 모은다. 지나치게 상업적이고 선정적이라는 이유로 비판을 받고는 한다.

보도는 뉴스 기사로, 논평은 칼럼이나 사설, 해설 기사의 형태를 띠고 있습니다. 보도와 논평은 언론이 수행하는 핵심 기능입니다. 언론은 일차적으로 취재와 보도를 통해서 새로운 사실을 널리 알립니다. 그리고 그것이 왜 옳고 그른지, 좋은 것과 나쁜 것을 구분해 평가하는 논평을 합니다. 보도와 논평을 통해 독자들은 새 정보와 관점을 만나게 되고 그에 대한 자신의 생각을 형성합니다. 언론이 각 개인과 사회 여론에 강력한 영향력을 행사하는 구조이지요. 이러한 언론의 기능은 민주주의 사회에서 너무도 중요하기 때문에, 앞서 살펴본 것처럼 언론은 국가권력의 제4부로 기능하며 표현의 자유를 보장받고 특별한 지위와 권리를 부여받았습니다.

언론은 세상을 들여다보는 창입니다. 언론이 공공성보다 돈벌이를 위한 수단으로 쓰인다면 어떤 결과가 일어날까요? 창이 더러우면 심하게 뒤틀려 왜곡된 세상의 모습을 비추겠지요. 우리는 세상에 대한 정보를 의존하고 있는 언론이라는 창이 깨끗한지 더러운지 알아야 하고, 그러기 위해서는 언론이 어떤 기준과 어떤 방식으로 뉴스를 고르고 결정하는지 살필 수 있는 능력이 필요합니다.

3. 뉴스의 가치는 누가 결정할까

언론이 보도 주제를 선택하고 판단하는 데에는 뉴스의 가치가 중요하게 작용합니다. 사람마다 취향이 다르듯이 공동체에 중요한 뉴스 가치가 무엇인지에 대한 판단도 언론사마다 제각각입니다. 언론사마다 설립된 배경과 목적이 다르고, 지향하는 가치가 다르기 때문이지요. 신문 1면에 어떤 기사를 싣고 어떤 관점으로 보도할지는 언론사의 편집 방침에 따라 달라집니다. 포털의 첫 화면에 등장하는 뉴스에도 포털 뉴스 편집자의 판단이 작용하지요. 우리는 '어제오늘 일어난 주요 사건'으로 뉴스를 만나지만, 뉴스가 우리에게 도달하기까지는 가치 판단이라는 절차를 거치게 됩니다.

어둠 속 스포트라이트, 언론

뉴스는 모두에게 골고루 비추는 태양 같은 존재라기보다 어둠 속 스포트라이트처럼 보여주고 싶은 대상만을 비춥니다. 사진을 찍는 행위와 비슷하다고 할까요. 사진이 사실을 그대로 보여주는 객관적인 표현 수단처럼 여길 수도 있지만, 실제로는 아닙니다. 한 장면을 놓고도 수천 장의 다른 사진을 찍을 수 있지요. 사진을 찍을 때 촬영 각도와 위치, 사진을 찍은 뒤에 일어나는 행위도 다양합니다. 그 행위란 사진을 고르고 버리는 편집 과정입니다. 요즘은 카메라 성능이 워낙 뛰어나 일반인도 어렵지 않게 멋진 사진을 찍을 수 있게 되었습니다. 하지만 전문 사진가의 솜씨를 따라가기엔 역부족입니다.

전문 사진가와 일반인이 찍는 사진은 무엇이 다를까요? 카메라 기능을 숙지하고 조작법을 익히는 것도 중요하지만, 그것만으로는 충분하지 않습니다. 사진의 특성을 이해하면 좀 더 멋진 사진을 찍을 수 있습니다. 흔히 사진을 '빼기의 예술'이라고 말합니다. 눈에 보이는 풍경을 모두 담으려 하기보다 보여주고자 하는 대상을 강조하기 때문이지요. 좋은 사진에는 표현하려는 주제나 대상이 분명히 드러나 있습니다. 그러기 위해서는 중요하지 않은 요소들을 화면에서 제거해야 합니다. 그리고 표현하려는 대상의 특징이 잘 드러나는 순간을 포착해야 하고요. 그렇기 때문에 사진에는 촬영하는 사람의 의도와 관점이 반영되어 나타납니다.

스포트라이트 기능을 하는 언론의 보도가 어떻게 잘못 보일 수 있는지를 알려주는 유명한 그림이 있습니다. 텔레비전에서 비추는 모습은 왼쪽 사람이 오른쪽 사람을 위협하는 장면처럼 보이지만, 실제는 반대의 상황입니다. 언론이 부분에만 초점을 맞춰 자신의 입맛에 맞게 왜곡하여 보도하는 경우를 빗대고 있습니다.

우리는 모든 것을 자세히 다 알 수 없습니다. 그럴 시간과 능력도 부족하고, 언론이 중요한 정보를 요약하여 제공하니 이에 의존하게 되지요. 그런데 언론이 위 그림처럼 전체가 아닌 부분만을 비춰 진실을 왜곡하여 전달할 때, 이를 그대로 받아들인다면 우리는 잘못된 인식을 갖고 행동할 수 있습니다. 언론 보도가 많은 사람에게 큰 영향을 끼치는 만큼 언론이 사실을 정확하게 보도하는 것은 매우 중요합니다. 그렇지만 언론사의 의도와 편집 방침은 사실을 그대로 전달하기보다 왜곡하거나 자신들이 원하는 형태로 해석하는 경우가 많습니다.

한 기업에서 경영진과 노동자 사이의 의견 대립으로 갈등이 발생했다고 생각해 봅시다. 노사 대립은 대부분 어느 한쪽이 전적으로 잘못해서 일어나기보다 당사자 사이의 복잡한 갈등과 이해관계가 얽혀서 일어나기 마련입니다. 상대로부터 더 많은 것을 얻어내면서도 좋은 관계를 유지하여 상생하려는 방법을 찾는 것이 목적이지, 상대를 비난하고 공격하여 끝장을 내자는 것이 아닙니다. 일종의 협상인 셈이지요. 이런 경우 언론의 역할은 어느 한쪽을 편들기보다 노사가 충돌하게 된 원인과 배경을 정확하게 취재하여 문제 해결을 위한 논의가 이루어질 수 있도록 보도하는 것입니다. 그런데 현실에서는 대부분의 언론사가 한쪽을 일방적으로 편드는 경우가 많지요.

노동 문제에 편향적인 언론 보도

'시시비비(是是非非)'란 옳은 것〔是〕을 옳다고 하고 그른 것〔非〕을 그르다고 말한다는 의미입니다. 언론 보도와 논평의 기본적인 역할이지요. 그런데 언론사는 시시비비를 제대로 가리기보다 언론사 입장과 가까운 쪽을 무조건 옳다고 하고, 상대편을 그르다고 비난하는 경우가 많습니다. 우리가 언론 보도를 비판적으로 받아들여야 하는 이유입니다. 특히 노동 문제를 다룰 때 시시비비가 제대로 가려지지 않는 경우가 흔하지요. 거대한 자본과 경영권을 소유한 기업주의 횡포에 노동자 개인이 대처하는 것은 여러모로 불리하기 때문에 법률은 노동자의 단결권과 파업권을 보장합니다. 하지만 노사 대립이 있을 때면 대부분의 언론이 법이 보장하는 노동자의 권리 요구를 잘못된 것처럼 보도하는 경우가 많습니다. 중립을 지켜야 할 언론사가 노골적으로 기업주 편을 드는 것이지요. 사안에 따라 기업주의 잘못이 클 수도, 노동조합의 잘못이 클 수도 있습니다.

언론이 기업주를 편들어 노동자 파업을 왜곡 보도한 대표적 사례가 콜트악기·콜텍 노조의 파업입니다. 기타를 생산하는 이 회사는 세계 시장에서 점유율이 30퍼센트를 차지할 정도로 수익성 높은 기업이었는데, 기업주가 인건비 절감을 위해 인도네시아와 중국 다롄 등 해외에 공장을 세워 직접 수출하는 전략을 쓰게 되지요. 그러면서 2007년 갑자기 국내 공장을 폐쇄하고 직원을 정리해고하기 시작했습니다. 노동자들은 부당한 해고에 맞서 장기 파업에 들어갔습니다. 그런데 다수의 언론은 노동자들의 파업 때문에 회사가 문을 닫은 것처럼 보도했습니다. 2015년 한 보수정당의 대표는 이 회사 노조의 강경한 파업을 비난하는 발언을 했다가 1년 만에 공개 사과하는 기자회견을 하기도 했지요. 2017년 19대 대통령 선거에서도 한 대통령 후보가 강성 노조 때문에 기업이 망했다는 얘기를 되풀이했습니다. 사실은 위에서 밝힌 것처럼, 기업주가 인건비 절감을 위해 공장을 해외로 이전하면서 노동자들에게 책임을 떠넘긴 것이었는데도요. 그래서 2008년 노조의 강경한 파업 때문에 회사가 망했다고 보도한 〈동아일보〉는 대법원 판결에서 보도 내용이 허위라는 판결을 받아 3년이 지난 2011년 정정보도를 내야 했습니다. 하지만 이때도 역시 2008년 노조 파업 때문에 회사가 망했다는 기사는 머리기사로 크게 실렸지만, 2011년 "2008년 기사는 사실과 다릅니다"라는 정정보도는 보일 듯 말 듯 작게 실렸습니다. 이런 왜곡 보도는 많은 사람의 머릿속에 노조 때문에 회사가 망했다는 잘못된 인식만 심어줍니다.

왜 많은 언론이 위 사례처럼 기업주 편을 들고 노동자들을 공격하고 비난하는, 편향되고 왜곡된 보도를 하는 것일까요? 이는 앞에서도 지적했듯 광고 수입 때문입니다. 신문은 구독료와 광고료가 주 수입원인데, 갈수록 구독료보다 광고료의 비중이 커지고

동아일보 제27066호 사회 2008년 8월 2일 토요일 11

인천 두 기업 엇갈린 운명

동국제강 '성과급 잔치'

인천 동구 송현동 동국제강 인천제강소 제강공장에서 근무하는 제강팀 직원들이 지난달 31일 전기로 앞에서 환하게 웃으며 파이팅을 외치고 있다. 인천=변영욱 기자 cut@donga.com

콜트악기 '폐업 찬바람'

이달 31일 문을 닫는 인천 부평구 갈산동 콜트악기㈜ 부평공장의 을씨년스러운 모습. 건물 외벽에 노조가 스프레이로 투쟁구호를 적거나 현수막을 걸어놓았다. 인천=변영욱 기자 cut@donga.com ▶dongA.com에 동영상

14년 무파업 '선물'

1994년 매출 9058억→2008년 5조 예상 초고속 성장

지난달 31일 오후 3시 인천 동구 송현동 동국제강 인천제강소 100t 제강공장.

대형 전기로가 설치돼 있어 실내온도가 50도를 훌쩍 넘었지만 제강팀 직원 20여 명이 크레인을 이용해 열심히 고철을 옮기고 있었다. 이들의 얼굴에서는 구슬땀이 연방 흘러내렸고, 작업복은 흠뻑 젖었지만 표정은 한결같이 밝았다.

16년째 이 회사에 근무하고 있다는 임상길(43) 씨는 "경제가 어려운데도 회사가 지난달 직원들에게 성과급 200%와 특별격려금 150만 원을 지급해 사기가 크게 올라 있는 상태"라며 환하게 웃었다.

1994년 항구적 무파업을 선언해 재계를 깜짝 놀라게 한 이 회사 노조는 3월 임금 및 단체협상을 회사 측에 위임했다. 14년 연속 무교섭 임단협이다.

올해 브라질에서 고로사업을 추진하고, 충남 당진에 공장을 짓는 등 경영여건에 변화가 있기 때문에 회사에 임단협에 따른 부담을 주지 않기 위해 무조건 위임하기로 했다는 것이 박상규(44) 노조위원장의 설명이다.

노조는 대의원총회를 열어 임단협 위임에 대한 찬반투표를 실시한 결과 만장일치로 통과됐다. 이에 회사는 올해 직원 급여를 5% 인상하고, 대학생 자녀의 학자금을 전액 지원하는 보너스를 내놓아 화답했다.

1987년 설립된 이 회사 노조는 무파업을 선언하기 전까지 임단협에 불만을 품고 수시로 장기 파업을 벌이고, 심지어 사옥에 불을 지르기도 하는 등 강성 노조로 유명했다.

그러나 잦은 파업에 따른 생산 차질로 회사가 경영에 위기를 겪고, 급여까지 동결되자 노조 내부에서 지나친 파업 행태에 대한 진지한 고민이 시작됐다.

파업으로 전기로가 꺼지면 이를 다시 정상화하는 데 엄청난 비용이 들어 노사 모두 공멸한다는 인식을 갖게 됐고, 결국 노조가 먼저 무파업을 제안했다. 파업이 사라지자 회사의 매출은 급격하게 증가했다.

1993년 8000여 원에 불과했으나 무파업을 선언한 1994년 9058억 원으로 뛰더니 매년 매출이 늘어나 지난해에는 3357255억 원에 달했다. 올해 매출은 5조 원으로 예상하고 있다. 인천=황금천 기자 kchwang@donga.com

7년 파업의 '눈물'

전기-통기타 매출 세계1위 흔들… 부평공장 문닫기로

지난달 31일 오전 11시경 인천 부평구 갈산동 콜트악기㈜ 부평공장.

회사 정문에는 경영진을 비난하는 현수막과 대자보가 어지럽게 붙어 있었다.

회사에 들어가 보니 정리해고자들이 농성하는 천막이 설치됐고, 공장 곳곳에 경영진에 대한 욕설과 투쟁구호가 스프레이로 적혀 있었다.

이한수 생산부장은 "노조의 강경투쟁 때문에 직원 120여 명이 평생직장을 잃고 모두 거리로 나앉게 됐다"며 씁쓸해했다.

콜트악기는 전기기타와 통기타 매출 부문(1500억 원·지난해 말 기준)에서 세계 1위를 달리던 기업이다. 국내 첫 피아노와 기타 생산업체인 수도피아노사를 운영하던 부친에게 경영수업을 받은 박영호(62) 사장이 1973년 설립했다.

부평공장을 포함해 인도네시아와 중국에도 현지공장을 세워 '콜트'라는 브랜드와 주문자상표부착생산(OEM)방식으로 전 세계에 기타를 공급하는 수출업체로 키웠다.

그러나 콜트악기의 모기업인 부평공장은 이달 31일 문을 닫는다. 노조의 장기 파업에 따른 경영압박과 적자가 누적돼 더는 회사를 경영하기 힘들게 된 것. 노조는 2001년 금속노조 연맹에 가입한 뒤 매년 임금인상, 노조활동시간 연장 등을 요구하며 잦은 파업을 했다.

박 사장은 노조가 44일간이나 파업을 벌인 2005년 8월 사실상 공장에 대한 미련을 접었다. 세계적인 전기기타업체이자 최대 바이어인 미국 펜더사 관계자가 공장을 방문하기로 해 파업하던 노조에 "하루만이라도 좋은 모습을 보여 달라"고 애원했으나 노조는 이를 묵살했다. 일부 노조원은 그에게 욕설과 함께 승용차에 침을 뱉는 등 모욕을 줬다.

노조의 파업으로 생산성이 떨어져 수출 납기를 맞추지 못하는 일이 반복되자 해외 바이어들이 고개를 돌렸다. 펜더사를 비롯한 주요 바이어들이 거래처를 다른 회사로 바꿨다. 경영은 적자로 돌아서 2006년 18억 원, 2007년 25억 원으로 적자액이 늘어났다. 2003년 이후 지난해까지 누적 적자액은 52억 원에 이른다.

결국 박 사장은 지난달 경영진 회의를 소집해 해외공장은 놔두고 부평공장은 폐업하기로 했다. 인천=황금천 기자 kchwang@donga.com

오늘의 날씨

중부지방은 흐리고 비가 오겠으며 남부지방은 한두 차례 비가 오겠다. 아침 최저 23~26도, 낮 최고 25~35도.

방학이 되면 아이들이 잠자리에 드는 시간은 점점 늦어진다. 일찍 자는 아이로 키우려면 매일 저녁 정해진 순서에 따라 잠자는 절차를 습관화시키는 것이 좋다. 오후 8시 반에 아이를 씻긴 후 이불을 덮어주고 잠시 이야기를 나눈다. "잘 자라"는 인사와 함께 아이 방 불을 끄고 나온다. 부모는 3주 이상 흔들리지 말고 이런 절차를 반복하는 인내심이 필요. 정미경 기자

내일까지 천둥-번개 동반 많은 비

중부지방을 중심으로 천둥·번개를 동반한 많은 비가 내리는 등 주말 내내 비가 이어질 것으로 전망된다.

기상청은 1일 "기압골의 영향을 점차 받아 2일 중부지방은 흐리고 비가 오겠으며, 남부지방은 대체로 [illegible]의 비가 내릴 것"이라고 예보했다.

바람이 다소 강하게 부는 가운데 강수량은 지역에 따라 [illegible] 3일까지 비가 이어질 것으로 기상청은 내다봤다.

1~2일 예상 강수량은 서울·경기·강원 영서·서해5도 50~150mm, 강원 [illegible]

A2 2011년 9월 19일 월요일 종합 제28035호 동아일보

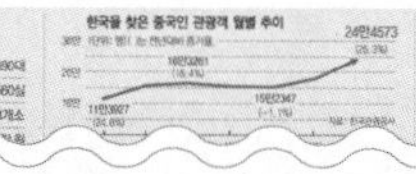

가을밤 경회루 깨운 풍악에… 연못가 능수버들도 어깨춤

가무악 시범 향연에 관객 탄성 내달 15일 유료 공연 열기로

[illegible]

檢, 김두우 前수석 21일쯤 소환

청와대, 어제 사표 수리

[illegible]

정정보도문

본보는 2008년 8월 2일 '7년 파업의 눈물'이라는 제목으로 '한국금속노동조합 인천지부 콜트악기지회의 잦은 파업으로 인해 콜트악기 부평공장이 폐업하게 됐다'는 취지의 보도를 한 바 있습니다. 그러나 콜트악기 부평공장의 폐업은 노조의 파업 때문이라기보다는 사용자 측의 생산기지 해외 이전 등의 다른 사정이 있었기 때문이고, 노조의 파업은 대부분 부분 파업이어서 회사 전체의 매출에 큰 영향을 미치지 않은 사실이 밝혀졌으므로 이를 바로잡습니다.

콜트악기 노조의 강경한 파업 때문에 회사가 문을 닫게 되었다는 왜곡 보도 기사(위)는 "14년 무파업 '선물'"과 "7년 파업의 '눈물'"이라는 기사 제목을 대비하여 노조의 파업 자체를 부정적으로 묘사하고 있다.(《동아일보》 2008년 8월 2일자 11면) 그리고 3년 뒤 같은 기사에 대한 정정보도 기사(아래)는 다른 기사 귀퉁이에 작게 편집되어 실렸다.(《동아일보》 2011년 9월 19일자 2면)

있습니다. 언론에 광고하는 기업은 주로 재벌이나 대기업입니다. 일반 시민이나 노동자들이 자신들의 의견을 광고로 내보내는 경우도 있지만, 기업의 상품 광고에 비하면 미미하지요. 신문사들이 광고료를 많이 내는 기업의 입장을 대변하는 보도를 하는 이유입니다. 일부 기업은 자기 회사에 비판적 보도를 실은 언론사에 광고를 중단하는 방법으로 언론사를 길들이려고 시도하기도 합니다. 대표적인 사례가 삼성그룹의 편법 상속과 비자금 의혹을 집중 보도한 〈한겨레〉 신문에 삼성이 1년 넘게 광고를 끊어, 해당 신문사의 경영을 위협한 경우입니다.

신문이나 방송이 어떤 목적으로, 어떤 사람들에 의해서 만들어졌는가도 해당 언론사의 논조를 좌우하는 중요한 요소입니다. 〈매일경제〉 신문, 〈한국경제〉 신문은 한국의 대표적인 경제신문인데, 이 신문들은 단순히 경제 분야의 뉴스를 집중 보도하는 것만이 아니라 재벌과 대기업의 이익을 노골적으로 옹호하는 논조를 유지합니다. 최저임금을 인상하면 편의점 점주 등 수많은 자영업자들이 어려워진다면서 적극 반대하지만, 자영업자들이 망하는 주요 원인인 높은 임대료나 대기업의 골목시장 침범과 같은 사안은 제대로 보도하지 않습니다. 여기에는 신문사의 설립 동기 자체가 친기업적 보도를 통해 수익을 많이 내고자 하는 목적이라는 배경이 있습니다. 〈한국경제〉 신문의 경우 재벌들의 이익단체인 전국경제인연합회(전경련)가 주도가 되어 만든 신문사지요. 이런 신문사는 수시로 경제를 활성화하기 위해서 기업가 정신이 필요하고 기업의 자유로운 활동을 억제하는 법적 규제를 없애야 한다는 기획기사를 내보냅니다. 저임금 노동 실태나 노동자들의 생존권을 강조하는 기획기사는 거의 찾아보기 힘들지요. 그런데 문제는 기업가 위주의 보도가 친재벌적인 경제신문만이 아니라 대부분의 신문과 방송에서 이뤄진다는 것입니다. 이는 앞서 살펴본 것처럼 광고를 많이 하는 대기업의 입김에 영향을 받는다는 의미이기도 하고, 또 신문사와 방송사를 설립해서 운영하는 경영자 자신이 기업인이라는 점도 작용합니다. 노동자와 기업주 간의 갈등을 공정하게 바라보고 보도하기보다 기업주 편에서 보도하기를 직원 기자들에게 요구하는 것으로 나타나기도 하지요.

노동자와 기업주와의 갈등을 바라보는 편향된 관점은 교과서에도 고스란히 반영됩니다. 국내 교과서에는 기업가 정신에 대한 내용은 실려 있지만, 노동자로서 권리를 찾는 법이나 단결권을 행사하는 방법에 대한 내용은 거의 없습니다. 대부분의 학생이 기업체 사장이나 경영자보다는 기업에 고용된 노동자로 살아갈 텐데, 그들이 살아가는 데 필요한 노동자 권리에 대해서는 배우지 못하고 기업가 정신에 대해서만 교육받는 것이지요. 프랑스, 독일, 영국, 미국 등 선진국들은 다릅니다. 이들 나라에서는 학생들이 학교 정규교육 과정에서 노동자로서의 기본적 권리와 단결권, 노동조합 등에 관해 상당한 시간을 들여 학습하고 졸업합니다.•

이런 배경에는 갈등하는 두 당사자의 상황을 한쪽 편에서 보도하는 편향된 언론과 그에 대해 비판하지 않는 사회적 분위기가 함께 작용한다고 볼 수 있습니다. 우리가 언론 보도를 좀 더 꼼꼼하게 그리고 비판적으로 받아들여야 하는 이유입니다.

• 한계희, "학교에 '노동'은 없다", 〈매일노동뉴스〉 2010.9.20.

4. 뉴스 리터러시

미디어를 비판적으로 수용하기 위해서는 미디어가 전달하는 내용과 방법이 무엇에 근거를 두고 있는가, 그 기준이 적절한가를 생각해야 합니다. 이용자가 적극적으로 미디어의 내용과 방식에 대해서 자신의 생각과 기준을 적용해 보는 것이지요. '뉴스의 출처와 근거가 어디인가?', '이 뉴스는 왜 만들어지게 되었나?', '이 보도로 누가 이익을 얻는가?', '뉴스를 보도하는 언론사는 어떤 자본으로 만들어져 무엇을 대변하는가?', '기사의 어디까지가 사실이고 의견인가?' 등을 스스로 질문하면서 뉴스를 읽어야 합니다.

팩트체크를 거쳤다는 뉴스에 대해서도 그 절차와 내용을 의심해 보아야 합니다. 가짜 뉴스가 스스로 거짓이라고 말하는 법은 절대 없기 때문입니다. 오히려 전문가들을 통해 사실 확인을 거친 분명한 사실이라고 강조하기도 합니다. 언론사가 아무리 사실 확인을 거쳤다고 해도 결과를 어떻게 받아들일지는 결국 이용자에게 달린 문제입니다.

하지만 수많은 뉴스에 대해서 매번 이렇게 질문하며 읽기란 불가능하지요. 모든 뉴스에 대해 이렇게 많은 질문을 할 필요도 없습니다. 중요하거나 관심 있는 뉴스 한두 가지를 위와 같은 질문을 품고 읽는 훈련으로 시작하는 것으로도 충분합니다. 이러한 의문을 가지고 뉴스를 꼼꼼히 읽은 뒤, 뉴스의 배경과 의도를 알아보는 시도를 하는 것이 첫걸음입니다. 구체적으로는 같은 현상에 대해 각 언론들이 어떻게 다르게 보도하는지 비교하고 그 근거를 살펴보는 것이지요.

뉴스 리터러시 기르기

'리터러시(literacy)'란 글로 이루어진 정보를 읽고 이해하는 능력을 말합니다. 문해력이라고도 하지요. 미디어 리터러시는 크게 두 가지 기능을 수행합니다. 하나는 미디어를 도구로 잘 활용하는 능력이고, 또 다른 하나는 미디어로 전달되는 내용을 분별력 있게 이해할 줄 아는 비판적 사고력입니다.

미디어 리터러시는 미디어의 종류만큼이나 다양합니다. 신문이나 방송, 책 등 모든 형태의 미디어에 해당하지만 주로 신문이나 방송 같은 언론을 이해하는 능력으로 쓰이지요. 신문이나 방송 기사와 관련해서는 '뉴스 리터러시'라고 말하고, 소셜미디어를 제대로 활용하는 능력은 '소셜미디어 리터러시'라고 말합니다. 최근에는 대부분의 정보를 스마트폰을 통해 다루다 보니 디지털 기술과 도구를 활용할 줄 아는 능력을 '디지털 리터러시'라고도 합니다. 여기서는 뉴스 읽는 법, 즉 뉴스 리터러시를 살펴봅니다.

뉴스 리터러시는 신문 읽기에서 시작한다고 해도 과언이 아닙니다. 신문기사는 전문 지식 없이도 누구나 읽고 이해할 수 있는 간단명료한 문장으로 구성되어 있습니다. 신문기사는 객관적으로 작성된 것처럼 보이지만, 기사에 쓰인 문장 표현이나 사진에 담긴 인물의 표정이나 몸짓, 제목 크기와 지면 배치 등이 모두 전문가들의 면밀한 판단을 통해 결정됩니다. 신문기사 안에 담긴 정보와 관점은 결코 가볍지 않습니다. 지면에 담을 수 있는 내용이 한정되어 있어 짧은 문장에 복잡한 사안을 압축하지요. 신문의 글쓰기는 복잡한 사안을 짧은 문장에 간단하고 명료하게 표현하면서 기자와 언론사가 하고자 하는 말을 압축하여 담는 작업입니다. 그래서 문장이나 인물 인터뷰의 발언 등을 이해하기 위해서는 해당 사안에 대한 사전 지식이 필요할 수도 있습니다. 하지만 우선되어야 할 것은 기사의 표현 방식이나 논리 전개 방식을 이해하는 능력입니다.

신문은 날마다 구독자에게 배달됩니다. 종이로 발행하기 때문에 휴대하기도 불편하고 읽고 난 뒤에는 모아서 처리해야 하는 번거로움이 있습니다. 지면에 실을 수 있는 기사의 건수나 양이 제한되어 있어서 자세하게 전달하는 데에도 한계가 있습니다. 특정 시점에 만들어 배포하기 때문에 실시간으로 업데이트되지 않아 인터넷과 달리 최신 뉴스를 전달하는 데에도 어려움이 있습니다. 하지만 이러한 단점이나 제한적 환경은 오히려 신문이 다른 어떤 매체보다 뉴스를 뉴스답게 전달하는 역할을 하게 만듭니다.

인터넷 포털과 소셜미디어처럼 온라인 뉴스가 가진 효율성에 비해 여러 단점이 있는데도 왜 신문을 통해서 뉴스 보는 법을 배워야 하는 것일까요? 신문은 지면의 한계 때문에 세상의 수많은 일 가운데 독자에게 꼭 전달해야 할 중요한 일을 선별하여 기사로 싣게 됩니다. 신문기사는 그날까지 일어난 일들 가운데 새롭고 중요한 것들을 추린 것입니다. 하루 단위로 발행된다는 점에서 날마다 새 아침을 맞는 생활 패턴과도 맞지요.

그렇다면 뉴스를 제대로 읽는다는 것은 무슨 의미일까요? 신문기사가 암호로 쓰인 것은 아니지만, 바로 드러나지 않는 많은 정보와 규칙, 의도가 담겨 있습니다. 그것을 함께 읽어낼 줄 알아야 기사가 의미하는 바를 잘 이해할 수 있다는 말입니다. 규칙을 모르는 사람이 축구를 보면 사람들이 뛰어다니며 발로 공을 차는 행위일 뿐이고, 바둑을 보면 나무판 위에 흑백의 돌을 번갈아 놓는 행위에 불과합니다. 하지만 학습을 하고 나면 규칙과 동작 원리를 알게 되고, 흥미가 생기지요. 결국 행동에 담긴 깊은 의미도 읽어낼 수 있습니다.

신문기사는 항상 첫 문장에 핵심내용이 들어 있는 두괄식으로 구성되어 있습니다. 덜 중요한 내용일수록 아래쪽에 담는 역삼각형 구조이지요. 이러한 역삼각형 서술 구조는 전신으로 기사를 송고하던 시절에 만들어진 문화입니다. 전신 요금이 비싸고 도중에 자주 끊어지는 통에 핵심내용부터 먼저 보내고 뒤로 갈수록 덜 중요한 내용을 보냈던 거죠. 오늘날 통신 상황은 바뀌었지만, 서술 방식은 달라지지 않았습니다. 이런 구조를 활용해 신문 읽기를 하면 기사를 끝까지 읽을 필요 없이 제목과 첫 문장만 읽는 경제적 읽기를 할 수 있습니다.

신문기사를 통해 읽어낼 수 있는 정보와 가치는 매우 다양합니다. 신문에 왜 그 기사가 실리게 됐는지, 왜 제목이 그렇게 정해졌는지, 기자와 언론사가 기사를 통해서 전달하고자 하는 의도가 무엇인지를 파악할 수 있게 됩니다. 뉴스 읽는 법을 알게 되면 기사에 사용한 단어와 표현 하나로도 기사가 어떠한 의도로 작성되었는지를 알 수 있습니다. 과거에는 청소년 범죄나 비행을 지적하는 기사에서 '결손 가정 출신'이라는 문구를 넣어 마치 가정환경 때문에 사건이 발생한 것처럼 표현하는 경우가 많았습니다. 하지만 이는 두 가지 측면에서 잘못된 보도입니다. 첫째, 가정환경이 범죄 원인이 아닐 수 있는데도 결손 가정 출신이라는 점을 강조해 독자들에게 편향된 생각을 갖도록 만듭니다. 둘째, '결손'이라는 표현 자체도 잘못입니다. 한쪽 부모로만 이루어진 한부모 가정에는 사망이나 이혼, 별거 등 다양한 이유가 있는데, '정상 가정'을 상정하고 한쪽 부모가 없는 경우를 '결손 가정'이라 표현한 것이지요. '사생아'나 '혼혈아'라는 표현도 드물지 않았습니다. 누구도 자신의 출생 환경을 선택할 수 없다는 사실에 비추어 보면, 이러한 표현은 차별적 표현입니다. 문제 제기가 잇따르자 이제는 '혼외 자녀' 또는 '다문화가정 자녀'로 고쳐 쓰고 있지요.

신문이 사용한 하나의 단어에도 해당 언론사와 기자의 가치 판단과 고정관념이 드러나 있습니다. 예를 들어, 한동안 한국 남성과 결혼한 외국 여성을 '외국인 며느리'라고 불렀습니다. 만약에 국제결혼으로 다른 나라에서 살고 있는데 누군가 계속 '한국인 며느리' 또는 '한국인 사위'라고 부르면 어떤 느낌이 들까요? 한국 사회에서 '며느리'는 유독 가정 내 지위가 낮습니다. 같은 사람이 여러 이름으로 불리지만 '아내'나 '어머니'에 비해 '며느리'는 가장 힘이 없는 지위입니다. 그래서 이제는 자신의 주체적 결정에 따라 결혼을 선택한 '국제결혼 이주여성'으로 부릅니다. 단어 하나에 담긴 의미를 파악해 내면 표현하는 사람과 그 사회가 어떠한 가치관을 갖고 있는지를 알 수 있습니다.

오늘날도 같은 내용의 기사에서 대상을 다르게 지칭하는 경우를 흔하게 볼 수 있습니다. 노동력을 제공하고 그 대가로 임금을 받아 생활하는 사람을 가리켜 '노동자'로 표현하는 경우도 있고 '근로자'로 표현하는 경우도 있지요. '노동 조건'과 '근로 조건'도 마찬가지입니다. '근로勤勞'라는 단어에는 '부지런히 일함'이라는 의미가 있습니다. 근로자는 부지런히 일해야 한다는 가치 판단이 들어 있지요. '노동勞動'에는 '부지런히'라는 의미가 없어 보다 가치중립적인 단어라고 할 수 있습니다. 이 용어들은 일상에서 대개 구분 없이 사용되지만 동일한 대상을 어떤 단어로 표현하는가는 해당 언론사와 기자의 관점을 드러낸다고 볼 수 있습니다.

편집에 담긴 의도를 읽는 법

국어 시간에는 주로 글의 주제와 글쓴이의 의도를 파악하기 위해 노력합니다. 신문 읽기도 비슷합니다. 다만 국어 교과서나 시험 지문과 달리 신문기사에는 사회의 구체적인 문제와 관련된 '살아 있는 지문'이 실립니다. 최저임금 인상이나 원자력 발전소 건설 등과 같이 첨예하게 갈등을 겪는 문제에 대해 정치인, 경제인, 노동자, 시민운동가, 지역 주민 등 다양한 사람의 목소리가 신문에 실리지요. 이를 통해 현재 우리 사회가 어떠한 갈등을 겪고 있는지가 보입니다. 물론 신문을 통해서 읽어내야 하는 것은 단순히 어떠한 문제가 있는지 아는 것에 그치지 않습니다. 왜 갈등이 벌어지는지, 갈등을 해결하기 위해 어떻게 해야 할지를 파악하는 것까지 포함되지요. 날마다 치르는 일종의 국어 시험이라고 할까요?

신문을 제대로 읽어내기 위해서는 신문의 특성, 신문기사의 내용과 구조를 알아야 합니다. 신문은 당일의 사건과 사고 기사의 단순한 묶음이 아닙니다. 앞서 살펴본 것처럼 수많은 소식 가운데 무엇이 뉴스가 되는지에 대한 가치 판단과 신문사의 관점이 반영되지요. 그래서 신문이 어떻게 '편집'되어 있는지 이해하는 것이 중요합니다.

'편집'의 사전적 의미는 '일정한 방침 아래 여러 가지 재료를 모아 신문, 잡지, 책 따위를 만드는 일'입니다. 편집된 신문 지면은 매우 정교하고 적극적인 판단의 결과이고, 편집된 지면은 그 자체로 강력한 메시지를 담고 있습니다. 그래서 신문을 읽는다는 것은 사실 기사 내용보다 편집을 읽는 행위라고도 말할 수 있습니다.

신문 편집은 주로 기사 선택과 배치, 제목 크기와 단어 선택, 사진과 그래픽 요소 활용으로 구성됩니다. 신문 편집을 읽어낸다는 것은 신문이 만들어지는 문법과 표현 방식을 이해한다는 의미입니다. 인터넷으로 뉴스를 볼 때 특별히 주의를 기울이지 않아도 만나게 되는 뉴스는 어떤 것일까요? 바로 포털 첫 화면에 있는 뉴스일 테지요. 첫 화면에 배열된 뉴스는 일부러 찾지 않아도 자연스럽게 많은 사람에게 노출됩니다. 신문이나 방송 뉴스도 마찬가지입니다. 신문 1면에 실리는 기사, 방송이 시작되자마자 앵커가 처음 내보내는 뉴스는 많은 사람에게 전달됩니다. 신문사에서는 매일 편집회의를 열어 그날의 주요 기사를 어떻게 보도할지 토론하는데, 회의 대부분은 '어떤 기사를 내일 신문 1면에 머리기사로 올릴까'에 관한 토론입니다. 신문사에서 오래 일한 전문가들이 어떤 뉴스를 머리기사로 선택할지, 주요 기사를 어떤 관점에서 보도할지를 논의한 결과가 편집된 지면으로 나오지요. 신문을 본다는 것은 단순히 정보의 습득이 아니라, 바로 이러한 가치 판단과 선택의 결정체인 '편집'을 읽는 것입니다.

신문 편집을 읽어내려면 만드는 사람들의 의도를 파악할 수 있어야 합니다. 대화할 때에도 내용 못지않게 중요한 것이 말하는 사람의 의도를 파악하는 것이지요. 같은 사안이라도 신문사마다 기사와 편집이 다른 이유는 제작 의도가 다르기 때문입니다. 지면에 담긴 편집을 읽어낼 수 있다면 의도를 파악할 수 있게 되어 보다 비판적으로 뉴스를 받아들일 수 있습니다.

신문기사에 담긴 의도를 읽어내는 손쉬운 방법은 성향이 다른 두 신문을 비교하여 읽는 것입니다. 예를 들어 진보적 논조를 띤 〈한겨레〉, 〈경향신문〉과 보수적 논조를 띤 〈조선일보〉, 〈중앙일보〉, 〈동아일보〉 등을 비교한다면 좀 더 명확하게 그 차이를 살펴볼 수 있겠지요. 동일한 사안을 어떻게 보도하고 해설하는지를 파악할 수 있게 됩니다. 날마다 두 가지 신문을 비교하며 읽을 시간이 어디 있냐고 반문할지 모르겠네요. 하루 대부분을 신문 읽는 데 보낼 수는 없으니까요. 두 종류 신문에 실린 기사 전체를 비교하여 읽어야 한다는 말은 아닙니다. 이렇게 신문을 읽는 주된 목적은 두 신문의 논조를 비교하여 살피는 것입니다. 이로써 사람들이 세상을 바라보는 관점의 차이를 파악할 수 있으니까요.

그리고 신문은 되도록 1면부터 읽는 것이 좋습니다. 모든 기사를 다 읽는다고 신문을 요령 있게 읽는 것이 아닙니다. 한 장 한 장 넘기면서 어떤 기사들이 실렸고, 어떤 기사가 크게 다뤄졌는지, 요즈음은 어떤 인물이나 사건이 화제인지 살펴보는 것이 신문 읽기의 첫 번째 요령입니다. 신문을 넘기다가 자신이 흥미를 갖고 있는 주제나 관심 있는 기사를 찾아 읽으면 됩니다. 사실 대부분의 독자가 이런 방식으로 신문을 읽지요. 이 방법에서 나아가 좀 더 현명하게 신문을 읽으려면 1면에 실린 기사를 모두 살펴본 뒤에 다음 장을 넘기면 됩니다. 1면에 실린 기사는 신문사가 정말 중요한 기사라고 생각하는 기사니까요. 일반적으로 1면에는 서너 건 정도의 기사가 실리는데, 어제 일어난 사건이나 이슈 가운데 가장 중요하고 생생한 사진을 한 장 게재합니다. 신문 1면은 우리 사회의 하이라이트 순간을 찍은 스냅 사진이라고 보면 됩니다. 그다음에는 차례차례 넘기면서 각 면의 머리기사 제목을 보면서 어떤 주제를 다뤘는지 살펴보는 겁니다. 제목 위주로 읽으면 두 종류 신문을 보는 데에도 시간이 오래 걸리지 않습니다. 효율적으로 우리 사회의 중요한 문제에 대한 자신만의 생각을 형성할 수 있게 되지요.

기사 제목은 판단의 결정체

신문을 읽을 때 주의 깊게 보아야 할 것이 제목입니다. 신문 편집에는 몇 가지 약속이 있는데, 그중 한 가지가 기사의 중요도는 기사의 양이 아니라 제목의 크기에 따라 결정된다는 점입니다. 제목이 클수록, 지면에서 차지하는 제목 공간의 크기가 클수록 중요한 기사입니다. 신문사에는 편집기자라는 특별한 일을 하는 기자가 있습니다. 주로 제목을 달고 기사를 배치하는 일을 하지요. 신문 1면에 기사를 배치하는 일은 서너 건의 기사를 사진과 함께 보기 좋게 늘어놓는 일입니다. 별로 수고롭지 않아 보인다고요? 제목은 보통 15자 안팎으로 핵심을 담아서 큰 글씨로 넣습니다. 편집기자는 신문 한 면에 실리는 기사 서너 건을 읽고 15자 안팎의 제목을 다는, 즉 100자도 안 되는 문장을 쓰는 것이 하루 일의 전부이다시피 하지요. 익숙해지면 몇십 분 안에 끝낼 수 있어 보이기도 합니다. 그렇다면 왜 신문사는 편집기자에게 고작 기사 서너 개의 제목을 다는 일을 맡길까요?

신문기사의 제목은 상품 광고의 메시지와 같은 역할을 합니다.

아무리 제품이 좋아도 광고를 통해 사람들에게 매력을 보여주지 않으면 인기를 얻기 어렵습니다. 카피라이터Copy Writer는 카피 한 줄을 뽑아내기 위해서 수십 일 동안 고민합니다. 그렇다고 그동안 일한 결과가 겨우 카피 한 줄이냐고 말하는 사람은 없지요. 신문 기사의 제목은 상품 광고처럼 기사라는 제품을 소개하고 독자들을 유혹하여 읽고 싶게 만드는 역할을 합니다. 이렇게 제목을 만드는 편집자를 영어로는 카피에디터Copy Editor라고 합니다. 제목은 편집기자 한 사람이 결정하지 않고 여러 전문가가 함께 모여서 고르고 골라 결정합니다. 기사 제목은 짧지만 뉴스 전문가들의 생각이 집약되어 있는 '판단의 결정체'이자 집단창작물인 것입니다. 그래서 신문을 읽는다는 것은 편집과 제목을 읽는 것이자, 뉴스 전문가들이 만든 고도의 판단을 읽는 행위입니다.

기사 제목은 짧게 압축되어 있지만, 많은 정보를 담고 있습니다. 하지만 그 의미를 제대로 읽어내기는 어렵습니다. 여기에는 훈련이 필요하지요. 이는 언어의 표현법을 익히는 것이기도 합니다. 기사 제목에는 광고 카피처럼 직설적 표현만이 아니라 상징적 표현도 많이 등장합니다. 이를 이해하려면 당연히 풍부한 어휘와 표현법을 갖고 있어야 합니다. 신문기사나 제목에서 "무려", "고작", "겨우" 등의 부사를 쓰는 경우가 있습니다. 일상에서 흔히 쓰는 표현이지만, 객관적으로 정보를 전달해야 하는 뉴스에서 가치 판단을 포함한 부사를 쓴다는 것은 공개적으로 의도를 드러내는 행위입니다. 독자로 하여금 스스로 판단하게 하기보다 어감을 통해 언론사의 의도를 주입하려는 행위이기 때문에 바람직하지 않지요. 그래서 이런 감정적 표현을 등장시킨 기사나 칼럼은 언론사가 이 사안을 어떤 관점을 갖고 보도하는가를 드러냅니다.

기사 제목과 표현에 유의하여 읽다 보면, 우리말이 지닌 다양한 표현법과 상징적 기법에도 친숙해지게 됩니다. 나아가 언어 표현에 민감해지고 뉘앙스가 다른 미묘한 단어의 차이를 식별하는 능력을 갖게 되지요. 이러한 언어 민감도는 비단 신문기사의 의미를 제대로 읽어내는 데에만 유용한 것은 아닙니다. "말 한마디로 천냥 빚을 갚는다", "아 다르고 어 다르다"라는 속담이 말해주듯 단어 하나, 표현법의 차이는 매우 큽니다.

죽음을 지칭하는 단어는 여럿이지만 언론에서는 주로 사망, 별세, 타계, 서거 등을 씁니다. 언론은 대부분 김영삼 전 대통령은 "서거", 김종필 전 총리는 "타계", 박완서 작가는 "별세", 김정일 북한 국방위원장은 "사망"했다고 보도했습니다. 이는 우리 사회에서 해당 인물에 대한 이미지와 지위를 반영할 뿐만 아니라 고인에 대해 언론이 어떤 평가를 하는지도 보여줍니다.

결혼하지 않은 사람을 '미혼'이라고 표현하다가 최근엔 '비혼'이라는 표현을 쓰지요. '아직 미(未)'를 쓰는 미혼(未婚)은 '결혼을 해야 하는데, 아직 결혼을 하지 않은 상태'를 의미합니다. 이는 누구나 결혼을 해야 한다는 가치관을 전제한 말이므로, 자발적으로 결혼하지 않은 사람에게는 가치관을 강요하는 표현입니다. '장애인'에 대한 대립어로 '정상인'을 써오던 관행도 비판을 받고 '비장애인'이라는 단어를 쓰게 되었지요.

단어 하나하나에 담긴 뜻을 정확히 파악해 제대로 쓸 줄 아는 능력은 자신의 생각을 상대방에게 온전히 전달하기 위해서도 필요하고, 다른 사람의 발언 의도를 읽는 데도 중요한 능력입니다. 그래서 언어와 표현의 전문가들이 많은 고민을 거쳐 만들어내는 기사 제목은 같은 내용도 어떻게 다르게 표현할 수 있는지를 알려주는 흥미로운 학습 자료인 셈입니다.

기대를 모았던 맞춤형 뉴스는 왜 실패했을까

신문을 볼 때 나의 관심사와 다른 사람들의 관심사 중에 무엇을 위주로 읽는 것이 맞는 방법일까요? 두 가지 모두 필요하고 옳은 방법입니다. 그리고 둘은 서로 관련되어 있습니다. 상품을 만들어 판매한다거나 주식투자로 돈을 벌고자 할 경우, 나의 관심사와 다른 사람의 관심사 중 무엇이 더 중요할까요? 판매하는 상품이나 투자하려는 기업에 대한 자신의 확신이 늘 성공적 결과로 이어질까요? 그렇지 않습니다. 아무리 어느 제품의 특장점을 잘 알고 기업의 재무제표 수치를 정확하게 읽을 수 있다고 하더라도 그러한 능력만으로 주식투자에 성공한다고 장담할 수 없습니다. 해당 기업의 상품과 직접 관련 없어 보이지만, 금리와 환율, 국제 유가 시세, 미국 연방준비제도이사회의 동향을 읽고 그러한 움직임이 국내 금융 시장과 투자 심리에 어떠한 영향을 끼칠지를 판단해야 합니다. 나의 생각과 판단보다 다른 사람들의 심리와 생각이 더 중요하게 작동하는 곳이 주식시장이고 넓게는 경제와 사회 현상입니다. 그래서 제품을 만드는 기업이나 투자 분석가들은 시장조사와 고객 인터뷰를 통해 사람들이 무엇을 좋아하고 무엇을 필요로 하는지 끊임없이 연구합니다. 신문과 방송에서 다루는 뉴스는 사람들이 무엇을 중요하게 여기는지를 알려주는 거울과 같은 역할을 하지요.

요즘은 스마트폰이나 인터넷, 소셜미디어를 통해 더 많은 뉴스를 더 많은 사람이 보고 있습니다. 그 어느 때보다 많은 뉴스와 정보가 소비되고 있지요. 하루에도 수많은 뉴스를 접하지만 스마트폰이나 인터넷으로 볼 때는 자신이 좋아하는 뉴스 위주로 소비하게 됩니다. 한 면씩 넘기면서 편집 의도와 방향을 함께 읽게 되는 신문과 달리 인터넷 뉴스는 내가 읽고 있는 뉴스가 어느 언론사의 기사인지 의식하지 못하는 경우가 많습니다. 또한 포털은 '인기 검색어', '많이 본 기사' 등의 메뉴와 연계해 뉴스 서비스를 제공하는데, 이는 더 많은 페이지 클릭이 일어나는 방향으로 기사를 배열하는 결과를 낳습니다. '무슨 뉴스가 중요한가'보다 '이용자들이 어떤 뉴스를 더 많이 선택하느냐'가 인터넷 뉴스 서비스에서는 중요하다는 뜻입니다. 우리가 인터넷에서 '가장 많이 본 기사'와 '댓글 많은 기사'를 읽는 것도, 인기 검색어를 찾는 이유도 다른 사람들이 관심 쏟는 것을 이해하고자 하는 동기입니다.

인터넷은 이용자에 관한 다양한 통계와 사용 기록을 활용할 수 있기 때문에 관심사를 반영한 맞춤형 서비스가 가능합니다. 취향이나 관심사가 제각각인 사람들에게 같은 뉴스를 공급하는 신문이나 방송과 달리 인터넷은 기술적으로 얼마든지 사용자별로 맞춤화된 뉴스를 만들어 제공할 수 있는 것이지요. 인터넷에서 광고 효과가 높은 것은 바로 이러한 맞춤형 광고 기술 덕분입니다. 대머리 치료 효과에 좋다는 약품 기사를 검색하는 50대 남성 독자에게는 발모제 광고를 띄우고, 신혼 여행지를 검색하는 20대 여성 독자에게는 호텔과 쇼핑 광고를 노출합니다.

맞춤형 서비스가 인터넷 광고에서 효과를 입증한 덕분에 많은 사람은 맞춤형 뉴스도 '기성품'을 제공하는 기존의 매스미디어를 능가하는 대세가 될 것이라고 기대했습니다. 하지만 결과는 딴판이었습니다. 실제로 인터넷 초창기인 2000년대 초반에는 다양한 맞춤형 뉴스 서비스가 등장했지만, 그 어느 곳도 성공하지 못했습니다. 오래지 않아 거의 모든 맞춤형 뉴스 서비스는 자취를 감췄습니다.

인터넷의 맞춤형 서비스가 광고에서는 효과적인데, 뉴스 서비스에서는 왜 전혀 효과를 보지 못했을까요? 이는 뉴스 서비스의 본질을 알려줍니다. 독자가 특정 신문을 구입하는 것은 그 신문에 실린 정보 자체보다 해당 신문의 편집진이 선별해 낸 정보 배열과 가치 판단까지 구매하는 행위입니다. 또한 사람들이 신문을 읽고 방송 뉴스를 시청하는 주요한 동기에는 새로운 정보 습득 못지않게 '다른 사람들이 무엇을 중요하게 생각하고 있는가'에 대한 궁금증이 있습니다. 매스미디어를 통해 전달받는 뉴스는 내가 원하는 정보가 아니라 다른 사람들이 모두 알게 되는 내용입니다. 매스미디어의 영향력도 많은 사람에게 같은 메시지를 전달한다는 점에서 생겨나지요.

사람들은 뉴스를 통해 알게 된 정보를 바탕으로 다른 사람들과 소통하고 싶어 합니다. 500만, 1000만 관객이 드는 블록버스터 영화가 인기를 얻는 것도 사람들의 취향이 비슷비슷하기 때문은 아닙니다. 다른 사람들이 알고 있는 것을 나도 알고 싶어서, 다른 사람과 소통이 원활해지기를 기대하기 때문입니다. 나에게 필요한 정보만으로는 채워질 수 없는 게 인간의 사회적 소통 욕구입니다. 그런데 맞춤형 뉴스는 내 관심사에만 집중해 전달하지요.

작가 알랭 드 보통은, 프랑스 루이 16세의 왕비 마리 앙투아네트가 단두대에서 비극적 최후를 맞게 된 이유를 '맞춤형 뉴스'의 폐해로 설명합니다. 앙투아네트 왕비가 한 도시에서만 수천 명이 굶주리고 있다는 뉴스는 듣기 싫어하고 무도회에 오는 귀족 부인들의 드레스 소식에만 신경을 쏟은 결과가 그녀를 단두대로 이끌었다는 게 작가의 해석입니다(《뉴스의 시대》). 중요한 정보를 무시하고 외면한 결과인 거죠. 그렇다고 해서 중요한 뉴스와 다른 사람들이 알고 있는 뉴스를 전부 따라잡을 수는 없습니다. 그래서 인터넷 환경에서 현명한 뉴스 읽기를 하려면 나의 관심사와 다른 사람들의 관심사를 효율적으로 파악해야 합니다. 그러자면 우선 다른 사람들이 무엇에 관심을 갖는지를 파악하고, 그다음에 자신이 필요로 하고 선호하는 뉴스를 적극적으로 찾아보는 것이 좋습니다.

7장

가짜 뉴스가 판친다

1. 진짜보다 더 '진짜 같은' 가짜

'가짜 뉴스(fake news)'가 세상을 떠들썩하게 만들고 있습니다. 2016년 12월 미국 대통령 선거에서 여론조사 기관과 유권자들의 예상이 뒤집히는 대이변이 일어났습니다. 정치 경력도 없고 미국 정치권과 여론 주도층으로부터 전혀 인정받지 못하던 인물인 도널드 트럼프 공화당 후보가 45대 미국 대통령으로 당선된 것입니다. 도널드 트럼프 대통령은 막말과 거친 표현을 일삼아 같은 공화당 의원들조차 도저히 트럼프를 지지할 수 없다며 지지 거부를 선언했을 정도입니다. 〈뉴욕타임스〉, 〈워싱턴 포스트〉를 비롯한 많은 신문은 트럼프는 절대로 대통령이 되어서는 안 된다며 반대 입장을 밝혔지요.

유권자들은 언론 보도를 통해서 대통령 선거에 관한 뉴스와 정보, 의견을 접하고 이를 근거로 판단하고 결정합니다. 트럼프 후보가 공화당 동료 의원들의 반대와 언론의 공식적인 비판 속에서도 경쟁 후보인 민주당의 힐러리 클린턴을 꺾고 미국 대통령으로 당선된다는 것은 거의 불가능한 일로 예측되었습니다. 그런데 막상 뚜껑을 열어보니 모두의 예상을 뒤엎는 결과가 나타난 것입니다.

오보와 가짜 뉴스의 차이

도대체 무슨 일이 있었기에 트럼프는 이런 열악한 상황 속에서 미국 대통령으로 당선될 수 있었을까요? 대이변으로 기록된 2016년 미국 대통령 선거에서는 과거에 볼 수 없던 새로운 현상이 있었습니다. 많은 유권자 사이에 기성 정치권을 혐오하는 정서가 있었다는 것이 트럼프라는 정치 이단아를 선택한 배경이었지만, 페이스북 같은 소셜미디어와 가짜 뉴스의 영향력도 상당했습니다. 실제로 2016년 미국의 대통령 선거운동 기간에 프란치스코 교황이 트럼프 후보를 공개적으로 지지했다거나, 힐러리 클린턴 후보가 테러 단체인 이슬람 국가(ISIS)에 무기를 판매했다는 거짓 뉴스가 유권자들에게 널리 확산되며 사실로 받아들여지는 일이 있었습니다. 가짜 뉴스였지요.

Pope Francis Shocks World, Endorses Donald Trump for President

Reports that His Holiness has endorsed Republican presidential candidate Donald Trump originated with a fake news web site.

2016년 미국 대통령 선거를 앞두고 페이스북에서 널리 유통된 "프란치스코 교황이 공화당 트럼프 후보를 지지한다"는 가짜 뉴스의 사례. 프란치스코 교황은 가짜 뉴스에 대해 이브를 유혹한 뱀에 비유해 비판하였다.

세상에는 언제나 거짓말로 사람들을 현혹하는 사기꾼이나 사이비 지도자가 있었고, 헛소문과 유언비어가 있습니다. 문제는 2016년 미국 대선에서는 당선이 어려울 것이라고 예상된 후보를 미국 대통령으로 만드는 데 가짜 뉴스가 상당한 영향을 끼쳤다는 점입니다. 어떻게 이런 일이 일어날 수 있었을까요?

사실 신문이라고 해서 100퍼센트 정확한 사실만 실리는 것은 아닙니다. 그래서 정정보도를 통해 실수와 오류를 수정하기도 합니다. 앞서 살펴본 것처럼, 발표 자료만 옮겨 적거나 정확한 취재 과정 없이 이해 당사자 한쪽의 일방적 주장만 전달했다가 오보로 드러나는 경우도 있지요. 하지만 이를 가짜 뉴스라고 부르지는 않습니다. 잘못된 보도, 사실과 다른 보도는 오보지 가짜 뉴스는 아닙니다. 오보와 가짜 뉴스의 차이는 무엇일까요? 바로 '의도성' 여부입니다. 오보는 언론이 결과적으로 잘못된 보도를 한 경우지만, 가짜 뉴스는 처음부터 고의적으로 만들어낸 거짓 정보입니다. 오보와 가짜 뉴스의 공통점은 둘 다 거짓 정보라는 데 있습니다. 하지만 가짜 뉴스는 뉴스의 모양을 띠고 언론사의 진짜 보도처럼 유통된다는 점이 다릅니다.

미국 대통령 선거에서 가짜 뉴스가 충격을 준 점은 뉴스로 포장된 황당한 거짓말이 등장했다는 사실이 아니라, 많은 사람이 가짜 뉴스에 속았다는 사실입니다. 대통령 선거운동 3개월간 페이스북 같은 소셜미디어에서 가짜 뉴스는 '좋아요'와 '공유' 바람을 타고 기성 언론 보도보다 더 많이 조회되었다는 사실이 확인됐습니다. 왜 그렇게도 많은 미국 사람이 가짜 뉴스에 속았을까요? 과학기술이 발달한 21세기에, 그것도 이른바 선진국인 미국에서 가짜 뉴스에 현혹당해 대통령을 뽑는 어리석은 사태가 벌어진 까닭은 무엇일까요?

영국에서는 유럽연합을 탈퇴(브렉시트)하는 게 이익이라는 가짜 뉴스가 쏟아졌습니다. 영국이 유럽연합에 엄청난 지원금을 퍼주면서도 혜택은 거의 받지 못하고 있다는 근거 없는 내용이었지요. 결국 국민투표에서 브렉시트가 통과되었고, 이후 가짜 뉴스가 여론과 투표에 끼친 영향 때문에 영국은 정치적 대혼란에 빠졌습니다. 스마트폰과 인터넷이라는 편리하고 똑똑한 정보 도우미를 지닌 세상에서 왜 가짜 뉴스의 영향력은 더욱 커진 것일까요?

가짜 뉴스 사태는 미국 대선이나 영국의 국민투표처럼 외국에서만 일어나는 '강 건너 불'이 아닙니다. 두 나라의 사례는 소셜미디어와 인터넷을 쓰는 사회 어디에서나 이런 일이 닥칠 수 있음을 알려주는 일화일 뿐입니다.

가짜 뉴스는 왜 소셜미디어에서 확산됐을까

가짜 뉴스 확산은 모바일 환경에서 소셜미디어가 뉴스 유통의 주요 도구로 자리 잡은 데 따른 현상입니다. 모바일 환경에서 스마트폰과 소셜미디어가 주된 미디어 이용 수단이 되었다는 것은 신문이나 방송 등 기존 뉴스 미디어와 다른 방식으로 뉴스 소비가 일어난다는 것을 뜻합니다. 단지 신문과 방송의 영향력이 줄었다는 것만이 아니라, 사람들이 미디어를 이용하는 방법이 달라지고 그로 인해 생각하는 방식과 여론이 만들어지는 과정도 변한다는 것이 중요합니다. 소셜미디어를 통한 뉴스 이용은 아래와 같은 변화를 가져왔습니다. 언론의 중개자 역할이 사라진 데 따른 영향인데, 구체적으로 그 변화를 네 가지로 구분할 수 있습니다.

첫째, 뉴스 이용이 개인적인 차원에서 이뤄집니다. 신문과 방송 등의 매스미디어는 언론인이 만들어낸 뉴스 콘텐츠의 내용이나 편집 방침을 이용자가 무시하거나 외면하기 어려웠습니다. 신문 1면부터 실린 주요 뉴스 제목이나 기사를 순서대로 읽게 되고, 방송 뉴스는 앵커가 전하는 순서대로 뉴스를 시청하게 되니까요. 매스미디어 생산자가 중요도와 적절성, 편집 방침에 따라 선별하고 배치한 뉴스를 따르는 방식입니다. 수용자의 취향과 관심이 달라도 매스미디어가 전달하는 공통된 정보와 지식을 갖게 됩니다. 하지만 스마트폰과 소셜미디어에서는 개인이 선호하는 뉴스를 적극적으로 이용합니다. 신문과 방송처럼 중요도의 순서대로 이뤄지는 뉴스의 편집을 따르지 않습니다. 이는 공공 사안에 대한 뉴스보다는 각자의 흥미를 만족시키는 뉴스 위주로 이용하게 만듭니다. 중요한 뉴스를 놓치고 편향된 방식으로 정보 이용을 하는 겁니다. 이런 뉴스 편식은 뉴스가 만들어지게 된 전후 맥락을 알기 어렵게 하고, 편향된 정보를 그대로 받아들이게 만듭니다.

둘째, 뉴스가 제공하는 정보의 형태와 출처가 한눈에 드러나지 않습니다. 스마트폰과 소셜미디어의 정보는 뉴스와 콘텐츠가 뒤섞여 있습니다. 뉴스 생산자가 제공하는 편집 형태를 고집할 필요가 없기 때문에 이용자가 편리한 대로 사용하지만, 동시에 이러한 이유로 정보의 출처와 의도에 대해 이용자가 그다지 신경 쓰지 않게 됩니다. 모바일 화면에서 뉴스를 읽는 일은 편리합니다. 한 군데서 다양한 언론사의 뉴스를 손쉽게 볼 수 있으니까요. 많이 본 기사나 댓글 등 독자의 반응이나 의견도 함께 살펴볼 수 있습니다. 한 언론사 뉴스를 보다가 반대되는 논조의 언론사 뉴스를 비교하여 읽을 수도 있고, 링크로 이어진 다양한 정보를 이용자가 주도적으로 탐색할 수 있습니다. 하지만 이용자가 주의를 기울이지 않으면 대가를 치르게 됩니다. 과거 신문과 방송 위주의 미디어 환경에서는 뉴스의 출처와 편집 방향에 대한 이용자의 주의력과 의식이 예민했지만, 이제는 달라졌습니다. 이용자들은 포털이나 소셜미디어에서 다양한 출처의 수많은 뉴스를 읽지만, 모바일로 읽은 뉴스의 출처를 기억하는지 물어보면 뉴스를 생산한 언론사의 이름을 기억하지 못하고 네이버, 다음, 페이스북 등 플랫폼만을 기억하는 경우가 많습니다.

뉴스의 형태와 출처를 구분하지 않고 이용하는 습관은 결국 어떠한 조직에서 뉴스를 생산하고 누가 어떠한 의도로 뉴스를 만들었는지에 대한 이용자의 주의력을 떨어뜨리게 만들어, 뉴스를 수동적이고 무비판적으로 이용하게 만듭니다. 뉴스를 다양하게 이용할수록 뉴스의 출처가 믿을 만한지 아닌지를 고려해야 하고 그 의도를 파악할 필요가 있는데, 실제로는 매체를 분별하는 능력이 오히려 떨어지고 있습니다. 이용자가 생각과 주의력을 결여한 채

많은 뉴스를 이용하기 때문입니다. 가짜 뉴스가 번지기 좋은 환경입니다.

셋째, 지인의 영향력이 확대되었습니다. 소셜미디어는 지인들과 정보와 연락을 주고받을 수 있는 네트워크입니다. 처음에는 친밀한 사람들끼리 개인적 정보를 주고받았지만 시간이 지날수록 다양한 용도로 쓰이고 있으며 영향력도 커지고 있습니다. 소셜미디어는 이용자 간의 관계와 신뢰를 기반으로 한 네트워크입니다. 친구나 지인 등 나와 연결되고 친분이 있는 사람이 전달해 주는 정보는 언론사나 전문 기관이 알려주는 정보보다 더 믿음직스럽고 중요하게 여겨집니다.

가짜 뉴스의 생산자들은 가짜 뉴스를 퍼뜨리는 통로로 소셜미디어를 이용했습니다. 살펴본 것처럼 모바일에서 이용자들은 뉴스의 출처와 형태를 확인하지 않고 이용하는 경향을 띱니다. 선정적인 내용이나 이용자가 선호하는 내용일수록 주목도가 높아지고, 이용자의 정치적 성향에 부합할수록 '좋아요', '댓글', '공유'를 통해 적극적인 반응을 보입니다. 또한 소셜미디어의 정보는 지인을 통해 이용자에게 전달되므로, 해당 정보의 출처와 형태에 대해서 따지지 않고 일단 믿는 경향이 있습니다. 내가 좋아하거나 믿을 만한 사람이 추천하고 공유한 정보는 습관적으로 추천이나 공유를 하는 경향도 있습니다. 가짜 뉴스라 하더라도 아는 사람이 전해주면 의심 없이 사실로 받아들일 가능성이 높은 것이지요.

넷째, 검색과 소셜미디어는 언론사와 달리 페이지뷰를 기준으로 노출합니다. 검색엔진에서 특정 단어를 검색했을 때 노출되는 결과는 대부분 페이지뷰와 체류 시간 등을 기준으로 이용자 만족도가 높은 순서입니다. 이렇게 검색 결과를 노출하는 방법을 검색 알고리즘이라고 하는데, 이따금 이 알고리즘 원리를 이용하기도 합니다. 예를 들어, 아이돌 팬들이 검색엔진에서 집단적으로 특정 단어를 검색하면 갑자기 인기 검색어나 연관 검색어가 되어 많은 사람에게 노출되곤 하지요.

신문과 방송은 기본적으로 해당 언론사가 표방하는 뉴스 가치와 편집 방침에 따라서 뉴스를 중요도에 따라 배열합니다. 하지만 검색엔진과 소셜미디어엔 언론사 같은 편집 방침이 없습니다. '이용자 만족도'라는 알고리즘이 사실상 유일한 기준입니다. 언론은 보도를 위해 기본적으로 사실 확인을 하지만, 검색엔진과 소셜미디어는 정보를 찾아서 전달하는 역할만 할 뿐 내용의 진위는 고려하지 않습니다. 유튜브에서 일하던 한 엔지니어가 2018년 유튜브의 추천 알고리즘 원리를 폭로했습니다. 유튜브는 시청 시간이 길어질수록 수익이 늘어나기 때문에 콘텐츠의 사실 여부에 관계없이 이용자들이 많이 볼 것 같은 콘텐츠를 계속 보여주도록 추천 알고리즘이 작동한다는 고발이었습니다.• 페이스북은 지인들과

• 권도연, "옛 유튜브 알고리즘 담당자가 밝힌 추천 시스템의 비밀", 〈블로터〉 2018.2.6.

더 많은 콘텐츠를 공유하도록 끊임없이 추천과 공유를 유도합니다. 유튜브는 내가 본 영상과 비슷한 동영상을 계속 추천하고, 자동으로 다음 영상을 재생하며 페이지뷰를 늘립니다. 음모론이나 가짜 뉴스를 한번 보세요. 대개 유튜브가 계속 추천하는 구조입니다. 비판이 높아지자 유튜브는 뒤늦게 알고리즘을 고치겠다고 약속했습니다.

필터 버블

페이스북이나 카카오톡과 같은 소셜미디어에서는 기본적으로 성향이나 취향이 비슷한 사람들이 연결된 경우가 많습니다. 취향과 관심사가 유사한 사람들끼리 모인 공간이다 보니 정보를 공유할 때 '좋아요' 반응도 더 뜨겁습니다.

소셜미디어에서는 가짜 뉴스만 도는 것이 아니라 사기 사건도 많이 일어납니다. 메신저를 이용한 피싱 사기가 대표적이지요. 사기꾼들은 메신저 계정을 해킹한 뒤 평소 자주 연락을 주고받던 친구에게 갑자기 사고가 생겨서 돈이 필요하다고 문자를 보내는데, 의외로 많은 사람이 속습니다. 사기꾼들은 사람들이 자신과 가까운 사람을 믿고 방심하는 마음을 노리는 것이지요.

음성과 메신저를 이용한 피싱 피해가 널리 알려지면서 요즘은 은행 현금입출금기를 이용하려면 경고 화면을 거쳐야 합니다. 하지만 피싱 피해에 대한 경고와 안내가 늘어나 누구나 피해자가 될 수 있다는 생각이 확산됐음에도 불구하고 피해는 갈수록 늘고 있습니다. 경찰 집계에 따르면 보이스피싱은 2006년 우리나라에 처음 등장했는데 2018년 상반기까지 총 16만 건이 발생했고, 피해액은 1조 5000억 원에 이릅니다. 피해액과 건수는 갈수록 늘어, 2018년 8월 현재 이미 2017년 피해액 규모를 넘어섰습니다. 2018년 8개월 동안의 피해자가 2만 1006명이었습니다. 피싱을 조심하라는 경고와 안내가 늘고 있는데도 날마다 116명이, 일인당 평균 860만 원씩, 10억 원의 피해를 입는 것으로 집계되었습니다.• 왜 일까요? 사기범들의 수법이 경찰이나 금융기관, 일반인들의 경계 수준보다 빠르게 진화하고 빈틈을 노리기 때문입니다. 사기는 낯선 사람에게 당하지 않습니다. 내가 신뢰하고 가까운 사람, 또는 그를 사칭하는 사람에 의해서 피해를 보게 됩니다.

소셜미디어는 나의 지인들과 연결된 망이라는 점에서 피싱에 적합한 공간이기도 합니다. 돈뿐 아니라 우리의 생각을 거짓 정보로 낚아채는 공간이 될 수 있습니다. 페이스북에서는 정치적 성향이 유사한 사람들끼리 친구를 맺고 공유한다는 사실도 연구로 입증됐습니다. 미국 공화당 지지자의 페이스북에는 공화당에 우호

• 정세라, "보이스피싱 갈수록 기승…하루 116명씩 '날벼락'", 〈한겨레〉 2018.9.10.

적인 소식이 주로 공유되고, 민주당 지지자들의 페이스북에는 반대로 민주당에 좋은 쪽으로 해석된 뉴스 위주로 공유가 일어납니다. 어떤 집단이냐에 따라서 똑같은 현상을 두고 서로 다른 정보가 공유되고 공감이 일어나는 겁니다. 그러므로 아무리 오랜 시간 뉴스를 보아도 객관적 사실을 접하기보다 자신이 원하는 정보나 입맛에 맞는 정보를 이용하는 현상이 일어납니다. 페이스북을 통해서 많은 정보와 뉴스를 접하지만 내 페이스북의 타임라인은 나의 친구들이 공유하고 추천한 정보들로 채워지니까요. 정치적 성향만이 아니라, 다른 정보들도 개인 성향에 맞게 전달됩니다.

인터넷의 개인별 맞춤화 기술은 사용자가 관심 있는 분야에 대한 전분적이고 풍부한 정보를 제공해 주고, 사용자가 선호하지 않는 정보는 보여주지 않습니다. 예를 들어, 민주당 지지자의 페이스북에는 이번 선거에서 공화당이 유리하다는 뉴스가 노출되지 않는 것입니다. 이렇듯 자기가 원하는 정보, 선호하는 뉴스 위주로 미디어를 이용하는 것은 스스로를 객관적 뉴스와 단절시키는 결과를 초래합니다.

소셜미디어의 개인별 맞춤 서비스는 마치 비눗방울에 갇힌 현상과도 비슷합니다. 소셜미디어의 이런 효과를 '필터 버블filter bubble'이라고 말합니다. 필터 버블 현상은 소셜미디어에서만이 아니라 인터넷의 검색 결과나 많이 본 기사 등 이용자의 선택과 상호작용을 반영한 인터넷 콘텐츠에서 흔히 나타나는 현상입니다. 이용자들은 스스로 선택했다고 생각하지만 맞춤형 필터가 걸러낸 결과만을 만나고, 맞춤형 콘텐츠를 이용할수록 점점 더 필터 버블 속에 갇혀 객관적 사실 인식과 멀어지게 되는 것이지요. 그 결과가 극단적으로 나타난 것이 바로 미국에서의 가짜 뉴스 현상입니다.

소셜미디어에서 자신이 좋아하는 방향으로 정보를 습득하고 생각을 강화하는 현상을 '반향실 효과echo chamber effect'라고도 합니다. 이용자가 페이스북, 카카오톡, 트위터 등에서 접하는 정보나 '좋아요', 댓글 등은 비슷한 사람들이 주고받는 '끼리끼리' 의견인 경우가 많습니다. 소셜미디어의 알고리즘은 이용자의 몰입적 이용을 늘리기 위해 이용자가 '좋아요'를 많이 누른 콘텐츠 중심으로 추천하고 노출하기 때문입니다. 이는 반향실 효과를 가져옵니다. 반향실에서는 메아리(에코)가 방 안에서만 이어집니다. 이러한 음향처럼 소셜미디어에서 같은 정보와 의견이 돌고 돌며 강화되는 현상이 바로 반향실 효과입니다. 새로우면서도 중요하고 진실한 정보나 의견 대신 내가 좋아하거나 댓글 같은 피드백 위주로 정보를 만나면 객관적 인식이 가로막히게 됩니다.

2. 가짜 뉴스는 무엇을 노리는가

가짜 뉴스는 소셜미디어라는 편리한 소통 수단이 드리운 그늘입니다. 가짜 뉴스를 만들거나 퍼뜨리는 사람을 강력하게 처벌한다고 해서 사라지지 않는다는 것입니다. 가짜 뉴스를 자동으로 찾아내 표시하는 기술을 개발한다고 해도 쉽게 해결되지 않습니다. 왜냐하면 가짜 뉴스는 소셜미디어라는 편리하고 강력한 기술의 뒷면이기 때문입니다. 이는 빛과 그림자, 동전의 앞뒤와 같아 어느 한쪽만 누리면서 다른 쪽을 떼어내 버릴 수 없습니다. 가짜 뉴스가 걱정된다고 스마트폰과 소셜미디어를 쓰지 못하게 할 수는 없는 노릇이지요. 교통사고가 많이 발생하니 자동차를 없애자는 주장이 황당한 것과 비슷합니다. 그러므로 가짜 뉴스가 왜 생겨났는지, 무엇 때문에 그 피해가 커졌는지 문제의 근원을 이해하는 것이 중요합니다. 가짜 뉴스의 구조를 제대로 알게 되면 거짓 정보에 빠져 피해를 보지 않을 테니까요.

중개인 없는 직접 유통의 편리함과 위험

앞서 살펴본 것처럼 신문이나 방송과 같은 매스미디어는 게이트키핑을 통해 선별하고 판단한 결과만을 뉴스로 전달합니다. 독자는 언론사의 편집이라는 렌즈를 통해 세상을 보지요. 이렇듯 매스미디어는 뉴스와 독자 사이를 연결해 왔습니다. 그런데 인터넷과 소셜미디어에서는 언론사를 거치지 않고 뉴스와 독자를 바로 연결합니다. 인터넷 세상에서는 궁금한 것이 생기면 굳이 전문가를 찾아가 물어볼 필요 없이 검색만으로도 풍부한 정보를 얻을 수 있지요. 뉴스도 마찬가지입니다. 뉴스를 선별하고 편집하는 언론사의 도움과 개입 없이도 얼마든지 뉴스를 이용할 수 있게 되었습니다. 소셜미디어에서는 클릭 한 번으로 간편하게 뉴스를 접할 수 있습니다.

하지만 이런 편리함에는 대가가 따릅니다. 언론사의 손길을 거치지 않은 날것 그대로의 뉴스를 접하는 대가입니다. 뉴스는 그 자체로 진실이 아니라 뉴스를 만드는 사람에 의해 선택되고 해석되고 편집된 결과물이라고 했습니다. 그렇기 때문에 미디어 콘텐츠를 이용할 때에는 그러한 선택과 편집을 하는 주체(언론사)가 믿을 만한지, 어떤 의도와 특성을 지녔는지를 고려하여 받아들여야 합니다. 하지만 소셜미디어의 링크를 통해 만나는 정보로는 이를 알기 어렵습니다. 대부분의 언론사는 기사의 신뢰도를 중요하게 여기기 때문에 핵심적 사실 관계를 검증하고 보도합니다. 하지만 소셜미디어에서는 기본적인 사실 관계조차 확인되지 않은 뉴스를 만날 수 있습니다. 소셜미디어 이용자들은 뉴스의 출처를 거의 따지지 않습니다. 가짜 뉴스는 이렇게 소셜미디어로 뉴스를 이용하는 사람들이 어떤 경향을 갖는지 관찰하여 만들어낸 거짓 정보입니다. 그렇다면 기존 언론사는 의도적으로 가짜 뉴스를 만들어 전파하는 경우가 없을까요? 만약 그런 일이 일어난다면 해당 언론사는 그 길로 문을 닫을 테지요.

가짜 뉴스는 저절로 만들어지지 않습니다. 누군가 의도를 갖고 만들지요. 하지만 인터넷상의 범죄가 그렇듯 범인을 잡아내기가 쉽지 않습니다. 미국 대통령 선거 때 가짜 뉴스를 만들어 퍼뜨린 주축은 마케도니아의 시골 마을에 사는 10대 소년들이었습니다. 이들은 "교황이 트럼프 후보를 지지했다"라는 충격적이면서도 트럼프 후보에게 유리한 가짜 뉴스를 만들어 소셜미디어에 퍼뜨렸습니다. 그 결과 수많은 사람이 이 가짜 뉴스를 조회하고 공유하면서 소년들에게는 인터넷 광고 수익이 돌아갔지요. 이런 가짜 뉴스를 공유하고 퍼뜨린 사람들은 트럼프 후보의 지지자들이었습니다. 정치·경제적 의도를 가진 가짜 뉴스에 많은 사람이 속은 것입니다. 2016년 미국 대통령 선거 직전인 12월 초 미국 워싱턴 D.C.에서는 힐러리 클린턴 후보가 피자 가게 지하에 있는 아동 성매매 조직에 관여하고 있다는 가짜 뉴스를 믿은 한 남성이 피자 가게를 찾아가 총으로 실탄을 쏜 일도 있었습니다.

가짜 뉴스는 미국만이 아니라, 각종 선거와 국민투표를 앞둔 유럽 각국과 한국에서도 등장해 심각한 사회적 영향을 끼쳤습니다. 앞으로 계속해서 새로운 형태의 가짜 뉴스가 등장할 테고, 인터넷과 소셜미디어를 사용하는 사람은 누구나 거짓 정보에 노출돼 있습니다. 디지털 기반 시대에서 모든 사람은 정보를 이용한 사기의 피해자가 되거나 정보화 시대의 낙오자가 되는 기로에 서 있습니다.

소셜미디어, 정치판을 뒤흔들다

가짜 뉴스가 사회 문제가 되는 배경은 비슷합니다. 미국의 대선, 유럽 각국의 선거 국면, 한국의 대통령 탄핵 심판과 이어지는 대선 등 중대한 정치적 상황이 주요한 배경입니다. 가짜 뉴스의 배경에는 마케도니아의 소년들처럼 이익을 목적으로 한 집단도 있지만 근본적으로는 정치적으로 첨예한 대립 상황이 있습니다. 마케도니아 10대들이 미국 대선 후보를 대상으로 삼은 것도, 그것이 이용자들의 반응을 가장 활발하게 끌어내고 첨예한 대립 국면이 펼쳐지는 주제였기 때문입니다.

가짜 뉴스가 확대되는 배경에는, 선거 등 첨예한 대립을 보이는 정치적 상황에서 특정 세력이 불특정 다수의 인식을 전환하고 정치적 선택을 유도하기 위해 영향력 있는 정보를 유통하려는 목적이 있습니다. 국내에서는 박근혜 탄핵, 대통령 선거 때 가짜 뉴스가 확대됐습니다. 특정 정치 세력은 선거 국면에서 자신들의 이해를 관철하고자 가짜 뉴스를 활용했는데, 유통 수단은 소셜미디어였습니다. 지인의 추천을 통해 정보가 유통되고 이용자들은 정보의 신뢰도나 출처를 따지지 않고 정보를 흡수하는 소셜미디어의 속성이 철저히 정치적으로 이용된 것이지요.

일부 정치인들이 가짜 뉴스에 기반해 주장을 펼치기도 했습니다. 급박한 상황에서 정보의 정확도보다 영향력을 중시했기 때문이죠. 공직선거법은 선거운동 기간에 거짓되거나 불법적인 정보를 유포하는 행위를 표현의 자유를 제한하면서까지 강하게 규제합니다. 그러나 가짜 뉴스 현상은 국경과 물리적 한계를 뛰어넘는 인터넷 기반의 소셜미디어를 통해서 유포되고 있으며, 새로운 기술적 배경을 기반으로 교묘하게 사실과 거짓을 혼합해 만들어진 정보입니다. 이런 점에서 종래의 규제와 법규로 대처하기 어렵지요. 가짜 뉴스를 악용하는 세력의 의도와 기술적 능력에 비해서 이를 수용하거나 규제해야 하는 쪽은 기술적·문화적으로 그만큼 기민하게 대응하지 못하는 데도 원인이 있습니다.

모든 가짜에 팩트체크로 일일이 반박하기란 불가능합니다. 가짜 뉴스가 너무 많고 새롭게 진화하기 때문이기도 하지만, 이는 근본적 해결책이 아니기 때문입니다. 가짜 뉴스가 왜 생겨나는지, 우리는 왜 가짜에 속는지를 이해하려면 정보사회의 구조를 아는 게 출발점입니다.

3. 가짜 뉴스에 속지 않으려면

가짜 뉴스는 소셜미디어의 정보 유통 속성과 고도화된 인공지능 기술이 결합하면서 훨씬 더 정교해졌고, 사실 확인이 불가능할 정도의 수준에 도달했습니다. 가짜를 만들어내는 기술은 더 교묘하게 발전하고 있지만 그것을 규제하고 처벌하는 대응과 법적 장치는 그 속도를 따라가지 못하고 있습니다. 가짜 뉴스로 인해 인터넷 플랫폼 기업들은 신뢰성 위기를 맞게 되었고, 다양한 대응책을 내놓고 있습니다. 각국에서도 기술적, 법·제도적, 교육·문화적 측면에서 다양한 대응과 규제책을 만들기 위해 고심하고 있습니다.

인공지능 딥페이크 기술

인공지능과 알고리즘 기술 발달은 허위 왜곡 정보 생성과 확산에 새로운 동력과 배경이 되고 있습니다. 2017년 12월 '딥페이크'라는 인터넷 사용자가 인공지능 기술을 활용하여 유명 연예인의 위조 영상물을 만들어 공개했습니다. 스칼렛 요한슨, 엠마 왓슨 등 유명 영화배우의 얼굴을 성인 영상물에 합성했는데 진위 식별이 불가능한 수준입니다. 이후 특정 인물의 얼굴 등을 인공지능 기술을 이용해 특정 영상에 합성한 편집물을 딥페이크라고 부르게 되었습니다. 국내에서도 이 기술을 이용해 여성 연예인을 합성한 성인 영상물이 유통되어 피해가 일어나고 있습니다.

구글은 2018년 5월 연례 개발자대회(I/O)에서 사람 목소리를 완벽하게 흉내 내는 인공지능 음성비서 서비스 '듀플렉스'를 공개했습니다. 미용실과 식당에 전화를 걸어 상대의 질문과 답변에 자연스럽게 응대하고 주어진 과업을 완수하였는데, 매장 종업원 누구도 이를 눈치채지 못했습니다.

조작된 이미지와 사실을 퍼뜨리는 가짜 뉴스를 뿌리 뽑기 위해 인공지능을 활용하는 시도도 활발합니다. 미국 국방부 방위고등연구계획국(다르파)은 2018년 여름, 세계적 인공지능 전문가들을 대상으로 딥페이크 동영상을 제작하고 감식하는 경진대회를 개최했습니다. 진짜 같은 가짜 동영상이 가짜 뉴스에 활용돼 대통령 연설이나 유명인의 증오범죄 유발 발언 등을 만들어내면 재앙적 결과로 이어질 수 있다는 우려 때문이었습니다. 국내 과학기술정보통신부도 경제적·사회적 문제 해결을 위한 '인공지능 연구개발 챌린지 대회'를 개최하고 있습니다. 2017년 경진대회 과제는 '가짜 뉴스 찾기'였고, 2018년 7월 대회 과제는 '합성사진 찾기'였습니다.

진짜와 가짜를 놓고 쫓고 쫓기는 경쟁에 인공지능이 가세해, 문제는 갈수록 복잡해지고 있습니다. 인공지능 기술이 점점 더 '진짜 같은 가짜'를 만들어내는 상황은 "앞으로 사람이 진짜와 가짜를 식별하는 게 가능할까"라는 질문을 던집니다. 인공지능으로 만들어낸 진짜 같은 가짜가 뉴스와 검색 결과, 전화 통화 등에 활용된다면 피해는 포르노처럼 특정한 영역에 국한되지 않을 것입니다.

구글은 사람의 목소리와 문장을 완벽하게 구사해 인간과 식별이 불가능한 인공지능 비서 듀플렉스를 자랑스레 선보였지요. 하지만 뜻밖의 상황과 마주쳤습니다. 많은 사람의 불안과 우려, 비판이 쏟아진 겁니다. 사람과 구별할 수 없는 인공지능 비서는 편리한 만큼 악용될 수 있기 때문입니다. 전화 목소리 톤과 내용으로 가짜와 진짜를 식별할 수 없다면 거의 모든 식당과 공연, 행사 예약에 인공지능 프로그램이 활용될 수 있다는 우려가 나온 것입니다. 텔레마케팅이나 보이스피싱이 지금과 비교할 수 없이 정교해진다면 어떻게 될까요? 구글은 문제가 제기되자 듀플렉스를 상용화하는 시점에는 "사람이 아니라 인공지능이 건 전화"라는 점을 밝히겠다고 발표했습니다. 하지만 페이크 영상이나 보이스피싱처럼 나쁜 의도에도 같은 기술이 이용되리라는 점은 쉽게 예측할 수 있습니다.

그동안에도 포토샵을 이용한 이미지 수정과 조작이 가능했지만, 최근 빅데이터와 인공지능 기술은 진짜와 식별이 불가능한 수준의 가짜를 만들고 있습니다. 특히 인공지능 신경망 기술(GAN)은 경쟁하는 알고리즘 두 개로 구성됐는데, 하나는 화폐위조범의 역할을 하고 다른 하나는 경찰의 역할을 합니다. 인공지능을 이용해 하나는 진짜 같은 가짜를 만들어내고, 또 다른 하나는 그것을 식별해 내는 역할을 하는 거죠. 두 알고리즘은 서로가 어떻게 발전하는지를 반영해 상대 알고리즘보다 더 뛰어난 알고리즘을 만드는 피드백 구조를 갖습니다. 두 알고리즘이 대립하고 경쟁하면서 피드백을 주고받으면 조작과 감식 품질이 모두 높아지게 됩니다. 감쪽같은 위조지폐는 그것을 판별할 수 있게 하는 정교한 감식 기술을 요구하고, 위폐 감식 수준이 높아지면 그것을 통과하는 더 정교한 위폐가 등장하는 것이지요. 이러한 경쟁이 지속되면 진짜와 구별되지 않는 완벽에 가까운 위조지폐가 등장하는데, 일반인으로서는 식별이 불가능합니다.

많은 전문가가 한편으론 진짜 같은 가짜를 만들고 다른 한편으로 그것을 식별하기 위한 인공지능 경쟁이 결국은 진짜와 구별하기 어려운 가짜를 만들어낼 것이라고 우려합니다. 이는 냉전 시기 미국과 소련의 무한 군비 경쟁과 비슷합니다. 승자 없이 모두가 잠재적 패자가 되는, 승산 없는 게임이 될 가능성이 높습니다. 냉전 시기 군비 경쟁은 결국 상호 확증파괴 시스템으로 이어져, 지구 전체를 몇 차례나 파괴할 수 있는 핵무기라는 끔찍한 결과를 낳았습니다. 기술이 진짜 같은 가짜를 놓고 쫓고 쫓기는 경쟁을 하고 있지만, 기술만으로는 해결이 불가능한 문제임을 알 수 있습니다.

소셜미디어 기업의 대응

가짜 뉴스가 주로 소셜미디어 플랫폼을 통해서 유통되어 피해를 키운다는 점은 소셜미디어 기업들이 사회적 책임에서 벗어날 수 없음을 의미합니다. 소셜미디어는 서로 신뢰하고 자유롭게 소통하는 지인들 간의 네트워크이므로, 한번 공유된 정보가 높은 신뢰감을 바탕으로 빠르게 퍼진다는 특성이 있습니다. 가짜 뉴스 유통 세력은 이를 악용합니다.

가짜 뉴스가 사회적인 문제로 대두되었을 때 페이스북은 가짜 뉴스의 영향력과 페이스북의 책임을 부인했습니다. 페이스북의 CEO 마크 저커버그는 2016년 11월 인터뷰에서 "개인적으로는 페이스북 내의 가짜 뉴스 콘텐츠는 극히 일부이며, 이런 가짜 뉴스가 선거에 영향을 미쳤다는 주장은 말도 안 된다고 생각한다. 유권자들은 자신의 경험을 토대로 투표한다"라고 말했습니다. 하지만 이후 여론의 거센 비판에 직면한 뒤 태도를 바꾸고 개선 작업에 들어갔습니다. 불과 한 달 뒤인 2016년 12월 21일 저커버그는 "뉴스 유통에 책임감을 느낀다"라고 말하고, 2017년 1월부터 페이스북 저널리즘 프로젝트를 만들었습니다. 이 프로젝트는 페이스북에서 가짜 뉴스를 식별하고 추방하기 위한 작업으로, 언론사들과 협업하는 방식입니다. 구글도 검색 알고리즘상에서 가짜 뉴스를 식별해 검색 결과에서 감추는 작업에 들어갔고, 가짜 뉴스 사이트에 구글 광고를 금지했습니다.

유튜브도 2018년 3월 의심스러운 유튜브 동영상에 '정보 단서' 기능을 추가해, 허위 정보 파급을 막겠다는 방침을 발표했습니다. 유튜브 실행 화면에 정보 단서 링크가 있는 텍스트 상자를 만들어, 이용자가 출처와 내용이 의심스러운 동영상이라고 생각할 경우 관련 정보를 손쉽게 검색할 수 있게 하는 방법입니다. 이 텍스트 상자에서 제공하는 링크는 온라인 백과사전인 위키피디아의 관련 정보로 바로 연결됩니다.

비기술적 방법도 동원되고 있습니다. 구글과 페이스북, 유튜브 등은 콘텐츠를 분류하고 노출하는 과정에서 최대한 알고리즘과 자동화에 의존하고 사안별로 사람의 개입과 판단을 최소화하는 방침을 유지해 왔으나, 가짜 뉴스 확산 이후 기존 방침을 바꿔서 사람의 개입을 늘리고 있습니다. 유럽연합은 법과 제도를 통한 규제 강화로 온라인상의 거짓 정보에 대응을 강화하고 있습니다. 독일 정부는 가짜 뉴스와 혐오 발언을 삭제하지 않은 소셜 네트워크 서비스 업체에 최대 5000만 유로(약 600억 원)의 벌금을 물리는 법안을 추진했습니다.

기술적 시도, 법적 시도의 한계

하지만 가짜 뉴스의 피해를 법이나 규제로 차단하는 데에는 한계가 있습니다. 허위 사실을 담은 통신조차 표현의 자유로 보호받는 영역이기 때문입니다. 수정헌법 제1조로 표현의 자유를 강하게 수호하는 미국의 경우는 허위 정보와 유통을 처벌하는 게 거의 불가능합니다.

우리나라에서도 쉽지 않습니다. 국내 헌법재판소는 2010년 12월 이른바 '미네르바 사건'에서 허위 정보를 포함한 내용의 통신을 처벌하는 것은 헌법적 가치인 표현의 자유를 침해한다고 결정한 바 있습니다. 헌법재판소는 당시 이 위헌청구 소송에서 "공익을 해칠 목적으로 허위의 통신을 한 경우 처벌"하도록 규정한 전기통신기본법 제47조 1항에 대해 위헌 결정을 내렸습니다. 헌법재판소는 헌법상 기본권인 표현의 자유를 '공익'이라는 불명확하고 추상적인 규정으로 제한할 수 없다고 판단하고, '허위 사실' 역시 표현의 자유 영역에 속해 보호를 받아야 한다고 밝혔습니다.

이미 존재하는 형법과 명예훼손법, 정보통신망법 등 사기성 허위 정보를 처벌할 수 있는 법적 근거가 충분하다는 점도 위헌 결정의 배경입니다. 가짜 뉴스에 대한 대응은 새로운 법 제정과 처벌 강화로 이뤄지기 어려운 문제입니다. 국경을 넘나드는 인터넷 서비스의 속성과 표현의 자유로 보호되는 콘텐츠의 영역을 법으로 봉쇄하거나 처벌하는 데 기본적으로 한계가 있기 때문입니다. 가짜 뉴스 문제가 심각해지자 문재인 정부도 가짜 뉴스 전면전을 선언하고 강력한 법을 만들어 가짜 뉴스 생산과 유통을 처벌하겠다고 밝혔으나, 유야무야되었습니다. 법규 제정을 구체적으로 검토해 보았더니, 헌법 정신에 비춰 볼 때 표현의 자유를 억압하는 등 여러 부작용을 불러올 수 있다는 우려가 컸기 때문입니다.

가짜 뉴스 생산과 유통은 디지털 기술 환경에서 발생하는 현상이고, 이용자의 자발적 선택에 의해 이뤄지는 행위입니다. 이는 첫째, 가짜 뉴스가 법과 규제보다는 소셜미디어라는 기술적 플랫폼 차원에서 해결되어야 하는 문제라는 점, 둘째, 이용자의 디지털 정보 활용능력(디지털 리터러시) 차원에서 접근되어야 하는 사안이라는 점을 의미합니다.

언론사들은 의심스러운 주장이나 사실 여부가 논란인 정보의 진실 여부를 파헤쳐 보도하는 팩트체크 코너를 운영하기도 합니다. 가짜 뉴스와 거짓 정보를 가려내는 법을 알려주는 구체적이고 유용한 도구입니다. 하지만 여기에도 한계가 있습니다. 이런 정보는 인터넷에서 사라지지 않는 해킹hacking과도 같기 때문입니다. 아무리 철벽같은 보안 시스템을 운영해도 그것을 무력화하는 해킹 기술은 새롭게 등장하고, 이를 막아내기 위해 또다시 보안 시스템은 진화합니다. 가짜 뉴스 판별법과 팩트체크 방법이 널리 알려지면 거짓 정보와 그에 속는 사람들이 사라질까요? 그렇지 않을 것입니다. 다음에 등장할 가짜 뉴스는 이러한 판별법으로도 걸러낼 수 없도록 더욱 정교하게 조작될 것이고, 역시 이에 속는 사람 또한 생겨날 것입니다. 아무리 정교한 가짜 뉴스 판별법을 만들어도 시간이 지나면 더 지능적인 가짜 뉴스가 등장하는 세상입니다. 그렇다면 가짜 뉴스와 거짓 정보에 속지 않으려면 어떻게 해야 할까요?

가짜 뉴스 판별법

소셜미디어가 널리 활용되고 영향력이 커지면서 얼마나 많은 사람이 거짓 정보에 빠져서 어리석은 판단을 하게 되는지 드러나고 있습니다. 가짜 뉴스는 디지털과 소셜미디어에서 뉴스와 정보를 제대로 읽는 법의 중요성을 알려주는 사례입니다. 기술이 발달하고 미디어 이용이 늘어날수록 정보를 제대로 판별하고 읽어낼 줄 아는 능력이 더욱 중요해진다는 것을 가르쳐주는 것이 가짜 뉴스의 역설적 기능인 것입니다. 가짜 뉴스가 대통령 선거를 뒤흔들 정도의 사회 문제로 불거지자 가짜 뉴스를 판별하는 다양한 기법과 판별법이 제시됐습니다. 아래는 페이스북이 영국의 팩트체크 비영리재단인 풀팩트(Full Fact)와 공동으로 개발한 가짜 뉴스 판별법 10가지입니다.* 구체적으로 하나씩 살펴볼까요.

1. 비판적으로 제목 읽기

제목의 기능은 크게 두 가지입니다. 하나는 기사를 요약해 보여주는 일이고, 하나는 기사를 읽고 싶도록 독자를 유혹하는 것입니다. 가짜 뉴스나 부실한 뉴스일수록 기사 내용을 충실하게 요약하기보다 선정적 표현으로 독자의 눈길을 끄는 데 주력합니다. 제목에 "충격", "경악", "격분" 등의 극단적이고 감정적인 표현이나, 느낌표(!) 물음표(?) 같은 문장부호를 남발하는 기사는 각별히 주의해야 합니다. 빈 수레가 요란한 것처럼 제목이 선정적이고 극단적일수록 가짜 뉴스이거나 부실한 뉴스일 확률이 높습니다.

2. 인터넷주소(URL) 점검하기

가짜 뉴스 사이트는 독자를 속이기 위해서 유명 언론사 사이트의 디자인을 흔히 베낍니다. 피싱 사기도 온라인 뱅킹 화면을 흉내

낸 가짜 사이트인데, 주소창을 살펴보면 가짜임을 알아차릴 수 있지요. 가짜 뉴스도 마찬가지로 인터넷 주소(url)를 자세히 보면 어느 언론사의 웹주소인지 확인할 수 있습니다. 인터넷 주소가 정상적인 주소와 달리 교묘하게 비틀렸거나 흔히 보지 못한 구조일 경우 가짜 뉴스인지를 의심해 봐야 합니다. 처음 들어본 언론사라면 홈페이지에 가서 그동안 어떤 뉴스를 보도해 왔는지, 언제 생긴 언론사인지, 어떤 기자들이 있는지를 점검해 보면 도움이 됩니다. 뉴스를 읽기 전에 웹 주소를 확인해 보는 습관도 필요합니다. 하지만 모바일에서 읽을 경우 화면에 웹 주소가 표시되지 않는 경우가 대부분이지요. 해당 언론사나 포털에서 읽는 게 아니고 소셜미디어로 전달받은 뉴스를 스마트폰에서 열어볼 때는 각별히 유의해야 합니다.

3. 뉴스의 출처(취재원) 확인하기

뉴스는 항상 취재원을 필요로 합니다. 취재원은 크게 두 가지입니다. 기자가 현장을 찾아 직접 취재한 경우와 해당 사안에 대한 전문가 또는 관련된 사람의 발언을 전달받아 기자가 확인해 기사화한 경우입니다. 그래서 뉴스가 진실인지 검증하는 방법 중 하나가 정보원과 출처를 확인하는 것입니다. 육하원칙에 비춰서 실명

• "How to spot misinformation", Full Fact, 2017.4.

의 인물이 구체적 시간과 장소에서 발언하거나 행동한 것인지 확인하고, 해당 내용을 퍼뜨리는 사람이 누구인지를 따져봐야 합니다. 모든 저작물에는 책임자가 있는 만큼, 취재한 기자의 이름과 이메일이 명시돼 있는지 살피는 것도 중요합니다. 웹사이트 하단에 콘텐츠 책임자와 연락처가 있는지도 확인하는 것이 좋습니다. 카카오톡 등으로 전달받은 허위 정보는 대개 "내 지인의 친척인 고위공무원이 직접 보내준 내용이야" 하는 식으로 출처가 드러나지 않습니다.

4. 문법적 오류 확인하기

가짜 뉴스는 제목만이 아니라 기사 본문에도 뉴스로 적절하지 않은 표현이 많이 쓰입니다. 문장에서 주어와 술어의 호응이 어색하거나 오탈자 등 맞춤법 오류가 있으면 의심을 해봐야 합니다. 뉴스는 객관성과 신뢰성을 위해 형용사나 부사 등 감정적 반응을 담은 단어를 좀처럼 사용하지 않습니다. 객관적 정보 전달을 지향하는 일반 뉴스와 달리 문장 서술에서 분노나 놀람과 같은 흥분된 감정을 부추기는 표현이 많다면 제대로 된 기자나 언론사가 취재해서 작성한 기사가 아닐 가능성이 높습니다. 기사에서 감정적 표현이나 주술이 어색한 비문을 찾아내려면 평소에 독서를 많이 해야 하고 좋은 기사를 읽는 습관이 필요하겠지요. 이는 제목과 기사에 적혀 있지 않은 것까지 읽어내는 '행간'을 파악하는 일이니까요.

5. 사진 면밀하게 살펴보기

기사에 사진이나 동영상이 있으면 신뢰성이 높아집니다. 하지만 가짜 뉴스를 유포하는 사람도 이러한 독자의 심리를 알고 있기 때문에, 사진과 동영상을 조작해서 기사에 첨부합니다. 요즈음은 초등학생도 손쉽게 이런 작업을 할 수 있지요. 사람의 인지적 본능은 글만 있을 때보다 사진이 있을 때 더 높은 신뢰감을 갖게 되어 있습니다. 하지만 가짜 뉴스 시대에는 사진도 의심하고 따져봐야 합니다. 사진 파일은 촬영정보(EXIF)를 확인할 수 있지만 인터넷에서 전달받은 사진은 그렇지 않기 때문에 사진이 얼마든지 조작될 수 있다고 생각해야 합니다.

출처, 날짜, 장소, 사진정보 확인의 중요성.
신문의 대형 오보를 부른 인터넷 폭설 사진. 〈중앙일보〉가 2008년 2월 14일 1면에 이 사진을 가져다가 "꽁꽁 언 중국"이라는 제목으로 게재했다. 〈중앙일보〉는 이 사진에 대해 "1월 중순부터 2월 초까지 중국의 구이저우, 후난, 후베이, 안후이, 장시, 광시, 충칭, 광둥, 티베트, 상하이 등 20개 지역에 폭설이 내렸다. 중국 후난 지역에 내린 폭설이 얼어붙은 모습이다. 길가에 주차된 차량들은 얼음조각이 됐고, 나뭇가지에는 호수에서 날린 물기가 얼어붙어 칼날 같은 얼음 잎을 달고 있다. 중국의 폭설이 얼마나 심각했는지를 보여주는 장면이다. baidu.com"이라고 설명을 달았다. 사진의 출처라고 밝힌 baidu.com은 구글, 네이버와 같은 중국 최대의 검색 엔진이다. 종합일간지가 1면 사진의 출처를 '인터넷'이라고 표기한 셈이다. 사진을 찍은 장소가 어디인지, 언제인지, 촬영기자는 누구인지에 대한 출처 정보가 전혀 없다. 나중에 이 사진은 여러 해 전에 촬영한 스위스 제네바 호수의 사진이었음이 밝혀졌다.

6. 날짜 확인하기

기사의 육하원칙에는 날짜와 장소가 명확하게 표기되어 있어야 합니다. 그런데 가짜 뉴스에는 날짜나 구체적인 발생 시간을 속여 밝히거나 아예 없는 경우가 흔합니다. 오래전에 발생한 사건이나 뉴스를 마치 방금 일어난 것처럼 조작하거나 없앤 뒤 소셜미디어를 통해서 유포하는 것입니다. 똑같은 일이라도 언제 어떤 상황에서 발생했느냐에 따라 완전히 다른 의미를 갖기 때문에, 가짜 뉴스를 퍼뜨리는 이들은 날짜 정보를 의도적으로 삭제하거나 조작합니다. 뉴스 사이트에서 기사 등록과 수정 시각도 유의해서 보면, 간혹 등록된 시각보다 기사 안의 사건이 더 늦게 발생한 경우도 있습니다. 이는 문제 있는 보도일 가능성이 큰 기사입니다.

7. 주장의 근거 확인하기

놀라운 내용일수록 그 기사가 주장하는 발언과 팩트에 대해 근거와 정확도를 따져보아야 합니다. 통계가 표와 그래프로 제시되었다고 해서 무조건 신뢰하면 안 됩니다. 사실 같은 통계 조사 결과를 가지고도 얼마든지 다른 해석을 내놓을 수 있습니다. 여론조사도 어떻게 질문과 답변 항목을 설계하고 설문 대상을 구성하느냐에 따라서 동일한 사안에 대해서 딴판인 결과가 나올 수 있지요. 사진이나 동영상, 통계표가 있어도 이것이 조작된 미끼로 활용될 수 있다는 점에 유의해야 합니다. 의심스럽다는 생각이 들면 즉시 인터넷 검색을 해보는 습관이 필요합니다.

8. 관련 보도 찾아보기

오늘날처럼 언론사 간 경쟁이 치열하고 실시간으로 속보가 쏟아지는 상황에서는 한 언론사가 특종(단독 보도)을 해도, 곧 다른 언론사들이 비슷한 보도를 합니다. 중요한 사안일수록 경쟁이 치열하기 때문에 해당 주제에 대해서 다양한 보도가 봇물을 이룹니다. 대형 사건이나 비리가 발생했을 때, 포털 뉴스 코너에 가면 비슷비슷한 뉴스가 수십, 수백 개 묶여 있는 것을 볼 수 있습니다. '가습기 살균제'처럼 결과적으로 오보가 될 가능성이 없는 것은 아니지만, 수많은 언론사가 동시에 취재하고 보도하는 사안은 적어도 가짜 뉴스는 아닙니다. 하지만 들어보지 못한 언론사나 한군데 사이트에서만 주장하는 내용은 일단 의심해 봐야 합니다. 그리고 해당 언론사나 기자를 검색해 그동안 어떤 보도를 해왔는지를 살펴보아야 합니다. 다른 기사가 검색되지 않는다면 더 엄밀하게 내용을 따져볼 필요가 있겠지요.

9. 풍자 또는 해학과 구분하기

외국에서는 권위 있는 신문들도 4월 1일자 신문에 진짜인지 가짜인지 식별하기 어려운 만우절 기사를 싣곤 합니다. 그때마다 많은 한국 언론이 만우절 기사라는 걸 알아차리지 못하고 이를 주요하게 보도한 사례가 많습니다. 유머와 패러디를 눈치채지 못한 것입니다. 2003년 4월 4일 미국 마이크로소프트 빌 게이츠 회장이 자선행사에 참여했다가 괴한의 총격을 받아 사망했다는 뉴스가 지상파 방송사를 비롯해 거의 모든 일간신문 인터넷 사이트에서 긴급 뉴스로 보도된 일이 있었습니다. CNN 사이트를 베낀 만우절 뉴스에 한국 언론이 속아 넘어간 것입니다. 국내 언론에선 최근에도 드물지 않게 만우절 뉴스를 걸러내지 못하는 경우가 발생하고 있습니다.

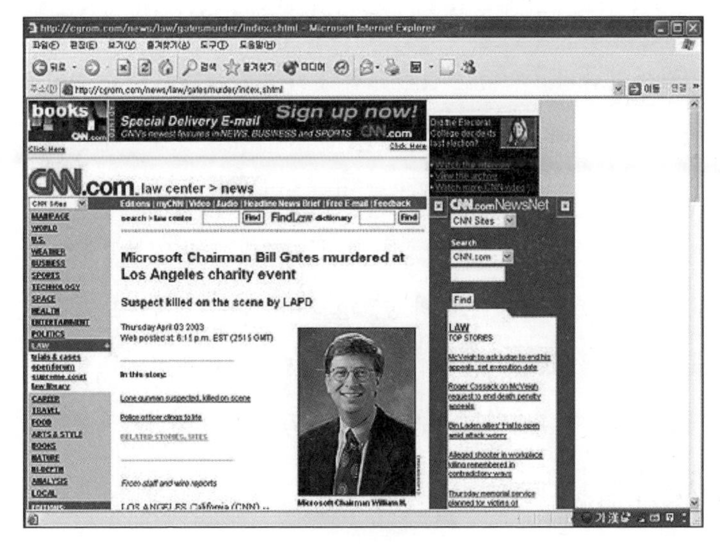

만우절을 기념해 만든 빌 게이츠 회장 사망 뉴스. 한국 언론은 이를 거르지 못하고 긴급 뉴스로 보도했다.

10. 의도적 가짜 뉴스 의심하기

사람은 자신이 기대하는 정보를 향유할 때 만족감을 갖기 때문에 자신의 정치적 성향이나 관심과 일치하는 뉴스를 이용하는 경향이 강합니다. 가짜 뉴스 제작자들도 사람의 이러한 성향을 이용해 대다수 사람이 기대할 만한 뉴스를 만들어 확산시키는 경우가 많습니다. 자신이 기대하던 뉴스를 만날수록 비판적으로 접근하는 게 좋습니다. '역시 그럴 줄 알았어'라는 느낌이 드는 뉴스일수록 객관적 검증을 해보는 게 좋습니다. 또한 확인되지 않은 내용을 다른 사람에게 전달하는 행위는 삼가야 합니다.

이러한 구체적인 가짜 뉴스 판별법이 외국 전문기관에서 만들어져서 교육되고 있다는 것은 그만큼 가짜 뉴스가 많이 유통되고 있으며 그 피해가 심각함을 의미합니다. 위의 10가지 구체적 팁의 공통점은 뉴스에 대한 이용자의 비판적인 시선과 주체적 참여입니다. 이는 읽는 사람이 뉴스를 보이는 그대로 믿지 않고 무엇을 근거로 삼았는지, 그 판단의 공정성을 따지는 적극적인 노력을 기울여야 함을 뜻합니다. 8장에서는 왜 뉴스를 비판적으로 읽어야 하는지, 또 어떻게 읽는 것이 주체적이고 비판적 해석인지 본격적으로 살펴봅니다.

8장

가짜 뉴스를 판독하는 눈

1. 왜 우리는 거짓 정보에 현혹되는가

유사 이래 언제나 사회에는 거짓말과 사기 정보가 난무했지만, 오늘날처럼 수많은 가짜 뉴스가 큰 영향을 끼치면서 사회 문제가 된 적은 없었습니다. 한국만이 아니라 세계적 현상입니다. 왜 과학기술이 발달하고 시민의 학력과 교양 수준이 높아진 21세기 디지털 시대에 가짜 뉴스에 현혹되는 어리석은 사태가 벌어졌을까요? 아래는 오래전에 유행한 인터넷 유머입니다.

〔속보〕 설악산 흔들바위 굴려 떨어뜨린 미국인 관광객 11명 입건

강원도 속초경찰서는 오늘 오전 11시 30분경 경기도 부천에 거주하는 설악산 관광가이드 김 모 씨(45)의 설명을 듣다가 중요지방문화재 37호 흔들바위를 밀어 떨어뜨린 미국인 관광객 제럴드(42) 등 일행 11명을 문화재 훼손 혐의와 문화재보호법 위반 혐의로 입건했다. 이들 일행은 이날 새벽 5시 일출 관광을 마친 뒤 흔들바위 관광을 하면서 "이 바위는 아무리 흔들어도 흔들리기만 할 뿐 떨어지지는 않는다"라는 가이드 김 씨의 말에 평균 체중 89킬로그램의 거구인 11명이 힘껏 밀어낸 끝에 바위를 추락시켰다. 그러나 이들 일행은 경찰서에서 "가이드의 말이 말도 안 되는 소리라 생각해 밀어본 것일 뿐 다른 의도는 없었다"라며 범행의 고의성을 완강히 부인했다. 주한미군 근무 경험이 있는 미국 애리조나주 출신의 도널드 씨는 역도 코치 등을 하는 애리조나 주립체육연맹 회원 10명과 함께 지난주 일주일 관광 예정으로 입국한 것으로 알려졌다. 이에 따라 소식을 접한 문화관광부와 강원도청은 대책 마련에 부심하고 있다. 근처에서 관광 중이던 일부 목격자들의 증언에 따르면 흔들바위는 추락 시 엄청난 굉음을 냈던 것으로 알려졌다. 경기도 용인시 수지구에 거주하는 목격자 윤 모 씨에 따르면 흔들바위가 떨어질 때 이런 굉음이 울려퍼졌다고 한다. "뻥이요!"

대부분 깜빡 속아 읽어 내려갑니다. 기사체를 흉내 냈기 때문이죠. 사람은 뻔해 보이는 거짓 정보도 적당히 모양새만 갖추면 쉽게 진실로 받아들입니다. 사람의 인지 구조가 그렇게 '진화했기' 때문이지요. 그래서 가짜 뉴스를 식별하는 노하우를 위해서는 먼저 사람의 인지적 특성을 살펴야 합니다.

인지적 구두쇠

가짜 뉴스를 만들고 퍼뜨리는 집단의 정보 활용능력은 갈수록 교묘해지고 있습니다. 하지만 이용자가 정보를 이용하는 습관과 진위 판단 능력은 웬만해서는 변하지 않습니다. 사진과 동영상을 예로 들어볼까요. 과거에 조작 사진은 포토샵을 다룰 줄 아는 그래픽 전문가의 일이었습니다. 영화 속 컴퓨터 그래픽은 할리우드 스튜디오에서나 가능했고요. 그런데 지금은 누구나 사진을 마음대로 조작할 수 있고, 공짜 편집도구를 이용해 동영상과 음성파일도 얼마든지 손쉽게 합성할 수 있는 환경입니다. 하지만 사람들은 여전히 사진과 동영상이 있는 정보면 '분명한 사실'이라고 쉽게 믿습니다. 보통 사람들은 최신 기술의 발달 정도를 알지 못하고, 기존의 인식 관행을 바꾸지 않습니다.

가짜 뉴스 세력은 인공지능을 사용해 감쪽같은 허위 정보를 만들어 퍼뜨리고 있는 데 반해 이용자들의 인지능력과 비판적 사고력은 오히려 뒷걸음질치고 있습니다. 니콜라스 카가 저서《생각하지 않는 사람들》(최지향 옮김, 청림출판, 2011)에서 지적한 것처럼 인터넷의 편리함 때문에 사람들은 꼼꼼하게 생각하지 않는 경향이 심화되고 있습니다. 인간의 이성적 능력, 즉 비판적 사고력은 단기간에 개선되지 못합니다. “소셜미디어 플랫폼을 작동시키는 알고리즘은 우리의 감정적 반응을 이용하는 방식으로 구성돼 있지만, 가짜 뉴스와 허위정보를 막기 위해 제시된 해결책은 사람의 이성적 대응을 전제로 하고 있다”라고 진단하는 전문가도 있습니다.•

‘만물의 영장’인 사람은 뛰어난 인지적 능력을 갖고 있지만, 과신할 것은 못 됩니다. 오히려 사람은 여러 가지 편견과 오류 성향을 지니고 있다고 여겨야 합니다. 옛말에 “세 사람이 짜고 거짓말을 하면 없던 호랑이도 만들어낸다”라는 삼인성호三人成虎라는 말이 있습니다. 사람은 객관적·사실적 증거에 기반해 판단하는 게 아니라, 다른 사람들의 말과 의견에 아주 쉽게 영향을 받는다는 의미입니다.

그런데 문제는 앞으로 가짜 뉴스 현상이 보편화하면서 문제가 더 심각해질 것이라는 점입니다. 인터넷이 만인의 도구가 되어 사기꾼과 음모가의 수단이 되기 때문이지요. 2019년 초 미국의 ‘오픈에이아이(Open AI)’라는 인공지능 연구기관은 키워드나 문장 한두 개를 제시하면 순간적으로 전문가 수준으로 기사나 단편소설 등을 쓰게 하는 기술을 개발했습니다.•• 인공지능이 쉴 새 없이 가

• Claire Wardle·Hossein Derakhshan, “How did the news go ‘fake’? When the media went social”, 〈The Guardian〉 2017.11.10.

짜 뉴스와 가짜 블로그, 가짜 사용기, 가짜 댓글을 만들어낼 수 있는 기술입니다. 앞서 살펴본 딥페이크 인공지능은 감쪽같이 가짜 동영상과 가짜 사진을 만들지요. 이렇게 가짜가 많아지면 진짜를 덮어버리는 상황이 올 수 있습니다. 그런데 가짜 뉴스 같은 허위 조작 정보의 문제는 앞으로 점점 더 심각해질 것이라는 게 중요합니다. 2017년 컨설팅 기업인 가트너는 미래전망 보고서를 발표해 "2022년이 되면 대부분의 사람이 진짜보다 가짜 정보를 더 많이 접하게 될 것"이라고 전망했습니다. 인공지능이 가짜 정보를 만들어내는 게 점점 쉬워져 가짜가 늘어나지만, 사람이 둘을 식별하기란 갈수록 어려워지기 때문이지요. 이런 사회에서 비판적 사고력을 갖추지 못하면 가짜 정보에 현혹돼 어리석은 결정을 내릴 위험성이 어느 때보다 높습니다.

그런데 왜 사람은 이렇게 쉽게 가짜 뉴스를 받아들이는 편견과 오류에 빠지는 걸까요? 현대의 연구 결과는 인간의 왜곡되고 불완전한 인식 능력이 생존 본능 차원에서 비롯했다는 설명을 설득력 있게 제시합니다. 심리학적 연구로 2002년 노벨경제학상을 받은 행동경제학자 대니얼 카너먼Daniel Kahneman은 사람의 인지 시스템이 두 가지로 구성돼 작동한다고 주장합니다.••• 시스템1은 감정적이고 직관적이며 반사적인 판단입니다. 일부러 생각할 필요

•• 구본권, "인공지능 때문 "짜가가 판치는 세상 보나'? 〈한겨레〉 2019.2.18.

••• 《생각에 관한 생각》(이창신 옮김, 김영사, 2018)

없이 머릿속에서 떠오르는 대로 빠르게 판단하는 정신활동입니다. 운전 도중 갑자기 나타난 장애물을 피하거나, 뷔페에서 신선하고 보기 좋은 음식을 보자마자 선택하는 것이 시스템1의 작용입니다. 시스템2는 직관과 본능이 아니라 이성의 영역으로, 심사숙고와 성찰을 거쳐 작동하는 '느리게 생각하기'입니다. 글을 쓰거나 시험문제를 풀 때 작동하는 사고가 바로 시스템2의 대표적인 영역입니다.

카너먼은 인간 사고 능력에서 감정과 직관에 따라 작동하는 시스템1과 이성에 따라 움직이는 시스템2에는 각각 제 역할이 있다고 설명합니다. 이성적 사고가 인간의 가장 고차원적 능력이지만, 시스템2에만 의존하면 빠른 대처를 하지 못해 수시로 위태로운 상황에 놓일 것입니다. 직관과 감정에 의해 반사적으로 작동하는 시스템1은 인류가 오랜 진화과정 동안 발달시켜, 자동적으로 판단하도록 형성된 뇌의 회로라고 볼 수 있습니다. 숙고하는 과정 없이 직관적으로 반응하는 인지 시스템은 수백만 년에 이르는 구석기 시기에 형성돼 인류의 생존을 가능하게 한 도구였습니다. 하지만 동시에 이성적 판단을 저해하는 다양한 편향성을 만든 원인이기도 하지요.

비판적 사고라는 날카롭고도 강력한 인지 도구를 지닌 인간이 각종 오류를 불러오는 낡은 본능과 직관에 의존하는 까닭은 무엇일까요? 이를 이해하려면 사고가 이뤄지는 사람 두뇌의 특성을 아는 게 먼저입니다.

사람 뇌는 몸무게의 50분의 1에 불과하지만, 산소 소비량은 20퍼센트나 되는 에너지 과소비 기관입니다. 뇌는 산소 공급이 몇 분만 중단되어도 회복 불가능한 치명적 손상을 입는, 중요하고 민감한 종합통제센터이지요. 뇌는 잠시라도 작동을 멈춰서는 안 되므로, 항상 일할 수 있는 상태로 준비되어 있어야 합니다. 인지적으로 여유 자원을 확보하고 있어야 만약의 긴급 상황에서도 작동할 수 있습니다. 전력 예비율이 항상 일정 정도 필요한 것과 비슷합니다. 그래서 두뇌는 우회로가 있거나 자동화할 수 있는 방법이 있으면 그 경로를 사용해서 뇌에 가해지는 부하를 최대한 줄이려고 합니다.

인지심리학에서는 두뇌의 이러한 절약 속성을 '인지적 구두쇠cognitive miser'라고 말합니다. 뇌가 인지적으로 많은 자원을 쓰면서 어떤 생각을 깊게 하는 것을 싫어하는 경향이 있다는 걸 지칭하는 심리학 용어이지요. 인지적 구두쇠는 사람이 매번 새로이 생각하거나 비판적으로 검토하는 대신, 고정관념이나 앞선 경험, 각종 편향에 의존하는 이유를 설명해 줍니다. 생각하는 과정을 최소화해서 뇌의 자원을 아끼려는 본능을 갖고 있다는 것이지요.

비판적 사고를 갖추기 위해서는 우리 뇌가 인지적으로 게으른 구두쇠이고 구석기 시대부터 형성해 온 각종 편향의 지배를 받는다는 것을 알아야 합니다. 이는 타고난 사고방식을 의도적으로 개선하려고 노력하지 않으면 절대로 비판적 사고에 도달할 수 없음을 뜻합니다. 교육과 학습을 통해 비판적 사고에 이르는 길은 다양하고 멀기 때문에, 비판적 사고를 막는 본능적 성향을 깨닫는 게 가장 우선입니다. 인간의 인지 능력은 탁월하고 소중합니다. 하지만 이 역시 기본적으로 편향되고 부정확하다는 점을 받아들일 때 비로소 자신의 부족하고 왜곡된 사고방식을 개선하기 위한 노력에 나설 수 있습니다.

한국 사회에 만연한 '비판하지 않기'

사실이 아닌 뉴스는 세 종류가 있습니다. 첫째, 오보입니다. 뉴스는 시간이 생명이라 그 시점에서 파악 가능한 사실을 빨리 전달합니다. 그런 속성 때문에 오보 가능성을 안고 있습니다. 둘째, 가짜 뉴스입니다. 황당한 거짓 정보지만 자신의 성향에 맞는 이야기라면 무조건 믿는 사람들 사이에서 주로 공유됩니다. 셋째는 왜곡 보도입니다. 오보, 가짜 뉴스처럼 사실이 아닌 보도로 피해를 가져온다는 점은 동일하지만 유독 피해가 큽니다. 사실과 거짓을 교묘히 짜깁기해서 특정 집단의 이익을 꾀하기 때문입니다.

이러한 부실한 보도, 왜곡 보도 감별은 이용자의 비판적 읽기를 통해서 가능합니다. 원래 '비판적(critical)'이라는 말은 그리스어 '크리네인(krinein)'에서 나온 말입니다. 비평(critic)이란 단어의 어원이기도 합니다. 그리스어에서 크리네인은 '정확하게 가른다, 식별하다, 판단하다'라는 뜻을 갖고 있습니다. '비판적 사고'는 주어진 지식이나 주장을 수동적으로 받아들이는 게 아니라, 스스로 그 지식과 주장이 참인지 거짓인지, 유용한지 무용한지를 주의 깊게 따지면서 생각하는 것을 의미합니다. 영어에서 '크리티컬(critical)'은 '비판적'이라는 뜻과 함께, '매우 중요한', '결정적인', '필수적인'이라는 의미를 지닌 단어입니다.

우리말에서의 쓰임은 서구 언어권과 다릅니다. 《표준국어대사전》에 '비판'은 "현상이나 사물의 옳고 그름을 판단하여 밝히거나 잘못된 점을 지적함"으로 풀이돼 있습니다. 하지만 실제로 '비판적'이라는 말이 우리말에서 쓰일 때는 옳고 그름을 판단해 가린다는 의미보다, 잘못된 점을 지적하고 비난한다는 의미인 경우가 대부분입니다. '이성적으로 판단한다'기보다 '삐딱하고 부정적으로 본다'는 의미에 더 가깝게 쓰이지요. "그 사람은 매사에 비판적이야"라는 말에서 '모든 일을 합리적이고 이성적으로 사고해 옳고 그름을 분간하는 사람'이라는 이미지가 떠오르지는 않습니다. 이러한 인식 때문에 우리 사회에서 비판적 사고는 중요성을 인정받지 못하고 있습니다.

한국 사회에 비판적 사고가 유난히 자리 잡기 어려웠던 배경이 몇 가지 있습니다. 첫째, 비판과 반대를 허용하지 않은 군사독재정권 탓이 큽니다. 1961년 5.16 쿠데타 이후 군사독재정권이 수십 년간 획일적이고 권위적 통치를 해오는 동안 비판적 사고는 반국가적이고 반사회적인 행위로 간주되어 왔습니다. 학교나 사회에서 비판적 사고를 교육하거나 격려하는 일은 거의 없었습니다. 정통성이 취약한 군사독재정권은 시민들의 주권 의식과 비판적 사고를 무엇보다 두려워하고 탄압했습니다. 군사정권은 전 국민에게 획일적 가치와 기준을 제시하고 "국론통일", "하면 된다"라고 맹목적인 수용만을 강요했습니다. 조직과 상관의 명령을 무조건 따르는 상명하복을 생명으로 여기는 군대가 사회를 통치하던 시절이었지요. '비판적 사고'라는 어휘에 중요한 지적 능력이라는 느낌 대신 공포와 두려움을 갖고 있는 게 유신시절을 경험한 세대의 정서입니다.

둘째, 전통과 권위를 중시하는 유교문화의 영향으로 나이 많고 지위가 높은 사람에게 반대 의견을 표시하기 힘든 사회풍토가 있습니다. "찬물도 위아래가 있다"라는 말처럼, 우리 사회에서는 나이 어린 사람이 윗사람에게 자유롭고 대등하게 발언하기가 어렵습니다. 말다툼 도중에 "그러는 당신은 몇 살이냐", "어디서 어른한테 말대꾸냐"라는 말이 나오는 걸 보면 유교적 위계문화는 뿌리가 깊습니다. 자신의 의견을 자유롭게 펼칠 수 없는 환경에서 비판적 사고는 그림의 떡입니다.

비판적 사고는 기존의 지식과 권위, 전통 등 어떠한 형태의 정보든 근본적으로 의심하고 성찰하면서 더 나은 앎을 추구하는 지적 도구입니다. 하지만 우리 사회와 교육 시스템에서 비판적 사고는 기피와 탄압의 대상이었습니다. 기득권층에게 비판적 사고는 자신과 전통 가치를 비난하고 배격하는 도전이자, 불신과 의심이었고, 권위에 대한 부정이었으니까요.

셋째, 절차와 과정보다 효율성과 결과를 우선시하는 사회문화 때문입니다. 창의성이 우리 사회에서 뿌리내리기 어려운 이유와 같습니다. 정해진 목표를 빠르게 달성하는 게 목표인 한국 사회에서 그 목표에 비판적이거나 이의를 제기하는 행위는 환영받지 못합니다. 학교 교육도 마찬가지의 주입식 교육 위주였습니다. 시험을 앞두고 공부할 시간이 부족하면 '무조건 외우기'가 학습전략입니다. '닥치고 암기'가 시험에서 실제로 유용하다는 것은 문제의 심각성을 알려줍니다. 국가적으로 중요한 현안을 결정할 때도 필요한 토론이나 절차를 생략하고 무조건 대통령 임기 안에 서둘러 마무리하려 들기도 합니다. 이명박 대통령 시기에 추진한 4대강 사업이 대표적 사례입니다. 비판의 목소리가 높았지만 토론과 합의를 생략하고 대통령 임기 내 완공하겠다며 밀어붙였는데, 결과는 참담했습니다.

비판적 사고의 네 가지 도구

다양한 뉴스와 정보는 비판적 사고를 훈련하기 좋은 대상입니다. 고등교육으로 정규교육 과정은 끝나지만, 쉼 없이 진전하고 변화하는 지식과 기술을 따라잡으려면 누구나 생애 내내 학습을 해야 하는 평생학습 시대입니다. 평생학습은 일상에서 책과 언론 미디어를 통해서 이뤄지는데, 이를 얼마나 제대로 파악하고 활용하느냐에 따라 엄청난 격차가 생겨납니다. 정규교육 이후 일상생활에서 미디어를 통해 정보를 받아들이고 활용하는 능력이 미디어 리터러시이고, 그 핵심 능력과 도구가 비판적 사고입니다. 지금 소개하는 것은 일상생활에서 미디어를 이용하면서 비판적 사고를 훈련할 수 있는 네 가지 핵심 도구입니다.

지금보다 더 나은 지식이 있다

첫째, 모든 지식과 정보는 완벽하지 않다는 것을 알아야 합니다. 사람이 만들어낸 지식은 아무리 유용하고 당연한 진리처럼 보이더라도 더 나은 것으로 대체될 수 있음을 인정해야 합니다. 지식은 주체와 시점에 따라 가변적입니다. 내 눈에 아무리 확실해도 다른 사람에게는 다르게 보일 수 있으며, 또 지금 아무리 타당해 보여도 다른 시점에서 보면 그렇지 않은 지식이 무수히 많습니다. 그래서 우리가 만나는 지식과 정보 대부분은 '불변의 진리'가 아니라, 유효기간이 있는 '가변적 지식'입니다. 아무리 모든 사람이 확신하고 있고 스스로 경험했더라도 변할 수 있는 것입니다.

가장 어리석은 사람은 지식이 적은 사람이 아니라, 자신이 아는 것이 절대적 진리라고 맹신하는 사람입니다. 기존 지식에 대한 확신은 새로운 앎을 막는 걸림돌입니다. 조선 후기의 지식인은 대개 불철주야 공부했지만, 공부한 대상은 유교 경전이었습니다. 조선 지식인은 주자학에 지나친 확신을 갖고 있어서 이웃나라인 일본이나 중국의 지식인들이 새로운 지식과 문물을 받아들이는 동안 조선의 지식적 지평은 과거에 머물러 있었습니다. 이는 민족적 비극으로 이어졌지요.

새로운 지식에 대한 열린 태도는 학자와 지식인만이 아니라 모든 사람에게 필요한 인생의 필살기입니다. 내가 지금 알고 있는 지식과 처리 방식보다 더 나은 게 있고 앞으로도 얼마든지 더 좋은 게 나올 수 있으며 그 변화와 개선의 흐름은 지속될 것이라는 믿음이 지속적인 학습으로 이끕니다. 천동설은 지동설에 의해, 아인슈타인의 이론은 양자역학에 의해 끊임없이 대체되어 온 것이 인류 지식의 역사인 것처럼 말입니다.

주장이 세워진 근거를 흔들어라

둘째, 주장이 무엇에 근거하는지를 살펴야 합니다. 어떤 주장이 유용하거나 사실에 부합하는지 따져보는 가장 손쉬운 방법은 그 전제와 숨겨진 가정을 발견하는 것입니다. 주장 자체보다 그 전제와 가정이 얼마나 탄탄하고 논리적인가를 살펴보는 것이지요. 건물이 아무리 튼튼하고 멋져 보여도 눈에 보이지 않는 기초가 부실하면 무너지듯, 그럴싸해 보이는 논리도 전제가 잘못돼 있거나 엉터리라면 거짓입니다.

간단한 예를 들어보지요. 누구에게나 친숙한 3단논법입니다. "모든 사람은 죽는다. 소크라테스는 사람이다. 고로 소크라테스도 죽는다"라는 삼단논법에서 결론은 앞의 두 문장으로부터 유추됩니다. 일상에서 만나는 언론이나 논쟁에서 논리 전개도 이처럼 삼단논법으로 진행되는 경우가 많습니다. 삼단논법에서 결론이 논리적인지 혹은 필연적인지 검증하려면 앞선 두 문장이 사실에 부합하는지를 살펴보는 게 효과적입니다.

"모든 대한민국 국민은 국방의 의무를 지닌다. 여자도 대한민국 국민이다. 그러므로 여자도 군대에 가야 한다"라는 문장을 살펴볼까요. 삼단논법 형태를 띠고 있지만, 앞에 중대한 오류가 있습니다. 대한민국 헌법에는 "모든 국민은 법률이 정하는 바에 따라 국방의 의무를 지닌다"라고 규정돼 있습니다. 그런데 마지막 문장은 국방의 의무 내용 중 군 복무만을 특정해서 그것이 국방의 의무의 전부인 것처럼 보고 있습니다. 논리에서 오류를 발견하는 방법은 논증이 전제한 근거가 무엇인지 찾아내 타당한지를 살피는 것이라고 했지요.

적극적으로 주장을 펼치는 사람도 정작 자신이 무엇을 당연하게 여기는지 모르는 경우가 많습니다. 그래서 주장의 근거가 무엇이냐고 질문하면 자가당착에 빠지거나 답변하지 못하는 경우가 흔합니다. 논리 주장은 하나의 문장이 아니라, 탑 쌓기처럼 단계적으로 사실과 논리를 쌓아 올리는 작업입니다. 그런데 많은 주장에는 말하는 사람도 의식하지 못한 '숨겨진 전제'가 깔려 있습니다. 말하는 사람이 감추고 있는 숨겨진 전제를 돌추어내면 논리 전개가 맞는지 쉽게 검증해 볼 수 있습니다. 소크라테스가 소피스트들과 대화에서 보여준 교육 방법도 소피스트들이 당연하게 전제한 믿음과 지식을 흔들어 무지와 잘못을 일깨우는 방식이었습니다.

의도를 읽어라

셋째, 말하는 사람의 의도를 읽어내는 게 중요합니다. 모든 주장이나 정보는 사람이 만들어내는 것이고, 거기에는 늘 의도가 숨어 있습니다. 정치인들이 겉으로는 행복과 정의를 주장하는 것처럼 보이지만 속으로는 다른 의도를 가지고 있는 경우가 대부분인 것처럼 말입니다. 말하는 사람의 의도를 파악하는 가장 편리한 방법은 그 주장으로 그가 어떠한 이득을 얻게 될까를 생각해 보는 것입니다.

국회의원 선거, 지방선거 철이 오면 후보들은 유권자들에게 공손하게 인사하고, 달콤한 언어로 장밋빛 청사진을 제시합니다. 하지만 당선 이후엔 태도가 돌변하는 경우가 거의 대부분입니다. 박근혜 대통령은 대선 후보 시절 '경제 민주화'를 강조하고 "기업인 중대 범죄에 대한 사면권 행사를 엄격히 제한하겠다"라고 공약했습니다. 하지만 이에 해당하는 최태원 SK 회장, 이재현 CJ 회장 등 재벌을 특별사면하고 경제 민주화에 역행했습니다. 또한 대선을 앞두고 "상시 지속적 업무에 정규직 고용관행 정착"을 공약했지만, 집권기엔 비정규직 사용 기간을 기존 2년에서 4년으로 연장해 오히려 비정규직 고용을 늘렸습니다. 박근혜 집권기 가장 심했지만 다른 정부 때도 '공약 파기'는 일반적입니다.•

정치인들의 발언만이 아닙니다. 이해가 걸려 있는 관계에서는 상대의 의도가 발언 내용보다 훨씬 중요합니다. 사기꾼과 허위 정보에 쉽게 넘어가는 이유는 크게 두 가지입니다. 문해력 부족과 일확천금에 대한 욕망이지요. 예를 들어 "3년간 고정 임대수익 보장", "대박 보장 마지막 투자 기회" 같은 부동산 분양광고를 볼까요. 광고의 큰 제목만 읽고 작은 글씨로 구석에 적힌 단서조항과 사업자 의도를 읽어내지 못하면 사기성 정보에 현혹됩니다. 또 일확천금의 욕망에 빠지면 광고가 내세우는 정보의 진위를 꼼꼼히 따지기보다 자신이 기대하는 방향으로만 해석하게 되지요.

• 《공약 파기》(윤형중 지음, 알마, 2017)

《논어》에서 공자도 비판적 사고를 거듭 강조하는데, 마음이 끌릴수록 의도를 비판적으로 살펴봐야 한다고 제자들을 깨우칩니다. "견리사의(見利思義, 이익을 보게 되면 그것이 옳은 것인지를 따져봐라)"도, "교언영색(巧言令色, 아름다운 말과 웃는 얼굴)"도 모두 표면적 행위에 감춰진 의도를 파악해야 함을 강조한 가르침입니다. 이익이 분명해 보이거나, 말이 그럴싸할수록 그 의도를 따져봐야 한다는 것이지요. 비판적 사고를 훈련하는 방법은 해당 논리와 주장이 등장하는 배경과 맥락을 고려하는 것입니다.

"공짜 점심은 없다"라고들 하지요. 그런데 인터넷엔 무료 서비스가 많습니다. 하지만 정부나 비영리 조직이 운영하는 게 아니라 기업이 운영하는 서비스 대부분은 별도의 수익모델이 작동합니다. 보통 광고 또는 이용자 개인정보를 활용해 돈을 버는 구조이지요. "어떤 서비스가 무료라면 당신은 고객이 아니라 상품이다"라는 지적에 고개를 끄덕이게 되는 이유입니다.• 논리와 언어가 화려하고 매력적일수록 의도를 읽어야 말과 논리의 진짜 의미를 파악할 수 있습니다.

사실과 의견을 구분하라

넷째, 사실과 의견을 구분하는 능력이 필요합니다. 사실은 객관

• 《통제하거나 통제되거나》(더글러스 러시코프 지음, 김상현 옮김, 민음사, 2011)

적으로 존재하기 때문에 보는 사람에 따라 달라지지 않는 실체이고, 참과 거짓을 가릴 수 있습니다. 반면 의견은 사람이 갖는 생각이기 때문에 사람마다 다르고, 참과 거짓의 영역이 아닙니다. 객관적 사실과 누군가의 주장을 구분하는 것은 간단해 보이지만 매우 어렵습니다. 현실에서 사실과 의견은 구분되지 않고 뒤섞여 있기 때문입니다. 뉴스 기사가 그렇고, 토론에서 주장을 펼치는 논객의 발언도 그렇습니다. 분명한 의견을 주장하는 논객도 항상 사실과 통계를 언급하며 그것을 기반으로 주장을 펼칩니다.

민주주의 사회는 사상과 표현의 자유를 보장하기 때문에 누구나 의견을 펼칠 수 있습니다. 내가 동의하지 않는 주장을 펼친다고 해서 그 사람이 잘못된 것은 아닙니다. 영국 신문 〈가디언〉의 편집국장 찰스 스콧Charles Scott이 1921년 "의견은 자유지만 사실은 신성하다(Comment is free, but facts are sacred)"라고 쓴 말은 언론에서는 철칙으로 통용됩니다.

특정한 의견 자체가 문제가 아니라, 잘못된 사실을 근거로 한 의견과 주장이 문제입니다. 그래서 사설이나 칼럼 같은 의견 기사를 읽을 때에도 글에 담긴 주장과 논리가 사실에 근거하는지 따져보아야 합니다. 칼럼과 사설 같은 글을 비판적으로 읽는 훈련이 도움이 되는데, 언론사 사설이나 칼럼이 공개적으로 사실 자체를 부인·조작하는 경우는 드뭅니다. 가짜나 조작 뉴스 같은 수준 낮은 경우에는 가짜를 진짜라고 주장하고, 잘못된 주장이나 논리는 부분적 사실을 전체로 간주하거나 확대해석하는 경우가 흔합니다.

어떠한 사건이 발생했을 때, 중요한 것은 그 사건이 다른 현상들과 분리되어 개별적으로 발생했는지 아니면 다른 조직적이고 구조적인 문제로 인해서 생겨났는지를 파악하는 일입니다. 구조적 문제가 아닌데 전체의 문제로 다루는 경우, 또 반대로 구조적인 차원의 문제인데 개인의 특수한 상황과 성격 문제로 보는 경우, 모두 잘못입니다.

기사를 읽거나 누군가의 발언을 들으며 사실과 의견을 구분해 보는 것은 비판적 사고를 훈련하는 유용한 방법입니다. 프랑스와 영국 등은 학교 교육에서 다양한 미디어 교육을 실시하는데, 그중 의견과 사실을 구분하는 방법에 대한 교육은 비판적 사고를 함양하는 것을 중요 목표로 두고 있습니다.

2. 디지털 리터러시가 필요하다

디지털 세상에서는 누구나 새로운 정보 활용능력을 갖춰야 합니다. 디지털 정보의 속성과 구조에 대한 이해력, 활용능력을 말하는 새로운 문해력, 즉 미디어 리터러시가 그것입니다. 가짜 뉴스를 만들고 유포하는 세력은 디지털에 대한 전문성을 갖추고 의도한 대로 정보 유통을 할 수 있는 능력을 보유한 집단입니다. 이에 비해 가짜 뉴스를 소비하고 무비판적으로 수용하는 일반 대중은 정보기술과 소셜미디어에 대한 지식과 이해가 낮은 디지털 리터러시 취약층입니다. 두 집단 간의 디지털 활용능력 격차가 가짜 뉴스의 확산과 피해를 가져오지요. 그러므로 허위 왜곡 정보에 대한 대책은 서비스 플랫폼 차원의 기술적 조처와 함께 이용자의 디지털 리터러시를 높이는 방법으로 함께 진행되어야 합니다.

가장 강력한 필터는 사용자의 머리

누구나 정보와 뉴스를 언제 어디서나 읽고 전파할 수 있게 되자, 모든 이용자가 매체 발행인 수준의 역량을 지니게 되었습니다. 하지만 달라진 환경에 요구되는 디지털 미디어 리터러시 교육은 없었습니다.

가짜 뉴스는 처음부터 확연하게 드러나지 않습니다. 이용자의 신념과 인지 체계에 부합하고 부분적 사실과 오류를 뒤섞은 사기성 정보이기 때문에 정체를 식별하기 어렵습니다. 사기범을 처벌하거나 허가받지 않은 거래를 금지한다고 사기 범죄가 사라지지는 않지요. 사기꾼은 항상 새로운 수법으로 등장하고 정보기술을 활용하여 더욱 교묘해지니까요. 가짜 뉴스가 빚은 현실도 비슷합니다. 이는 디지털 세상을 사는 새로운 시민성(디지털 시티즌십)이라는 장기적 관점에서 모든 시민이 비판적 정보 이용 능력을 갖출 수 있도록 디지털 미디어 활용교육이 필요함을 거듭 일깨웁니다.

구글의 빈트 서프Vint Cerf 부사장은 2018년 한국을 찾아 가짜 뉴스를 기술적으로 막는 데에는 한계가 있으며 "가장 강력한 필터는 사용자의 머리로, 정보가 어디서 왔는지, 입증할 만한 다른 증거는 있는지를 직접 판단해야 한다"라고 말했습니다. 진짜와 가짜를 거의 구별하기 힘든 환경일수록 가짜 같은 진짜의 영향력이 커져서 이를 식별할 줄 아는 '비판적 사고'가 무엇보다 중요한 지적 능력이 된 것이지요.

기술과 도구, 미디어의 지속적인 변화와 발달에 따라 디지털 환경에서 살아가기 위해서는 새로운 개념의 리터러시 능력이 요구됩니다. 디지털이 기존의 도구와 기술, 미디어를 근본적으로 변화시켰기 때문에 아날로그 시절의 문해력으로는 충분하지 않습니다. 무엇보다 디지털로 인한 변화의 속성과 영향의 범위를 이해해야 하지요. 컴퓨터가 기계언어를 통해 학습하는 상황이 된 만큼, 인간의 인지적 능력을 쉽게 뛰어넘습니다. 근래 인공지능과 자동화로봇 분야에서의 괄목할 성취도 기본적으로 정보의 디지털화가 가져온 당연한 결과입니다. '디지털 리터러시(digital literacy)'는 디지털 정보의 이러한 속성을 이해하고 활용하는 능력으로, 정보화 사회를 살아가기 위해 필수적인 인지적·사회적·직업적 역량이 됩니다.

기술은 복잡한 구조와 강력한 힘을 갖추면서 사용법은 점점 더 편리해집니다. 과학소설 작가 아서 클라크는 "고도로 발달한 기술은 마법과 구별할 수 없다"라고 말했습니다. 디지털 기술도 마찬가지입니다. 스마트폰과 인공지능이 그 대표적인 예입니다. 디지털 기술은 편리하고 강력하지만 작동 구조가 드러나지 않습니다다. 그래서 '블랙박스' 속의 기술이라고 말합니다. 서비스를 만들고 운영하는 설계자나 전문가와 달리, 실제 사용자는 구조에 무지한 채 이용만 하고 있습니다. 이런 '정보 비대칭'은 디지털 시대의 짙은 그늘이자 위험요소입니다.

사용자의 늘어난 기회와 선택권, 그리고 책임

인터넷과 디지털 미디어는 쌍방향성 덕분에 매스미디어와 달리 이용자에게 많은 선택과 통제권, 기회를 제공합니다. 이용자가 기술을 이해하고 활용능력을 갖춘 경우 주도적인 이용자가 될 수 있지만, 그렇지 못한 경우에는 의존성이 높으나 주도성은 떨어지게 됩니다. 디지털 기기 사용법은 아이가 모국어를 배우듯 자연스럽게 익힐 수 있지만, 기술의 구조와 그로 인한 개인적·사회적 영향은 저절로 습득할 수 있는 영역이 아닙니다. 디지털 환경에서 이용자에게 이전보다 강력하고 다양한 권한과 선택이 제공된다는 것은 양날의 칼입니다. 기술의 속성과 구조를 아는 이용자에게는 많은 것이 가능해지지만, 기술에 무지한 이용자에게는 과중한 부담이 되지요. 디지털 리터러시 능력을 갖추지 못한 미디어 이용자는 디지털 환경에서 많은 시간을 미디어 이용에 할당하면서도 수동적으로 이용할 수밖에 없습니다.

디지털 사회에서 살아가자면, 소프트웨어와 알고리즘에 기반한 경제와 사회를 이해할 수 있는 기술 관련 상식과 이해를 갖춰야 합니다. 단순한 기술 조작법을 말하는 게 아니라, 사용자와 사회 구성원이 벗어날 수 없는 지배적 환경이 된 기술의 영향력을 이해함을 의미합니다. 영향력이 막대한 기술의 빛과 그늘을 함께 보아야 하는 것입니다.

소셜미디어 환경에서 소통하고 정보를 만드는 행위가 어떤 영향을 끼치는지 파악하는 것도 디지털 리터러시의 일부입니다. 세대별로 디지털 소통수단에 대해 다른 인식과 사용 행태를 보이는 만큼, 기성세대가 디지털 네이티브 세대를 이해하고 교육하는 데 필수적 역량이기도 합니다. 디지털 리터러시는 미디어 이해와 활용의 핵심이 되는 비판적 사고력을 키운다는 점에서 성격이 같습니다. 나아가 디지털 리터러시는 정보의 디지털화로 인한 지식의 유효기간 단축과 이로 인한 평생학습을 의미하는 디지털 시민 역량을 추구합니다.

미디어 콘텐츠를 통해 기술을 일상적으로 만나는 환경을 고려할 때, 디지털 리터러시의 다양한 영역 중에서 제일 먼저 구체화할 수 있는 것이 미디어 리터러시입니다. 미디어 리터러시는 뉴스를 비판적으로 읽는 데서 출발합니다. 날마다 뉴스를 통해 사회생활에 필요한 새 정보를 받아들이는 환경에서 각 구성원들이 얼마나 활용능력과 주체적 수용능력을 갖추느냐가 중요합니다.

디지털 시티즌십

가짜 뉴스는 디지털 리터러시와 뉴스 리터러시가 왜 함께 중요한지 알려주는 사례입니다.

시민의 지적 역량과 학습 능력이 사회의 현재와 미래의 운명을 결정합니다. 미국 건국의 아버지들이 언론 자유와 시민의 문해력 향상을 위한 초석을 놓음으로써 미국이 최고의 강대국으로 향하는 출발점에 선 것처럼, 디지털 환경에서는 디지털 문해력을 갖춘 새로운 시민성이 요구됩니다.

한국의 교육은 주로 학교에서 이루어지는 입시 대비 지식 습득, 그에 대한 평가 위주입니다. 실제 사회생활에서는 입시를 대비한 정형적 지식보다 미디어를 통해 만나는 유동적 정보와 지식을 판별하고 읽어내는 능력이 훨씬 중요합니다. 한국 청소년들이 국제학업성취도평가(PISA)에서 매번 수위를 기록하지만 한국 성인들의 실질 문해력은 OECD 국가 중 바닥권입니다. 이는 한국 사회에서 교육이 입시 위주로 진행되고 졸업 이후 사회생활에 필수적인 미디어 리터러시 교육이 제대로 이뤄지지 않고 있음을 의미합니다.

자유로운 언론과 미디어 활용능력이 개인과 사회의 핵심적인 지적 역량이라는 사실에 주목한 선진 각국에서는 언론 자유 보장과 함께 미디어 교육을 강조해 왔습니다. 프랑스에서는 1960년대

후반부터 그 중요성을 인식하고 교육 과정 안팎에서 미디어 교육을 제도화하고 있지요. 프랑스 문화부는 가짜 뉴스가 문제 되자 2018년 미디어 교육을 더 강화하겠다며 이를 위해 정부 예산을 2배로 늘리기로 했습니다.• 프랑스 미디어 교육은 미래 민주시민으로 성장할 청소년들에게 민주주의 기초 소양을 길러주는 게 주된 목표로, 미디어 콘텐츠를 비판적으로 읽고 분석하는 법, 책임 있는 사용 위주로 가르칩니다. 프랑스는 기존의 미디어 교육에 디지털 미디어의 속성에 대한 내용을 추가하며 뉴미디어에 대한 교육을 강화하고 있는데, 가짜 뉴스에 대응한 미디어 교육도 그 일부입니다.

프랑스의 사례처럼 미디어 리터러시의 핵심은 정보를 주체적이고 비판적으로 수용하는 사고력입니다. 하지만 이를 기존의 제도교육과 평생교육의 틀만으로 접근하는 것도 조심해야 합니다. 디지털 미디어 활용교육을 사회적 차원에서 접근한다는 것은 시민을 교육 대상으로 간주해야 한다는 의미가 아닙니다. 시민이 주체가 되어 스스로 활용능력을 학습하고 목표를 설정하는 방향이 바람직합니다. 개인의 미디어 활용능력 배양과 학습으로 접근하기보다는 디지털 사회의 새로운 시민성(시티즌십)과 시민사회 역량 강화를 모색해야 하는 것이지요.

• 최지선, "가짜 뉴스 막기 위해 미디어교육 예산 두 배 증액", 《신문과 방송》 2018년 4월호, 한국언론진흥재단.

《뉴스와 거짓말: 한국 언론의 오보를 기록하다》

(정철운 지음, 인물과사상사, 2019)

언론 전문 매체인 〈미디어오늘〉 기자가 한국 언론이 수십 년간 보도한 주요 오보의 역사를 정리한 책입니다. 언론사 오보는 가짜 뉴스와 다릅니다. 가짜 뉴스는 출처도 조작하고 의도적으로 속이기 위해 만들어내지만, 오보는 거의 대부분 보도 당시 기자와 언론사가 사실로 믿었지만 결과적으로 잘못된 보도가 되는 경우입니다. 어떻게 오보가 만들어졌는지 들여다보면, 무엇 때문에 진실 보도가 실패하는지를 알 수 있습니다.

《뉴스의 시대: 뉴스에 대해 우리가 알아야 할 모든 것》

(알랭 드 보통 지음, 최민우 옮김, 문학동네, 2014)

이 책의 원제는 '뉴스 사용 설명서'입니다. '일상의 철학자'로 불리는 작가 알랭 드 보통이 현대인의 생활에 큰 영향을 주는 뉴스가 어떤 방식으로 작동하는지를 설명합니다. 정치, 경제, 국제, 유명인, 재난 등 각 부문별 뉴스가 어떠한 구조로 만들어지고 사회에 어떤 영향을 끼치는지를 알려줍니다.

《당신을 공유하시겠습니까?: 셀카 본능에서 잊혀질 권리까지, 삶의 격을 높이는 디지털 문법의 모든 것》

(구본권 지음, 어크로스, 2014)

스마트폰과 소셜미디어 서비스를 쓴다는 것은 가장 강력하고 편리한 미디어 도구를 사용한다는 걸 의미하지만, 우리는 그 장점과 매력에만 빠져 있어 진정한 영향과 현명한 사용법을 제대로 알지 못합니다. 기술의 노예가 되지 않으려면, 강력한 기술의 빛과 그늘을 함께 알고 자유롭게 부릴 줄 알아야 합니다. 디지털 리터러시를 높여주는 안내서입니다.

《만들어진 진실: 우리는 어떻게 팩트를 편집하고 소비하는가》

(헥터 맥도널드 지음, 이지연 옮김, 흐름출판, 2018)

가짜 뉴스가 전 세계적으로 문제 되는 상황에서 영국 출신 작가가 2018년 펴낸 책으로, 우리가 언론 보도를 통해 진실 또는 사실로 받아들이는 것들이 실제로는 만들어진 것임을 풍부한 사례와 개념을 통해 알려줍니다. 우리의 인식을 좌우하는 다양한 인지적 오류 현상과 편견, 그리고 이를 이용하는 '만들어진 진실'의 세상을 들여다볼 수 있게 해주는 책입니다.

《생각하지 않는 사람들: 인터넷이 우리의 뇌 구조를 바꾸고 있다》

(니콜라스 카 지음, 최지향 옮김, 청림출판, 2011)

인터넷은 더 이상 우리가 전화번호나 주소를 기억할 필요가 없게 해줬지만 동시에 사람만의 특징인 생각하는 능력을 저해하고 있습니다. 생각하고 판단하는 것을 기술에 의존하지 말고 내가 주체가 되어 기술의 도움을 받을 때 현명한 기술 사용자가 될 수 있다는 것을 알려준, 세계적인 베스트셀러입니다.

《신문 읽기의 혁명: 편집을 읽어야 기사가 보인다》

(손석춘 지음, 개마고원, 2017)

1997년 초판 발행 이후 세 번째 나온 개정판으로, 신문의 구체적인 기사와 편집 사례를 통해서 신문을 비판적으로 읽는 방법을 친절하고 충격적으로 알려줍니다. 언론사와 기자들이 하나의 신문기사와 제목에 어떻게 자신들의 생각을 담아서 독자들에게 전달하는지 그 의도를 파악하면서 신문 읽기를 할 수 있게 도와주는 책입니다.

《저널리즘의 기본 원칙》

(빌 코바치·톰 로젠스틸 지음, 이재경 옮김, 한국언론진흥재단, 2014)

언론사 기자들이 필독하는 책입니다. 기자들을 위한 전문적이고 실무적인 내용이 많기 때문에 기자의 꿈을 키우는 학생이나 기자들이 취재 활동을 할 때 어떤 가치를 추구하는지를 알고 싶은 사람이 읽어보면 도움이 됩니다. 언론 보도에서 가장 중요한 가치를 10가지 원칙으로 정리해 알려줍니다.

《전문가와 강적들: 나도 너만큼 알아》

(톰 니콜스 지음, 정혜윤 옮김, 오르마, 2017)

누구나 인터넷 검색 몇 번이면 어떤 문제에 대해서든 나름대로 전문가 수준의 지식과 정보를 얻어낼 수 있다고 생각하는 세상이 되었습니다. 가짜 뉴스와 믿을 만한 정보를 판가름하는 능력이 더 중요해진 까닭입니다. 쉽게 얻은 정보를 비판 없이 수용하게 되는 이유를 알려주어 믿을 만한 지식을 찾게 도와주는 책입니다.

《지식의 미래》

(데이비드 와인버거 지음, 이진원 옮김, 리더스북, 2014)

인터넷은 지식과 정보의 구조를 바꾸고 있어 과거와 같은 배움은 점점 더 빠르게 쏟아지는 방대한 지식을 처리할 수 없게 되었습니다. 지식의 구조가 어떻게 변화하고 있는지를 알아야 제대로 된 배움이 가능합니다. 인터넷이 지식의 세계를 어떻게 바꾸고 있는지와 새로운 학습 방법을 알려주는 책입니다.

《팩트풀니스: 우리가 세상을 오해하는 10가지 이유와 세상이 생각보다 괜찮은 이유》

(한스 로슬링 외 지음, 이창신 옮김, 김영사, 2019)

세상은 계속 바뀌고 있지만, 사람들은 대부분 인생의 특정 시기에 학습한 내용을 업그레이드하지 않은 채 살아가기 때문에 중요한 문제에 대해서 잘못된 생각과 판단을 합니다. 작가가 제시한 세상의 기본적 모습을 묻는 질문에 인간의 평균 정답률은 16퍼센트로 침팬지의 33퍼센트를 이기지 못했습니다. 평생 계속해서 배우지 않으면 판단이 원숭이만도 못하게 되는 이유를 설명합니다.

《페이스북을 떠나 진짜 세상을 만나다: 기술과 삶의 균형을 찾아주는 행복 레시피》

(랜디 저커버그 지음, 구본권 옮김, 지식의날개, 2015)

페이스북을 창업한 마크 저커버그의 누나로, 페이스북에서 오랜 기간 홍보와 마케팅 책임자로 일한 저자는 부모가 되면서 소셜미디어가 장점만이 아니라 위험성을 안고 있다는 것을 알고는 페이스북을 떠납니다. 대신 디지털 리터러시를 전파하는 일에 뛰어듭니다. 소셜미디어 세상을 현명하게 사는 방법을 만날 수 있습니다.

뉴스를 보는 눈
가짜 뉴스를 선별하는 미디어 리터러시

초판 1쇄 발행 2019년 10월 25일
초판 3쇄 발행 2024년 9월 2일

지은이 구본권
펴낸이 홍석
이사 홍성우
인문편집부장 박월
편집 박주혜 · 조준태
디자인 육일구 디자인
마케팅 이송희 · 김민경
제작 홍보람
관리 최우리 · 정원경 · 조영행

펴낸곳 도서출판 풀빛
등록 1979년 3월 6일 제2021-000055호
주소 07547 서울특별시 강서구 양천로 583 우림블루나인 A동 21층 2110호
전화 02-363-5995(영업), 02-364-0844(편집)
팩스 070-4275-0445
홈페이지 www.pulbit.co.kr
전자우편 inmun@pulbit.co.kr

ISBN 979-11-6172-752-3 03300

이 도서의 국립중앙도서관 출판예정도서목록(CIP)은 서지정보유통지원시스템(seoji.nl.go.kr)과
국가자료종합목록구축시스템(http://kolis-net.nl.go.kr)에서
이용하실 수 있습니다.(CIP제어번호 : CIP2019034361)

※책값은 뒤표지에 표시되어 있습니다.
※파본이나 잘못된 책은 구입하신 곳에서 바꿔드립니다.